Disciplina Positiva

JANE NELSEN

Disciplina Positiva

O guia clássico para pais e professores que desejam ajudar as crianças a desenvolver autodisciplina, responsabilidade, cooperação e habilidades para resolver problemas

manole
editora

Título original em inglês: *Positive Discipline*

Tradução publicada mediante acordo com Ballantine Books, selo da Random House,
uma divisão da Random House LCC, Nova York, EUA.

O capítulo "Personalidade: como a sua afeta a deles" foi adaptado de um capítulo originalmente publicado em *Positive Discipline for Preschoolers*, de Jane Nelsen, Cheryl Erwin e Roslyn Duffy. Copyright © 1998 Jane Nelsen, Cheryl Erwin e Roslyn Duffy. (Three Rivers Press, selo da Crown Publishing Group, uma divisão da Random House, Inc. Nova York, 1998.)

Este livro contempla as regras do Novo Acordo Ortográfico da Língua Portuguesa.

Editor gestor: Walter Luiz Coutinho
Editora de traduções: Denise Yumi Chinem
Produção editorial: Priscila Pereira Mota Hidaka e Cláudia Lahr Tetzlaff
Assistência editorial: Gabriela Rocha Ribeiro e Michel Arcas Bezerra

Tradução: Bernadette Pereira Rodrigues
Certificada em Disciplina Positiva para pais e educadores, Membro da Positive Discipline Association,
Mestre em Linguística Aplicada (LAEL-PUC/SP), Palestrante e consultora para pais, escolas e empresas

Samantha Schreier Susyn
Certificada em Disciplina Positiva para pais e educadores, Membro da Positive Discipline Association,
Coach para pais e educadores, consultora e facilitadora de workshops em escolas e outras instituições educacionais

Capa: Ricardo Yoshiaki Nitta Rodrigues
Imagem da capa: istockphoto.com
Projeto gráfico: Vinicius Asevedo Vieira
Revisão de tradução: Adriano Takeshi Miyasato
Diagramação e revisão: Depto. editorial da Editora Manole

Dados Internacionais de Catalogação na Publicação (CIP)
(Câmara Brasileira do Livro, SP, Brasil)

Nelsen, Jane
Disciplina Positiva / Jane Nelsen ; [tradução
Bernadette Pereira Rodrigues e Samantha Schreier
Susyn]. -- 3. ed. -- Santana de Parnaíba, SP : Manole, 2015.

Título original: Positive Discipline.
ISBN 978-85-204-3997-5

1. Autodomínio em crianças 2. Crianças -
Criação 3. Disciplina infantil 4. Educação de
crianças I. Título.

15-00896 CDD-649.64

Índices para catálogo sistemático:
1. Crianças : Disciplina positiva : Educação
doméstica 649.64
2. Disciplina infantil : Educação doméstica
649.64

Os nomes e características dos pais e crianças citados na obra foram modificados a fim de preservar sua identidade.

Edição brasileira – 2015

Direitos em língua portuguesa adquiridos pela:
Editora Manole Ltda.
Alameda América, 876
Tamboré – Santana de Parnaíba – SP – Brasil
CEP: 06543-315
Fone: (11) 4196-6000
www.manole.com.br | https://atendimento.manole.com.br/

Impresso no Brasil
Printed in Brazil

As tradutoras desejam fazer um agradecimento especial a Fernanda Lee e Ruymara Almeida, que colaboraram com sugestões.

Para Barry

Fiquei grávida do meu sexto filho enquanto trabalhava em minha dissertação de mestrado. A universidade que eu frequentava ficava a 80 quilômetros de casa. E, como meu trabalho de parto costumava ser muito rápido e frequentemente antecipado, no último mês de gravidez Barry me levava até a universidade (com o kit de emergência para partos no banco de trás) e me aguardava em uma sala de aula vazia enquanto eu assistia às minhas aulas. Mark nasceu durante as festas de fim de ano. Eu adoro amamentar, de modo que quando as aulas recomeçaram, Barry continuou a me levar, junto ao nosso filho, na viagem de mais de 150 km ida e volta para a universidade. Ele então sentava em uma sala vazia com Mark, para que eu pudesse amamentar durante os intervalos.

Quando nossos bebês choravam à noite, Barry levantava, trocava as fraldas, e os trazia para eu amamentá-los. Ele mal se lembrava de ter levantado; mas eu, quando levantava, tinha dificuldade para voltar a dormir.

Depois que Mary nasceu (três anos depois), Barry e eu consideramos voltar à universidade para avançar em nossa formação acadêmica. Era óbvio que não poderíamos ir os dois para a escola, visto que tínhamos duas crianças com menos de 5 anos em casa. Barry decidiu que eu é quem deveria ir, já que eu amava o ambiente acadêmico e ele não, e que ele preferiria ficar em casa com as crianças à noite (depois de um dia de trabalho, como engenheiro civil), enquanto eu iria em busca do meu doutorado.

As pessoas sempre me perguntam como sou capaz de fazer tudo o que faço, e agora vocês sabem – e têm uma amostra do porquê eu o amo e prezo tanto.

Sumário

Sobre a autora

Jane Nelsen, Ed.D (doutora em Educação), é terapeuta de casais e famílias licenciada na Califórnia e que atualmente vive em San Clemente, Califórnia, e South Jordan, em Utah, nos EUA. É mãe de sete filhos e avó de 18 netos. Atuou durante dez anos como conselheira educacional de ensino fundamental e instrutora universitária de desenvolvimento infantil. Jane agora dedica seu tempo (quando não está escrevendo livros ou viajando para apresentar palestras e workshops) ao seu marido, filhos e netos. É autora ou coautora de 18 obras (com mais de 2 milhões de cópias impressas e traduções em mais de 15 países), incluindo a popular série de *Disciplina Positiva*: *Raising Self-Reliant Children in a Self-Indulgent World* [Criando filhos autoconfiantes em um mundo autocomplacente]*, *Positive Discipline in the Classroom* [Disciplina Positiva na sala de aula]*, *Positive Time-Out and Over 50 Ways to Avoid Power Struggles in Homes and Classrooms* [Dar um tempo positivo e mais de 50 maneiras de evitar disputas de poder em casa e nas salas de aula]* e *Serenity: Eliminating Stress and Finding Joy and Peace in Life and Relationships* [Serenidade: Como eliminar o estresse e encontrar a paz e a alegria na vida e nos relacionamentos]*. É também coautora dos manuais de treinamento *Positive Discipline in the Classroom* [Disciplina Positiva na sala de aula]* e *Teaching Parenting the Positive Discipline Way* [Ensinando educação parental nos moldes da Disciplina Positiva]*. Jane foi várias vezes convidada para expor seu método em programas de TV, como o de Oprah Winfrey, *Sally Jessy Raphael* e *Twin Cities Live,* e seu trabalho é divulgado em diversas revistas especializadas na criação de filhos. Seu popular website, www.positivediscipline.com, oferece artigos, espaço para dúvidas, newsletter e podcasts gratuitos (conteúdo em inglês).

* N.E.: Obras ainda não publicadas no Brasil.

Mais elogios para *Disciplina Positiva*

"Realizo muitas sessões de aconselhamento para pais e frequentemente recomendo seu livro como uma fabulosa ferramenta para pais de crianças com temperamento forte. Meu próprio rebelde de cabelos vermelhos, que hoje é um adulto encantador, testou toda a paciência que eu tinha. Ao participar de uma das suas sessões na Conferência da American Montessori Society (AMS) alguns anos atrás, descobri seu livro! E sempre compro exemplares a fim tê-los à mão para pais que precisem de ajuda!"

Linda Bernstorf, Tennessee, EUA.

"Como alguém que apresentou literalmente centenas de aulas e workshops baseados em *Disciplina Positiva*, eu posso atestar seu poder de mudar vidas. Como nosso mundo está cada vez mais complexo, provocando um aumento do estresse nas nossas famílias, precisamos de *Disciplina Positiva* agora mais do que nunca."

Mike Brock, conselheiro educacional licenciado, autor, educador e líder de seminário, Texas, EUA.

"Como médico de família, sempre recomendo *Disciplina Positiva* aos pais, para ajudá-los a compreender seus filhos e a si mesmos. Vi inúmeros pais e crianças amadurecerem por meio do profundo conhecimento que adquiriram ao ler e aplicar os princípios deste livro. Como pai, li muitos livros do gênero, mas nenhum falou tão clara e honestamente sobre as batalhas que enfrentamos. Tem sido de grande valor para mim e para minha família."

Prof. Daniel Goodman, Washington, EUA.

"O que Jane Nelsen fala em teoria de fato funciona na prática."

Robert L. Ater, superintendente,
The International School of Brussels, Bélgica.

"Fácil de ler. Fácil de colocar em prática. *Disciplina Positiva* oferece aos pais ferramentas para orientarem seus filhos de forma positiva e eficaz."

Marjorie Shulman, mãe, Connecticut, EUA.

"Quando pais e professores usam as ideias, processos e técnicas descritos aqui, os resultados são notáveis. Os alunos não querem correr da escola, eles querem correr *para* a escola."

Dr. J. W. Rollings, pai/educador

"Seu livro mudou minha vida na sala de aula – e toda a minha atitude em relação ao ensino. Tem ajudado a ensinar meus alunos a assumir responsabilidade social e acadêmica. Durante as reuniões de classe, por meio da técnica de autogestão, os alunos aprendem habilidades de linguagem e de gerenciamento que melhoram a atmosfera acadêmica."

Gene Ford, professora de oitavo ano, Califórnia, EUA.

"Jane foi a palestrante-chave na conferência do P.E.N. (Parent Education Network), e nós usamos *Disciplina Positiva* nas aulas para pais. As avaliações dos participantes têm mostrado excelentes resultados nas três áreas."

Muriel Kelleher, diretora executiva, P.E.N.

"Eu tenho usado este livro em workshops com professores – eles amam! É gratificante ver as melhorias que têm sido feitas ao longo dos anos com essas ideias maravilhosas. Você fez uma contribuição valiosa."

Bob Bradbury, pastor,
Admiral Congregational United Church of Christ.

"Ninguém é perfeito, mas Jane Nelsen descreve de uma maneira compreensível como podemos ter uma relação quase perfeita com nossos filhos."

Angelike Jager, mãe, Bad Soden, Alemanha.

"A Walnut Grove Elementary School, em Pleasanton, Califórnia, adotou *Disciplina Positiva* e os professores usaram reuniões de classe de forma entusiástica, obtendo resultados impressionantes. Como diretor, facilitei vários grupos de estudo para pais. O resultado final foi uma escola cheia de professores, alunos e pais felizes, trabalhando juntos em uma atmosfera de cooperação para resolver problemas e melhorar habilidades sociais e acadêmicas. Nunca é demais elogiar esse programa e seus benefícios."

Robert W. Wakeling, superintendente,
Sunol Glenn School District, Califórnia, EUA.

Prólogo

Durante milhares de anos, pais e professores aprenderam a arte de criar seus filhos com avós, avôs, tias, tios e vizinhos que viviam juntos em circunstâncias relativamente estáveis ao longo de muitas gerações.

Quando mudanças tornaram-se necessárias, o valor de compartilhar experiências e conhecimento foi instintivamente entendido por peregrinos e pioneiros que viajavam juntos e estabeleciam comunidades com objetivos e valores em comum.

Inesperadamente, no final da Segunda Guerra Mundial, ocorreu um movimento de migração em massa de pequenas cidades e comunidades agrícolas para centros urbanos e suburbanos. Toda uma cultura se deslocou em decorrência da combinação de efeitos da Revolução Industrial, benefícios para veteranos de guerra, reação à Grande Depressão, e tecnologia. A sabedoria e o apoio de parentes e amigos de longa data se perderam. Logo após essa dramática mudança para comunidades urbanas, aproximadamente 11 milhões de casais começaram a dar à luz uma média de 4,2 filhos cada, tornando-se pioneiros urbanos, cruzando a fronteira do estilo de vida e tecnologia sem redes e sistemas de apoio que oferecessem um compêndio de sabedoria para orientá-los.

Sem saber que eram pioneiros, esses casais esqueceram a estratégia básica que possibilitou a outros pioneiros serem bem-sucedidos ao colonizar um novo continente. Esqueceram que pioneiros juntavam-se com estranhos ao redor da fogueira para comparar impressões sobre a jornada, evitando assim sofrer para aprender as mesmas lições. Em vez de seguir a sabedoria das gerações que haviam aprendido umas com as outras, eles se isolaram.

Aqueles que não substituíam os sistemas de suporte de família e amigos pelos companheiros de viagem, frequentemente encobriam sentimentos de inadequação e falta de conhecimento sobre o que fazer com um falso senso de orgulho em "lidar com seus próprios problemas". Eles adotaram a crença de que as pessoas não deveriam discutir questões familiares com estranhos. Tornou-se importante para eles esconder e lidar com seus problemas, geralmente de forma muito ineficiente, por detrás de portas cerradas. Eles trocaram a sabedoria e os princípios adquiridos durante séculos por livros e teorias não experimentadas e não testadas.

Ao mesmo tempo, surgiu uma fantasia nacional de que a única coisa entre os cidadãos americanos e uma geração de supercrianças, perfeitas, seriam superpais, perfeitos. E que choque não levaram quando muitas crianças não se tornaram perfeitas. A culpa, o estresse e a negação afastaram as pessoas umas das outras. A criação de filhos, que costumava ser o trabalho cumulativo de várias gerações, tornou-se uma triste batalha de tempo parcial entre dois ou mais parentes, que não tinham muita experiência no que estavam tentando fazer.

Estatísticas mostram que aproximadamente 4,3 milhões de crianças nascidas em 1946 dominavam as escolas urbanas em 1951. Elas fizeram testes de desempenho em 1963 e reverteram um avanço de 300 anos. Em todas as áreas, as crianças vinham melhorando seu desempenho até aquele momento. As crianças que nasceram após a Segunda Guerra Mundial diminuíram seu desempenho, enquanto aumentava a tendência para criminalidade, gravidez precoce, depressão clínica e suicídio. Claramente, nossos conhecimentos e recursos no sentido de criar e educar os filhos estavam comprometidos pela urbanização e pela tecnologia.

Em seu livro *Disciplina Positiva*, Jane Nelsen reúne a sabedoria de muitos pioneiros que a precederam e apresenta uma convidativa "fogueira", ao redor da qual podem se reunir pais e professores que anseiam por princípios duradouros e que deem resultado, em vez de teorias que não produzem efeito. Neste livro, Jane Nelsen oferece um conjunto de orientações muito práticas para pais e professores que querem ajudar seus filhos e alunos a desenvolver autodisciplina, responsabilidade, além de habilidades e atitudes positivas.

Tenho grande apreço pelo livro de Jane, tanto que ele foi adotado em nosso programa de treinamento, reconhecido internacionalmente –"Desenvolvendo pessoas capazes" –, utilizado em diversas partes de América do Norte, América Central e África. Os princípios funcionam e fornecem uma ótima base para o enriquecimento da experiência familiar.

H. Stephen Glenn*
www.empoweringpeople.com
Novembro de 1985

* Nota da autora: H. Stephen Glenn faleceu em 2004. Ele faz muita falta e é uma bênção o fato de que seu programa "Desenvolvendo pessoas capazes" continua ajudando milhares de pessoas.

Prefácio e agradecimentos

A *Disciplina Positiva* é baseada na filosofia e nos ensinamentos de Alfred Adler e Rudolf Dreikurs. Não tive o privilégio de estudar com esses grandes homens, mas gostaria de agradecer àqueles que me apresentaram à abordagem adleriana. Mudou a minha vida e melhorou muito o meu relacionamento com as crianças em casa e na sala de aula.

Eu sou mãe de sete filhos e avó de dezoito. Muitos anos atrás, quando tinha apenas cinco filhos, incluindo dois adolescentes, eu estava frustrada com os problemas relacionados a criação, problemas que são enfrentados por tantos pais atualmente. Eu não sabia como fazer meus filhos pararem de brigar uns com os outros, guardar seus brinquedos ou cumprir as tarefas que prometiam. Eu tinha problemas para colocá-los para dormir à noite e depois para fazê-los acordar de manhã. Eles não queriam entrar no banho e depois não queriam sair.

As manhãs eram terríveis, pois parecia impossível levá-los para a escola sem lembretes e aborrecimentos constantes. Depois da escola, as batalhas para fazer a lição de casa e cumprir as tarefas continuavam. Minha "caixa de truques" incluía ameaçar, gritar e bater. Esses métodos faziam que meus filhos e eu nos sentíssemos muito mal, e além disso não funcionavam. Eu ameaçava, gritava e batia repetidamente por causa dos mesmos maus comportamentos. Isso se tornou claro para mim no dia em que me ouvi repetindo "Eu já disse mais de cem vezes para guardar os brinquedos!" De repente, me dei conta de quem era a verdadeira idiota; e não eram as crianças. Que ridículo ser necessário repetir cem vezes para eu perceber que minha abordagem não estava funcionando! E o quão frustrante era, pois eu não tinha ideia do que mais poderia fazer.

Para intensificar o meu dilema, eu estava no último ano da faculdade, concluindo uma graduação em desenvolvimento infantil. Eu lia vários livros maravilhosos que expunham as coisas incríveis que eu deveria estar realizando com meus filhos, mas nenhum deles explicava como alcançar esses grandiosos objetivos. Imagine o meu alívio quando, no primeiro dia de uma nova aula, ouvi que nós não iríamos aprender novas teorias, e sim que iríamos de fato investigar detalhadamente a abordagem adleriana, incluindo habilidades de aplicação prática para ajudar as crianças a parar maus comportamentos e a ensinar-lhes autodisciplina, responsabilidade, cooperação e habilidades de resolução de problemas.

Para a minha alegria, funcionou. Fui capaz de reduzir as brigas entre as crianças em pelo menos 80%. Aprendi a eliminar os aborrecimentos matinais e noturnos e a conseguir muito mais cooperação no cumprimento das tarefas. A mudança mais importante foi descobrir que eu gostava de ser mãe – na maior parte do tempo.

Eu estava tão entusiasmada que queria compartilhar essas ideias com outras pessoas. Minha primeira oportunidade foi com um grupo de pais de crianças com desafios educacionais, físicos e mentais. Em um primeiro momento os pais ficaram relutantes em tentar esses métodos. Eles tinham medo de que seus filhos não fossem capazes de desenvolver autodisciplina e cooperação. Muitos pais de crianças com necessidades especiais não entendem como todas elas podem ser inteligentes em termos de manipulação. Os pais desse grupo logo aprenderam o quão desrespeitosos estavam sendo com seus filhos ao mimá-los em vez de ajudá-los a desenvolver o seu potencial máximo.

Posteriormente, fui contratada como conselheira na Escola Distrital Unificada Elk Grove, na Califórnia, onde muitos pais, educadores, psicólogos e administradores apoiavam os conceitos de Adler no sentido de aumentar a eficiência com crianças em casa e na sala de aula. Sou especialmente grata ao dr. John Platt, psicólogo, que adotei como mentor. Ele me ensinou muito.

O dr. Don Larson, superintendente assistente, e o dr. Platt foram responsáveis pela obtenção de subsídios IV-C e pelo recebimento de fundos do governo federal para desenvolver um programa de aconselhamento adleriano. Tive a sorte de ser escolhida como diretora desse programa. Durante os três anos de arrecadação de fundos, o programa foi tão eficiente ao ensinar pais e professores a ajudar as crianças a mudarem seus comportamentos, que foi reconhecido como um projeto exemplar e recebeu subsídios por três anos para a disseminação nas escolas distritais da Califórnia. Nós o batizamos de

Projeto ACCEPT (Adlerian Counseling Concepts for Encouraging Parents and Teachers). Por meio dessa experiência, tive a oportunidade de compartilhar os conceitos adlerianos com milhares de pais e professores. Era emocionante ouvi-los compartilhar suas histórias sobre como usaram as habilidades que aprenderam nos workshops do projeto ACCEPT. Aprendi mais do que ensinei. Agradeço imensamente àqueles que me deram permissão para compartilhar seus exemplos com os outros.

Um agradecimento especial vai para Frank Meder, por suas contribuições na área de reuniões de classe. Ele foi capaz de compreender e implementar um importante princípio: é impossível ter liberdade em um ambiente social se não for dada a mesma ênfase para a ordem.

Reconhecimentos e sincera apreciação àqueles que trabalharam como assistentes no projeto ACCEPT. Judi Dixon, Susan Doherty, George Montgomery, Ann Platt, Barbara Smailey, Marjorie Spiak e Vicky Zirkle trabalharam incansavelmente como líderes de grupos de estudos de pais enquanto organizavam e desenvolviam materiais usados no projeto. Todos eles compartilharam muitos exemplos da efetividade dos princípios com suas próprias famílias e aquelas com as quais trabalharam.

Lynn Lott é uma colega e amiga especial, que me ajudou a voltar ao eixo quando um dos meus filhos envolveu-se com drogas. Eu estava pronta para parar de usar os conceitos da Disciplina Positiva e em vez disso usar controle e punição. Participei de um workshop sobre adolescentes que ela me indicou, em uma convenção da NASAP (North American Society of Adlerian Psychology), e soube imediatamente que ela poderia me ajudar a voltar para o caminho certo. Pedi a ela que escrevesse um livro comigo porque aprendi que se algo funciona para mim, então vale a pena compartilhar com os outros. Desde então, nós escrevemos quatro livros juntas, e ela teve uma influência considerável no meu crescimento e desenvolvimento no que se refere aos conceitos da Disciplina Positiva.

Meus filhos sempre foram uma fonte de inspiração, oportunidade e amor. Refiro-me a eles como meus filhos de antes, durante e após a Disciplina Positiva. Terry e Jim já eram adolescentes quando aprendi esses conceitos. Kenny, Bradley e Lisa tinham 7, 5 e 3 anos, respectivamente. Mark e Mary nasceram depois de eu já ter ensinado a grupos de estudo de pais por algum tempo. Eles têm sido a inspiração, em muitas oportunidades, para eu continuar aprendendo, e me ensinaram diversas vezes que a única vez que eu achei que fosse uma especialista foi *antes* de eu ter filhos.

O maior dos benefícios veio da compreensão dos princípios e habilidades que aumentam o respeito mútuo, a cooperação, a diversão e o amor. Toda vez que me afasto dos conceitos ensinados neste livro, crio uma confusão. O lado positivo disso é que tudo o que eu tenho que fazer é voltar aos métodos e habilidades e então eu não apenas acabo com a confusão, mas também melhoro a situação anterior. Erros são, realmente, oportunidades maravilhosas para aprender.

Ao longo dos anos tenho sido abençoada por ter muitas pessoas que apareceram na minha vida por causa do seu amor pela Disciplina Positiva. A Associação de Disciplina Positiva (www.posdis.org), uma organização não governamental, foi criada para o treinamento de associados certificados, pesquisa, oficinas, bolsas de estudo, demonstrações, escolas e garantia de qualidade. Seriam necessárias muitas páginas para listar todas as pessoas responsáveis por criar essa organização, então não o farei. No entanto, quero sim que elas saibam o quanto eu as amo e aprecio.

Gostaria de agradecer a Jody McVittie, M.D., Mike Shannon, M.D., e Marti Monroe, Ph.D., por investir seu tempo na leitura desta terceira edição e oferecer tantas sugestões valiosas.

Johanna Bowman, minha editora no projeto, foi fabulosa de se ter como parceira. Após pensar que eu já tinha feito o máximo de melhorias possíveis, Johanna apontou detalhes e deu sugestões que enriqueceram ainda mais esta edição. Obrigada, Johanna.

Introdução à terceira edição

Estou emocionada por *Disciplina Positiva* estar sendo impresso há mais de vinte anos e agora ser considerado um clássico. Estou ainda mais emocionada por ter ouvido de tantos pais e professores sobre o quanto este livro tem melhorado suas vidas em casa e nas salas de aula. Os dois próximos comentários representam centenas que ouvi: "Após 25 anos, eu estava pronta para parar de lecionar. As crianças mudaram muito. No entanto, *Disciplina Positiva* me ajudou a me adaptar e trabalhar com as mudanças, e agora eu consigo apreciar o magistério novamente." "Meus filhos não são perfeitos, nem eu, mas agora eu com certeza gosto de ser mãe."

Então, você pode estar se perguntando por que, com todo esse sucesso, eu faria mudanças? Não faz sentido que eu aprenderia ainda mais nos últimos 25 anos? Tive sorte por trabalhar com milhares de pais e professores durante workshops e palestras. Eles compartilharam êxitos e dificuldades. Aprendi o que funcionava, o que precisava de ajustes, o que precisava de maior ênfase, além de algumas novas ideias que precisavam ser incluídas.

No primeiro capítulo você será apresentado aos Quatro Critérios para uma Disciplina Efetiva. Pais e professores têm achado esses critérios úteis para compreender as diferentes abordagens da disciplina e o que faz sentido para efeitos positivos e em longo prazo com as crianças. Os quatro critérios os ajudaram a eliminar práticas disciplinares que não eram respeitosas às crianças e nada eficazes em longo prazo.

Às vezes me pergunto se a batalha entre punição e permissividade continuará para sempre. Parece que muitos pensam em termos desses dois extremos. Pessoas que pensam que punição é válida geralmente fazem isso porque acreditam que a única alternativa é a permissividade. Pessoas que não acreditam na punição geralmente vão para o outro extremo e se tornam muito permissivas. A Disciplina Positiva ajuda os adultos a encontrar um meio-termo respeitoso, que não seja punitivo nem permissivo. A Disciplina Positiva defende ferramentas que são ao mesmo tempo gentis e firmes e que ensinam valiosas habilidades sociais e de vida.

Nesta edição, você encontrará uma ênfase maior na importância de ser gentil e firme ao mesmo tempo. Pais e professores ainda parecem ter problemas com esse conceito. Parte do motivo é pensar no conceito como "ou um ou outro". Para mim, tem sido útil usar a analogia da respiração. O que aconteceria se inspirássemos e não expirássemos? Ou se expirássemos e não inspirássemos? A resposta é óbvia. Ser gentil ou ser firme não é uma questão de vida ou morte, mas ser gentil *e* firme pode fazer a diferença entre sucesso e fracasso. Também é bom saber que ser gentil pode amenizar todos os problemas de ser firme demais (rebeldia, ressentimento, autoestima prejudicada) e que ser firme pode amenizar todos os problemas de ser gentil demais (permissividade, manipulação, crianças mimadas, autoestima prejudicada) quando você é gentil e firme ao mesmo tempo.

Também compartilhei mais sobre o uso do conceito de "dar um tempo positivo" como uma habilidade de vida que é eficaz tanto para adultos quanto para crianças. Pais e crianças acham útil e divertido lembrar que, na hora do conflito, nós voltamos para nossos cérebros reptilianos (e répteis comem suas crias), para os quais as únicas opções são a disputa por poder ou a fuga (afastamento e comunicação ineficiente). Esses são motivos mais que suficientes para usar o "dar um tempo positivo" até que nos sintamos melhor e possamos resolver problemas baseados em proximidade e confiança em vez de distância e hostilidade.

Às vezes é mais fácil ser gentil e firme ao mesmo tempo depois de se acalmar, se desculpar e então usar uma ferramenta da Disciplina Positiva. Por essa razão, dei maior ênfase na maneira de "dar um tempo positivo" que ajuda crianças e adultos a se *sentirem* melhores para que possam *agir* melhor.

Falando sobre "dar um tempo positivo", muitos adultos têm problemas com a ideia de tornar o "dar um tempo" em uma experiência positiva. Eles erroneamente acreditam que isso é "recompensar" o mau comportamento. No entanto, quando eles verdadeiramente compreendem os efeitos em longo prazo da punição e do cérebro reptiliano, eles veem os benefícios do dar um tempo positivo.

Focar em soluções é um tema muito importante nesta edição. Por anos eu me sentia desencorajada quando ouvia sobre o foco nas consequências lógicas. Parece que pais e professores pensavam que havia apenas duas ferramentas da Disciplina Positiva: consequências lógicas e o "dar um tempo". "Dar um tempo" sempre foi do tipo punitivo e consequências lógicas eram geralmente punições mal disfarçadas. Os adultos realmente têm dificuldades em desistir da punição.

Uma das minhas frases mais populares é: "De onde tiramos a absurda ideia de que, para levar uma criança a *agir* melhor, precisamos antes fazê-la se *sentir* pior?" Quando confrontados com essa ideia, pais e professores podem ver como se trata mesmo de uma ideia maluca e, no entanto, quando confrontados com mau comportamento, eles escorregam para antigos hábitos punitivos.

Focar nas soluções surgiu com uma epifania para mim. Eu visitava uma reunião de classe em que as crianças focavam em consequências para um aluno que tinha se atrasado após o recreio. Notei que todas suas sugestões eram punitivas. Pedi um tempo e perguntei: "O que vocês acham que aconteceria se vocês focassem nas soluções para esse problema em vez de focar nas consequências?" As crianças entenderam isso na mesma hora. Desde então, todas as sugestões foram soluções úteis. Comecei a compartilhar a ideia de focar nas soluções com pais e professores e depois ouvi que eles estavam surpresos com o fato de que a luta pelo poder diminuiu em suas casas e nas salas de aula.

Outra mudança que você encontrará neste livro é a ênfase na responsabilidade do adulto por muitos problemas de comportamento. Antes de continuar, quero compartilhar que minha maior hesitação em escrever sobre isso era que eu não queria que soasse como culpa, apenas consciência e responsabilidade. Dito isso, tenho notado que muitos dos desafios de comportamento que frustram pais e professores poderiam ser mudados se os adultos mudassem primeiro. Francamente, fiquei cansada de sempre ouvir reclamações dos adultos sobre o que a criança fez.

Comecei a perguntar, o mais gentilmente possível, o que os *adultos* fizeram para ajudar a criar o problema. Pareceu-me que alguns dos "maus comportamentos" foram "criados" pelos adultos. Um exemplo é quantas crianças se rebelaram quando seus pais e professores fizeram exigências. Essas mesmas crianças poderiam ser muito cooperativas se os adultos as envolvessem em soluções durante as reuniões de família e de classe ou as ajudassem a criar quadros de rotina e depois perguntassem: "Qual foi o nosso acordo?" e "O que você precisaria fazer agora?" É lógico que isso não funcionaria em todas as situações, e é por isso que há tantas ferramentas de Disciplina Positiva.

"Personalidade: como a sua afeta a deles" é um novo capítulo que ajuda os adultos a compreenderem aquilo que convidam as crianças a fazer – aspectos positivos e negativos – a partir de suas próprias personalidades. Muitos adultos não estão conscientes de suas personalidades formadas com base em decisões que eles tomaram quando crianças e que agora afetam seus filhos. As informações desse capítulo podem ser um modo divertido de aprender como superar comportamentos que levam a decisões ruins enquanto as crianças desenvolvem suas personalidades. Novamente, essas informações nunca devem ser usadas para impor culpa, rótulos ou julgamento. Consciência é a chave para a mudança.

Houve muitas mudanças na forma de educar os filhos nos últimos 25 anos. Uma grande mudança é que há cada vez mais homens frequentando minhas palestras e workshops – e estão muito mais engajados em seu papel de pais. Algumas das mudanças (tais como o materialismo e "superproteção") podem ser remediadas se os pais prestarem atenção a algumas das sugestões que sempre estiveram em *Disciplina Positiva*, como: é perigoso para as crianças quando os adultos fazem muito por elas, as superprotegem, as socorrem, não passam muito tempo com elas, compram muitas coisas para elas, fazem a lição de casa para elas, dão broncas constantemente, exigem, gritam e depois as tiram de apuros.

A base para uma autoestima saudável é quando as crianças desenvolvem a crença de que "Eu sou capaz". Crianças não desenvolvem essa crença quando os pais fazem alguma das coisas mencionadas. Tampouco desenvolvem as habilidades que as ajudam a se sentirem capazes quando sempre dizem a elas o que devem fazer sem experimentarem a busca de soluções, na qual são respeitosamente envolvidas e podem praticar as habilidades que os pais esperam que desenvolvam.

Reuniões de família e de classe se tornaram mais populares, mas ainda temos um longo caminho a percorrer. É durante essas reuniões que as crianças têm a oportunidade de desenvolver todas as Sete Percepções e Habilidades Significativas mencionadas no Capítulo 1, ainda que muitos pais e professores pareçam acreditar que as crianças possam desenvolvê-las sem nenhuma experiência ou prática.

Recentemente fui entrevistada para um artigo de revista por um editor que achava que a maioria das pessoas atualmente sabia que punição não funciona com crianças. Eu queria que isso fosse verdade. Até que seja assim, há muito a ser feito. É ainda meu sonho criar a paz no mundo por meio da paz nos lares e nas salas de aula. Quando tratarmos as crianças com dignidade e respeito, e quando lhes ensinarmos valiosas habilidades de vida para o desenvolvimento de um bom caráter, elas irão disseminar a paz no mundo.

Alguns livros de disciplina são escritos para pais. Outros são escritos para professores. Este livro é escrito para ambos porque:

- Os conceitos são os mesmos para pais e professores. A única diferença é o local no qual eles são aplicados. Muitos professores também são pais que gostariam de usar esses conceitos em casa e na escola.
- Compreensão e cooperação entre famílias e escola têm aumentado quando pais e professores estão unidos em seus métodos para ajudar as crianças e uns aos outros de formas positivas.

Os princípios da Disciplina Positiva podem ser comparados a um quebra-cabeça com muitos conceitos (peças). É difícil ver a figura completa até que você tenha todas ou quase todas as peças. Algumas vezes um conceito não faz sentido até que combinado com outro conceito ou atitude.

Algumas peças do quebra-cabeça

Compreensão dos Quatro Objetivos do Mau Comportamento
Gentileza e firmeza ao mesmo tempo
Respeito mútuo
Erros como oportunidades para aprender
Responsabilidade social
Reuniões de família e de classe
Envolvimento das crianças na solução de problemas
Encorajamento

Quando alguma coisa não estiver funcionando, verifique se alguma dessas peças não está faltando. Por exemplo, resolver problemas não será eficaz se adultos e crianças não compreenderem que erros são oportunidades para aprender. Reuniões de família e de classe podem não ser eficazes até que as pessoas tenham aprendido respeito mútuo e responsabilidade social. Muita gentileza sem firmeza pode se tornar permissividade, e muita firmeza sem gentileza pode se tornar rigidez excessiva. Às vezes, precisamos curar a relação antes de lidar com o mau comportamento. Frequentemente a cura envolve encorajamento que remove a motivação para o mau comportamento, sem lidar diretamente com o mau comportamento. Encorajamento não parece funcionar até que os adultos entendam a crença por trás do comportamento ao compreender os objetivos equivocados.

Ao longo deste livro, serão dados exemplos de como os princípios da Disciplina Positiva são usados de forma eficaz em lares e escolas. Assim que você compreender os princípios, seu senso comum e intuição irão torná-lo apto a aplicá-los em sua própria vida. Milhares de pais e professores têm se apoiado uns nos outros para aprender os conceitos da Disciplina Positiva por meio de grupos de estudo de pais ou professores. Nesses grupos de estudo, ninguém é o especialista, todos se sentem à vontade para compartilhar seus erros, ajudando uns aos outros a aprender. Nós todos sabemos como é fácil enxergar soluções para o problema dos outros – porque temos perspectiva, objetividade e ideias criativas. Com nossos próprios problemas nos tornamos emocionalmente envolvidos e perdemos toda perspectiva e senso comum. Em grupos de estudo, pais e professores aprendem que eles não estão sozinhos, que ninguém é perfeito e que todos temos preocupações semelhantes. A reação universal de pais e professores que participam dos grupos de estudo é "Que alívio saber que eu não sou o único a sentir frustração!" É reconfortante saber que outros estão no mesmo barco.

Em grupos de estudo, os facilitadores deixam claro que não são especialistas. Os grupos são muito mais eficazes se ninguém assume o papel de especialista. Um líder de grupo ou colíder assume responsabilidade de fazer as perguntas e manter o grupo na tarefa, e não de fornecer as respostas. Se ninguém do grupo sabe a resposta para uma pergunta, é dado um tempo para que a encontrem no livro *Disciplina Positiva*.

Os anexos oferecem algumas orientações para uma mediação de grupo bem-sucedida. Um grupo deve ter um mínimo de duas pessoas e um máximo de dez. Se o grupo se tornar maior do que isso, haverá pouca oportunidade para envolvimento individual. A responsabilidade dos participantes do grupo é a de ler os capítulos, preparar-se para discutir as questões e cooperar com os líderes focando na tarefa. Se um membro do grupo não conseguiu ler o capítulo combinado por falta de tempo, ele ainda pode se beneficiar ouvindo a discussão e participando das atividades de vivência.

Não é necessário aceitar todos os princípios de uma vez. Use apenas o que fizer sentido para você no momento. E se você ouvir algo que não parece certo para você, não descarte completamente a informação. Alguns conceitos que parecem difíceis de aceitar ou compreender agora podem fazer mais sentido depois. Uma participante do grupo disse que tentou alguns dos princípios com seu filho, apenas para provar que eles estavam errados, e acabou ficando surpresa em ver uma mudança positiva na sua relação. Ela mais tarde se tornou uma líder de grupo de estudo porque queria compartilhar esses conceitos que tanto a ajudaram.

É útil ter paciência consigo mesmo e com as crianças enquanto você tenta mudar velhos hábitos. À medida que a sua compreensão dos princípios básicos se aprofunda, as aplicações práticas se tornam mais fáceis. Paciência, humor e perdão enriquecem o seu processo de aprendizagem.

Mais um alerta: tente apenas um método de cada vez. Você irá aprender muitos conceitos e habilidades novos que precisarão de prática para uma aplicação bem-sucedida. Pode ser confuso ou desencorajador esperar muito de si mesmo. Aplique um método de cada vez e progrida lentamente, lembrando-se de ver os erros como uma oportunidade para aprender.

Muitos pais e professores descobriram que mesmo que seus filhos não se tornem perfeitos, eles os apreciam muito mais depois de aplicar esses conceitos e atitudes. É isso que eu desejo a você.

Capítulo Um

A abordagem positiva

Se você é professor, será que ensina há tempo suficiente para lembrar da época em que as crianças sentavam-se em fileiras e, obedientemente, faziam tudo o que lhes era pedido? Se você é pai ou mãe, você se lembra de quando as crianças não ousavam responder aos pais? Talvez você não se lembre, mas seus avós devem se lembrar.

Hoje em dia muitos pais e professores sentem-se frustrados porque as crianças não se comportam como "nos bons e velhos tempos". O que aconteceu? Por que hoje em dia as crianças não desenvolvem o mesmo tipo de responsabilidade e motivação que pareciam mais presentes muitos anos atrás?

Existem muitas explicações possíveis, tais como: lares desfeitos, excesso de televisão, *videogame* e mães que trabalham fora. Como esses fatores são muito comuns na nossa sociedade atual, a situação poderia parecer bastante desanimadora se eles, de fato, servissem para explicar os problemas que enfrentamos hoje com as crianças. (Todos nós sabemos de muitos pais solteiros ou que trabalham fora e que, usando uma forma efetiva de educar os filhos, o fazem muito bem.) Rudolph Dreikurs[1] tinha outra teoria.

As grandes mudanças que aconteceram na sociedade ao longo dos últimos anos podem explicar mais diretamente as diferenças das crianças de hoje. A perspectiva é encorajadora porque, com consciência e vontade, é possível compensar essas mudanças e assim eliminar alguns dos problemas que muitos pensam serem causados por lares desfeitos, excesso de televisão e mães que trabalham fora.

A primeira grande mudança é que os adultos não são mais exemplo ou modelo de submissão e obediência. Os adultos esquecem que eles mesmos não agem da mesma forma que agiam antigamente. Antes, a mãe obedecia qualquer ordem dada pelo pai, ou, ao menos, dava a impressão de que o fazia, porque isso era culturalmente aceitável. Nos "bons e velhos tempos" poucas pessoas questionavam a ideia de que a decisão do pai era a definitiva.

Em razão do movimento dos Direitos Humanos, isso não é mais verdade. Rudolf Dreikurs ressaltou: "Quando o pai perdeu o controle sobre a mãe, ambos perderam o controle sobre as crianças." Isso significa que a mãe deixou de ser modelo de submissão, o que é um progresso. Grande parte dos "bons e velhos tempos" não era tão boa assim.

Naquela época havia muitos modelos de submissão. O pai obedecia ao chefe (que não estava interessado em suas opiniões) para não perder o emprego. Minorias aceitavam funções submissas que geravam grande perda de sua dignidade pessoal. Atualmente, todos os grupos minoritários exigem seus direitos de igualdade e dignidade de forma absoluta. É raro encontrar alguém que esteja disposto a aceitar um papel inferior e submisso na vida. As crianças estão simplesmente seguindo os exemplos que observam ao seu redor. Elas também querem ser tratadas com dignidade e respeito.

É importante perceber que igualdade não significa *o mesmo*. Quatro moedas de 25 centavos são muito diferentes de uma nota de 1, muito embora tenham o mesmo valor. Obviamente as crianças não merecem todos os direitos que advêm de maior experiência, habilidade e maturidade. A liderança e orientação por parte do adulto são muito importantes. No entanto, as crianças merecem ser tratadas com dignidade e respeito. Elas também merecem a oportunidade de desenvolver as habilidades de vida de que precisam em um ambiente de gentileza e firmeza, em vez de uma atmosfera de culpa, vergonha e dor.

Outra grande mudança é que na sociedade atual as crianças têm menos oportunidades de aprender responsabilidade e motivação. Nós não *precisamos* mais das crianças como colaboradoras importantes para a sobrevivência econômica. Em vez disso, elas recebem em excesso sem nenhum esforço ou investimento de sua parte, em nome do amor, deixando de desenvolver uma atitude responsável. Muitos pais e mães acreditam que bons pais devem proteger seus filhos de toda e qualquer decepção. Eles sempre os socorrem ou são superprotetores, e isso tira dos filhos a oportunidade de desenvolver a confiança em sua capacidade de lidar com os altos e baixos da vida. O treinamento de habilidades é sempre negligenciado em função da vida ocupada ou da falta de compreensão sobre o quanto é importante para as crianças contribuir. Muitas vezes privamos as crianças de oportunidades de sentirem que são aceitas e que têm importância de forma significativa por meio de contribuições responsáveis e, em seguida, reclamamos e as criticamos por não desenvolverem responsabilidade.

As crianças não desenvolvem responsabilidade quando pais e professores são muito rígidos e controladores, mas também não se tornam responsáveis quando pais e professores são permissivos. Crianças adquirem responsabilidade quando têm a oportunidade de aprender habilidades sociais e de vida valiosas para desenvolver um bom caráter em um ambiente de gentileza, firmeza, dignidade e respeito.

É importante enfatizar que eliminar a punição não significa permitir que a criança faça o que quiser. Nós precisamos oferecer oportunidades para que as crianças experimentem a responsabilidade em uma relação direta com os privilégios dos quais desfrutam. Caso contrário, elas se tornam receptores dependentes que sentem que a única maneira de sentir que são aceitas e que têm importância é manipulando as pessoas a seu favor. Algumas crianças desenvolvem a seguinte crença: "Não me sinto amada a não ser quando os outros cuidam de mim." Outras podem desenvolver a crença de que não devem tentar porque não conseguem fazer nada que não gere vergonha e sofrimento. É mais triste ainda quando elas desenvolvem a crença de que não são boas o bastante, porque não têm oportunidades de praticar competências que as ajudariam a se sentirem capazes. Essas crianças gastam uma grande quantidade de energia se revoltando ou se esquivando.

Quando toda a sua energia e inteligência são direcionadas para manipular, revoltar-se ou esquivar-se, as crianças não desenvolvem a percepção e as habilidades necessárias para se tornarem pessoas capazes. No livro *Raising Self-Reliant Children in a Self-Indulgent World*[2], H. Stephen Glenn e eu identificamos as Sete Percepções e Habilidades Significativas necessárias ao desenvolvimento de pessoas capazes.

Sete Percepções e Habilidades Significativas

1. Forte percepção das habilidades pessoais – "Eu sou capaz."
2. Forte percepção sobre sua importância nas relações primárias – "Eu contribuo de maneira significativa e sou genuinamente necessário."
3. Forte percepção de seu poder ou influência pessoal sobre a própria vida. – "Eu posso influenciar as coisas que acontecem comigo."

4. Forte habilidade intrapessoal: habilidade de entender suas próprias emoções e de usar esse entendimento para desenvolver autodisciplina e autocontrole.
5. Forte habilidade interpessoal: habilidade de trabalhar com os outros e desenvolver amizades por meio de comunicação, cooperação, negociação, troca, empatia e escuta ativa.
6. Forte habilidade sistêmica: a capacidade de lidar com os limites e consequências da vida cotidiana com responsabilidade, adaptabilidade, flexibilidade e integridade.
7. Forte habilidade de avaliação: habilidade de usar a sabedoria para avaliar as situações de acordo com valores apropriados.

As crianças desenvolvem essas percepções e habilidades naturalmente quando lhes é permitido trabalhar lado a lado com seus pais, recebendo treinamento enquanto fazem as atividades e contribuem de maneira significativa para o estilo de vida da família. A ironia é que, antigamente, as crianças tinham oportunidades para desenvolver fortes habilidades de vida, mas poucas oportunidades de usá-las. Hoje o mundo está cheio de oportunidades para as quais muitas crianças não estão preparadas. Atualmente, elas não têm muitas oportunidades naturais de se sentirem necessárias e importantes, mas os pais e professores podem criá-las. Um benefício adicional maravilhoso é que a maioria dos problemas de comportamento pode ser eliminada quando pais e professores aprendem maneiras efetivas de ajudar seus filhos e alunos a desenvolver percepções e habilidades saudáveis. A maioria dos problemas de comportamento pode ser atribuída à falta de desenvolvimento dessas Sete Percepções e Habilidades Significativas.

Entender por que as crianças não se comportam mais da maneira como se comportavam é o primeiro passo para pais e professores que estão enfrentando desafios relacionados à disciplina infantil. Nós precisamos entender por que métodos controladores, que funcionavam tão bem alguns anos atrás, não são eficientes para as crianças hoje em dia. Precisamos compreender nossa obrigação de oferecer oportunidades às crianças (que anteriormente eram fornecidas pelas circunstâncias) para que desenvolvam responsabilidade e motivação. E o mais importante: precisamos compreender que cooperação baseada em respeito mútuo e responsabilidade compartilhada é mais eficiente que o controle autoritário (ver Tabela 1.1).

Tabela 1.1 – As três principais abordagens para a interação adulto-criança

Rigidez (controle excessivo)	▪ Ordem sem liberdade ▪ Sem escolhas ▪ "Você faz isso porque eu mando"
Permissividade (sem limites)	▪ Liberdade sem ordem ▪ Escolhas ilimitadas ▪ "Você pode fazer o que quiser"
Disciplina Positiva (autêntico; gentileza e firmeza ao mesmo tempo)	▪ Liberdade com ordem ▪ Escolhas limitadas ▪ "Você pode escolher dentro dos limites que demonstrem respeito por todos"

A atitude de pais ou professores que escolhem uma das três abordagens é muito diferente.

> ***Rigidez*** – "Essas são as regras que você deve seguir, e essa é a punição que você vai receber por violar essas regras." Crianças não são envolvidas no processo de decisão.
> ***Permissividade*** – "Não existem regras. Tenho certeza de que nós vamos nos amar e ser felizes, e você será capaz de fazer suas próprias regras no futuro."
> ***Disciplina Positiva*** – "Juntos, nós vamos decidir as regras para nosso benefício mútuo. Também vamos pensar juntos nas soluções que nos ajudarão a resolver nossos problemas. Quando eu precisar usar o meu discernimento sem a sua interferência, eu serei firme com gentileza, dignidade e respeito."

Para ilustrar de uma forma divertida a diferença extrema entre as três abordagens, o dr. John Platt[3] conta a história de Johnny, de 3 anos de idade, no café da manhã em cada situação. Em um lar rígido, em que a mãe sabe o que é melhor, Johnny não tem escolha em relação ao café da manhã. Em um dia frio e chuvoso, mães controladoras do mundo inteiro sabem que Johnny precisa de algum tipo de mingau quente para enfrentar o dia. Johnny, no entanto, tem ideias diferentes. Ele olha para o mingau e diz:

"Eca! Eu não quero essa coisa!" Há cem anos, era mais fácil ser uma mãe rígida e controladora. Ela poderia apenas dizer: "Coma!", e Johnny obedeceria. É mais difícil hoje em dia; então, para conseguir obediência, a mãe segue quatro passos:

Passo um: A mãe tenta convencer Johnny de que ele precisa comer mingau quente para enfrentar o dia. Você se lembra do que sua mãe disse sobre o que o mingau quente faria em seu corpo? "Ele vai mantê-lo bem nutrido!" Você já considerou o que uma criança de 3 anos pensa quando dizem a ela que o mingau vai mantê-la bem nutrida? Ela não fica muito impressionada.

Passo dois: A mãe tenta melhorar o gosto do mingau. Ela tenta todos os tipos de mistura – açúcar mascavo, canela, uva-passa, mel e até raspas de chocolate. Johnny pega mais um pouco e repete: "Eca! Eu detesto essa coisa!"

Passo três: A mãe tenta dar uma lição de compaixão: "Mas Johnny, pense em todas as crianças da África que estão morrendo de fome." Johnny continua nada impressionado e responde: "Bem, então mande isso para elas."

Passo quatro: A mãe agora está desesperada e sente que sua única alternativa é ensinar-lhe uma lição por sua desobediência. Ela lhe dá uns tapas e diz que ele pode ficar com fome.

Por trinta minutos, a mãe se sente bem pela maneira como conduziu a situação, até que começa a se sentir culpada. O que as pessoas vão pensar quando descobrirem que ela não conseguiu fazer o filho comer? E se Johnny realmente estiver passando fome?

Johnny brinca lá fora tempo suficiente para aumentar o *poder de culpa* da mãe, até entrar e reclamar: "Mamãe, estou morrendo de fome!"

A mãe agora passa a dar o mais divertido dos sermões: o sermão do "Eu disse!" Ela não percebe que Johnny está olhando fixo para o nada enquanto espera que ela termine e ele possa voltar a brincar. A mãe sente-se muito bem com o sermão, pois cumpriu sua obrigação de fazê-lo entender que ela estava certa. Depois, ela lhe dá um biscoito e manda ele brincar lá fora novamente. Para compensar a perda nutricional pela falta de um bom café da manhã, ela vai para a cozinha preparar fígado com brócolis. Imagine como será o almoço!

A próxima cena acontece em um lar permissivo, em que a mãe está treinando um futuro anarquista. Quando Johnny vem para a cozinha, ela diz: "O que você quer para o café da manhã, meu anjo?"

Como Johnny vem sendo treinado dessa forma há três anos, é realmente um "anjo" e não perde a chance de dar à mãe a oportunidade de continuar sua rotina de treinamento. Primeiro Johnny pede torrada com ovo cozido mole. Ele faz a mãe cozinhar nove ovos até que fique exatamente no ponto que ele quer. Depois ele decide que, na verdade, não quer ovo cozido mole, mas sim rabanadas. A mãe ainda tem três ovos sobrando, então pode prepará-las. Enquanto isso, Johnny vai ver televisão. Durante o comercial, ele vê que atletas podem fazer coisas maravilhosas se comerem a granola do "café da manhã dos campeões". Ele diz: "Eu quero granola, mãe!" Depois de provar, ele muda de ideia e decide que quer outro cereal. A mãe não tem outro cereal, então vai correndo ao supermercado para comprar. Johnny não precisa se preocupar em alimentar o poder de culpa da mãe; ela mesma faz isso 24 horas por dia.

Essas histórias não são exageradas. São exemplo de situações reais. Uma mãe me disse que seu filho não comia nada exceto batata *chips*. Perguntei a ela onde ele conseguia a batata, e ela exclamou: "Bem, eu mesma compro as batatas porque ele não come outra coisa!" Muitas crianças são criadas para serem tiranas que só se sentem importantes ao conseguir manipular outras pessoas para atender suas exigências.

Vamos agora para um lar onde é aplicada a Disciplina Positiva. Duas diferenças significativas acontecem antes do café da manhã: primeiro, Johnny se veste e arruma a sua cama antes mesmo de vir para o café (mais tarde você aprenderá como conseguir isso). A segunda diferença é que Johnny fará alguma coisa para contribuir com a rotina da família, como arrumar a mesa, fazer a torrada ou mexer os ovos (sim, crianças de 3 anos podem mexer os ovos, como você verá quando discutirmos as tarefas domésticas).

Hoje é dia de cereal no café da manhã. A mãe oferece ao Johnny uma escolha limitada. "Você gostaria de granola ou aveia?" (Ela não compra cereais açucarados.)

Esse Johnny também assistiu ao comercial que mostra o que comem os grandes atletas, e então escolheu a granola. Depois de provar, ele muda de ideia e diz: "Eu não quero essa coisa!"

A mãe diz: "Tudo bem. Nós não podemos melhorar o sabor da granola. Você pode ir brincar e voltar na hora do almoço." Note que essa mãe pulou todos os passos tomados pela mãe controladora. Ela não tentou convencê-lo nem falar sobre as crianças famintas, tampouco melhorar o sabor. Ela nem mesmo precisou bater nele. Ela simplesmente permitiu que ele experimentasse as consequências de suas escolhas.

Tendo em vista que a mãe tem pouca experiência nisso, Johnny tenta aumentar o poder de culpa da mãe. Duas horas depois, quando ele diz para a mãe que está faminto, ela respeitosamente responde: "Imagino que sim." A mãe evita o discurso do "eu disse", e em vez disso reafirma: "Tenho certeza de que você pode aguentar até o almoço."

Seria ótimo se a história pudesse terminar aqui com compreensão e cooperação por parte de Johnny, mas isso não acontece assim tão rápido. Johnny não está acostumado com esse comportamento por parte da mãe. Ele está frustrado, pois não ganhou o que esperava e tem um ataque de birra. Nesse momento, seria natural para a maioria das mães pensar: "Essa coisa de Disciplina Positiva não funciona!" A mãe do Johnny conhecia o exemplo a seguir, que explica o que geralmente acontece quando mudamos nossa abordagem.

As crianças estão acostumadas a certas reações por parte dos adultos. Quando mudamos nossas reações, elas provavelmente irão exagerar seu comportamento (piorar) em seu esforço de nos fazer reagir da maneira que supostamente deveríamos fazer. Esse é o efeito "*chutar a máquina de refrigerante*". Quando colocamos dinheiro na máquina e o refrigerante não cai, nós chutamos e sacudimos a máquina para que ela faça o que *deveria* fazer.

O problema da rigidez é que a punição consegue eliminar o mau comportamento imediatamente, mas em breve este recomeça de novo e de novo.

Embora o mau comportamento possa piorar quando a Disciplina Positiva é usada pela primeira vez, você vai perceber que há uma estabilização até que a criança volte a se comportar mal novamente. Quando uma criança percebe que suas táticas de manipulação não funcionam, provavelmente vai testar de novo apenas para ter certeza. O mau comportamento se torna menos intenso com períodos mais longos de estabilidade, quando a Disciplina Positiva é usada de forma consistente.

Quando usamos firmeza com dignidade e respeito, logo as crianças aprendem que seu mau comportamento não atinge os resultados que esperam e assim são motivadas a mudar de comportamento sem prejuízo para a autoestima. A partir do momento em que entendemos isso, aguentar um pouco dos momentos em que o comportamento piora não é tão ruim quanto as constantes lutas por poder que acontecem em uma abordagem excessivamente controladora.

Quando Johnny tem um ataque de birra, a mãe pode usar a técnica de "dar um tempo" (explicada posteriormente) e ir para outro cômodo até que ambos estejam mais calmos. Não é muito divertido ter um ataque de birra sem público. Ou ela pode tentar a abordagem "Eu preciso de um abraço" (Capítulo 7). Assim os dois se sentirão melhor. Mais tarde, em conjunto, eles podem buscar juntos uma solução para o problema, desde que a criança tenha idade suficiente para participar desse processo. Para crianças mais novas, apenas se sentir melhor ou uma simples distração, geralmente, é suficiente para mudar o comportamento.

Essa história ilustra com exemplos as diferenças entre as três abordagens com relação à interação adulto-criança e o quanto a utilização da Disciplina Positiva é mais eficiente para obter resultados efetivos em longo prazo. No entanto, ainda há muito trabalho a ser feito para convencer alguns adultos acerca dos benefícios em longo prazo resultantes da Disciplina Positiva.

Muitos adultos se recusam a desistir de suas tentativas de controlar excessivamente por causa de sua crença equivocada de que a única alternativa é a permissividade, o que não é nada sadio para adultos e crianças. Crianças que são criadas com permissividade crescem pensando que o mundo lhes deve a vida. Elas são treinadas a usar toda a sua energia e inteligência para manipular e ocupar os adultos com seus desejos. Elas gastam mais tempo tentando fugir de sua responsabilidade do que desenvolvendo independência e suas capacidades.

Esteja atento ao que funciona

Muitas pessoas têm convicção que rigidez e punição funcionam. Eu concordo. Eu nunca diria que punição não *funciona*. Punição *funciona* se pensarmos que, em geral, ela interrompe o *mau comportamento* imediatamente. Mas quais são os resultados em longo prazo? Somos com frequência enganados pelos resultados imediatos. Algumas vezes temos que *estar atentos ao que funciona* quando os resultados em longo prazo são negativos. Os resultados em longo prazo da punição são que as crianças, em geral, adotam um ou os Quatro R da Punição:

Os Quatro R da Punição

1. Ressentimento – "Isso não é justo. Eu não posso confiar nos adultos."
2. Retaliação – "Eles estão ganhando agora, mas eu vou me vingar."
3. Rebeldia – "Eu vou fazer exatamente o contrário para provar que eu não tenho que fazer do jeito deles."
4. Recuo
   a. Dissimulação – "Eu não vou ser pego da próxima vez."
   b. Redução da autoestima – "Eu sou uma pessoa ruim."

Com frequência, as crianças não têm consciência acerca das decisões que estão tomando em resposta à punição. No entanto, comportamentos futuros são baseados nessas decisões subconscientes. Por exemplo, uma criança pode decidir: "eu sou uma pessoa má" e continuar a agir como tal. Outra criança, que toma a mesma decisão, pode se tornar um "bajulador" (viciado em aprovação) para obter o amor que ela acredita não merecer. Por essa razão, os adultos precisam estar mais atentos aos efeitos em longo prazo de suas ações em vez de serem enganados pelos resultados em curto prazo.

De onde nós tiramos a ideia absurda de que, para levar uma criança a agir melhor, antes precisamos fazê-la se sentir pior? Pense na última vez em que você se sentiu humilhado ou tratado de forma injusta. Você sentiu que estava cooperando ou melhorando? Pare um pouco, feche os olhos e tente se lembrar de um momento recente (ou um momento da infância) em que alguém tentou motivá-lo a se comportar melhor tentando fazê-lo se sentir mal. Lembre-se exatamente do que aconteceu. Conecte-se com o que você sentiu. Fique atento ao que você estava sentindo em relação a si mesmo, sobre a outra pessoa e sobre o que fazer no futuro (ainda que, muito provavelmente, você não estivesse percebendo que estava tomando decisões naquele momento). Você se sentiu motivado a melhorar? Caso tenha se sentido, era um bom sentimento ou era baseado em sentimentos ruins em relação a você e à outra pessoa? Você se sentiu motivado a desistir ou se esconder para evitar futuras humilhações? Ou, você quis se tornar um viciado em aprovação, desistindo de uma grande parte de si mesmo para agradar aos outros? Crianças não desenvolvem características positivas baseadas em sentimentos e decisões subconscientes que resultam da punição.

Pais e professores que não gostam de controle excessivo ou permissividade, mas que não sabem mais o que fazer, podem ficar confusos alternando entre duas opções ineficientes. Eles podem tentar controle excessivo até que não aguentem mais parecerem tão tiranos. Depois eles alternam para permissividade até que não conseguem mais suportar as maneiras mimadas e exigentes das crianças, e então voltam ao controle excessivo.

Qual é o preço a se pagar quando controle excessivo parece funcionar com algumas crianças? Pesquisas têm mostrado que crianças que experimentam uma grande quantidade de punições tornam-se rebeldes ou temerosamente submissas. Disciplina Positiva não inclui nenhuma culpa, vergonha ou dor (física ou emocional) como motivadores. Por outro lado, a permissividade é humilhante para adultos e crianças e cria uma codependência nada saudável, em vez de autossuficiência e cooperação. O propósito da Disciplina Positiva é atingir resultados positivos em longo prazo, bem como responsabilidade e cooperação de imediato.

Já que muitos pais e professores acreditam que a permissividade é a única alternativa para abrir mão do controle excessivo e da rigidez, é importante definirmos disciplina. *Disciplina* é uma palavra frequentemente mal colocada. Muitas pessoas equiparam disciplina com punição, ou ao menos acreditam que punição é a forma de ajudar as pessoas a ter disciplina. No entanto, "disciplina" vem do latim *discipulus* ou *disciplini*, que significa "seguidor da verdade, do princípio" ou "líder venerado". Filhos e alunos não vão se tornar seguidores da verdade ou de princípios a menos que sua motivação venha de um lócus de controle interno, isto é, até que eles aprendam autodisciplina. Tanto a punição quanto a recompensa vêm de um lócus de controle externo.

Se não rigidez nem permissividade, então o quê?

Disciplina Positiva é uma abordagem que não inclui controle excessivo ou permissividade. Qual a diferença em relação aos outros métodos disciplinares? Uma diferença é que a Disciplina Positiva não humilha crianças ou adultos.

A Disciplina Positiva é baseada em respeito mútuo e cooperação. Incorpora gentileza e firmeza ao mesmo tempo como fundamentos para ensinar competências de vida com base em um lócus de controle interno.

Quando é usado controle excessivo, crianças dependem de um "lócus de controle externo". É responsabilidade do adulto estar constantemente encarregado do comportamento da criança. A forma mais popular de controle excessivo usada por pais e professores é um sistema de *recompensas* e *castigos*. Nesse sistema, os adultos precisam ver as crianças sendo *boas* para que possam dar recompensas, ou flagrá-las sendo *más* para dar o castigo. Quem está sendo responsável? Obviamente o adulto; então o que acontece quando o adulto não está por perto? As crianças não aprendem a ser responsáveis por seu próprio comportamento.

É interessante observar o quanto adultos controladores reclamam da irresponsabilidade das crianças sem perceber que eles próprios estão treinando as crianças para ser irresponsáveis. Permissividade também ensina irresponsabilidade porque tanto os adultos quanto as crianças renunciam à responsabilidade.

Um dos conceitos mais importantes a serem entendidos na Disciplina Positiva é que crianças são mais propensas a seguir as regras que elas ajudaram a estabelecer. Elas aprendem a tomar decisões eficientes com autoconceitos mais saudáveis quando aprendem a ser membros que contribuem com a família, a classe e a sociedade. Esses são efeitos importantes da abordagem da Disciplina Positiva em longo prazo. Eles podem ser sintetizados da forma descrita a seguir.

Os Quatro Critérios para uma Disciplina Efetiva

1. É gentil e firme ao mesmo tempo? (Respeitosa e encorajadora)
2. Ajuda as crianças a desenvolver um senso de aceitação e importância? (Conexão)
3. É efetiva em longo prazo? (Punição funciona em curto prazo, mas apresenta resultados negativos em longo prazo)
4. Ensina habilidades sociais e de vida valiosas para a formação de um bom caráter? (Respeito, preocupação com os outros, resolução de problemas, responsabilidade, contribuição, cooperação)

Punição não atende a nenhum desses critérios. Todos os métodos ensinados na Disciplina Positiva atendem. O primeiro critério, gentileza e firmeza ao mesmo tempo, é um dos conceitos-chave da Disciplina Positiva.

Gentileza e firmeza ao mesmo tempo

Rudolf Dreikurs ensinou a importância de ser gentil e firme em nossas relações com as crianças. Gentileza é importante para mostrar respeito pela criança. Firmeza é importante para mostrar respeito por nós mesmos e conforme a necessidade da situação. Aos métodos autoritários, geralmente falta gentileza, e aos métodos permissivos falta firmeza. Gentileza e firmeza são essenciais para a Disciplina Positiva.

Muitos pais e professores lutam contra esse conceito por diversas razões. Uma delas é que eles não têm vontade de ser gentis quando a criança os chateia. Novamente, quero perguntar: "Se os adultos querem que as crianças controlem seu comportamento, será que é demais pedir aos adultos que aprendam a controlar seu próprio comportamento?" Muitas vezes, são os adultos que deveriam "dar um tempo positivo" (mais sobre isso no Capítulo 6) até que se sintam melhores para poder agir de forma melhor.

Outra razão pela qual os adultos têm dificuldade de ser gentis e firmes ao mesmo tempo é o fato de que eles não sabem como funciona o conceito de gentileza e firmeza. Eles podem estar presos no ciclo vicioso de ser muito firmes quando estão irritados ou porque não sabem mais o que fazer, e depois ser gentis em excesso para compensar o excesso de firmeza.

Muitos pais e professores têm noções equivocadas sobre gentileza. Um dos maiores erros que pais e professores cometem quando decidem aplicar a Disciplina Positiva é tornarem-se muito permissivos porque não querem ser punitivos. Alguns, equivocadamente, acreditam que estão sendo gentis quando satisfazem seus filhos, ou quando os socorrem ou protegem de qualquer decepção. Isso não é ser gentil; é ser permissivo. Ser gentil significa ter respeito pela criança *e* por si mesmo. Não é respeitoso mimar as crianças. Não é respeitoso livrá-las de qualquer frustração, pois assim elas não terão a oportunidade de desenvolver os "músculos da decepção". Mostrar respeito pela criança é validar seus sentimentos: "Eu posso ver que você está desapontado" (ou bravo, ou chateado, etc.). Dessa forma, é respeitoso acreditar que as crianças conseguem sobreviver às decepções e desenvolver um senso de capacidade no processo.

Agora, vamos ver o que é ter respeito por si mesmo. Não é gentil permitir que as crianças tratem você (ou outros) com desrespeito. E é aqui que isso se torna um pouco delicado. Não permitir que as crianças faltem com respeito por você ou pelos outros não significa lidar com a situação de maneira punitiva. A punição é muito desrespeitosa. Então como lidar com isso?

Vamos supor que uma criança responda para você. Um jeito gentil e firme de lidar com isso é sair do ambiente. Ah! Eu posso escutar as objeções: "Mas isso não é o mesmo que permitir que a criança se saia bem da situação?" Vamos olhar com mais cuidado. Você não pode fazer com que outra pessoa o trate com respeito, mas você pode tratar a si mesmo com respeito. Sair do ambiente é se tratar com respeito e um ótimo exemplo para as crianças. Você sempre poderá retomar o assunto mais tarde, quando todos tiverem a chance de se acalmar e se *sentir* melhor, de forma que poderão *agir* melhor.

A retomada pode ser da seguinte forma: "Querido, sinto muito por você ter ficado tão bravo. Eu respeito seus sentimentos, mas não a maneira como você está lidando com eles. Sempre que você me tratar com desrespeito eu vou, simplesmente, sair por algum tempo. Eu te amo e quero estar com você. Então, quando você estiver pronto para me tratar com respeito, você pode me avisar e eu ficarei muito feliz de ajudá-lo a descobrir outras formas de enfrentar sua raiva. Depois nós podemos procurar soluções respeitosas para nós dois." É melhor deixar a criança saber o que você vai fazer antecipadamente, quando todos estão calmos.

Vale a pena repetir que muitos pais acham que eles devem enfrentar o problema no momento da irritação. Essa é a pior hora para lidar com um problema. Quando as pessoas estão chateadas, elas acessam seus cérebros primitivos, para os quais as únicas opções são brigar (lutas por poder) ou fugir (desistência e falta de comunicação). Não é possível pensar racionalmente a partir do cérebro primitivo. Nós dizemos coisas pelas quais depois nos arrependemos. A única medida que faz sentido é se acalmar até que você possa acessar seu cérebro racional antes de enfrentar um problema. Essa é uma grande habilidade para ensinar às crianças. Algumas vezes é melhor "decidir o que você vai fazer" (uma ferramenta que iremos aprender melhor no Capítulo 5) do que tentar forçar a criança a fazer alguma coisa, ao menos até que você possa atrair cooperação em vez de luta por poder. Então, lembre-se: gentileza é igual a respeito.

Agora vamos abordar a firmeza. A maioria dos adultos está acostumada a pensar que firmeza significa punição, sermão ou alguma outra forma de controle. Não exatamente. Firmeza, quando combinada com gentileza, significa respeito pela criança, por você e pela situação.

Vamos ver uma situação de limites. Muitos pais decidem quais deveriam ser os limites e depois assumem a responsabilidade por aplicá-los. Mas vamos considerar o propósito dos limites. O propósito é manter as crianças seguras e socializadas. Quando os adultos estabelecem os limites e depois os aplicam por meio de castigos, sermões e controle, frequentemente revolta e lutas por poder são geradas. Isso não mantém as crianças seguras ou socializadas. Em vez disso, envolva as crianças quando for estabelecer e fazer cumprir os limites. Por exemplo, vocês podem discutir juntos quais devem ser os limites para ver televisão, hora de dormir, brincar fora de casa ou lição de casa. Inclua as crianças em uma discussão (o que significa que ela deve falar tanto quanto você, ou até mais) sobre a importância dos limites, como eles devem ser e como todos devem ser responsáveis por segui-los. Por exemplo, quando você pergunta para as crianças por que lição de casa é importante elas vão dizer "assim eu posso aprender", ou "assim eu vou tirar uma nota melhor". Depois, elas podem decidir quanto tempo precisam e qual é a melhor hora para elas. (Os pais geralmente querem que as crianças façam a lição de casa assim que chegam da escola. As crianças normalmente gostam de ter um tempo livre antes de começar com os deveres. Quando as crianças têm alguma escolha, sentem-se fortalecidas). Uma vez que elas decidam sobre a hora que funciona melhor para elas, vocês podem juntos estabelecer limites como "televisão somente por uma hora e somente quando a lição estiver pronta. Eu estarei disponível para ajudar apenas entre 19h e 20h e não vou ceder a apelos por ajuda de última hora." Crianças são muito mais dispostas a respeitar os limites que elas ajudaram a criar com base em seu entendimento sobre porque eles são necessários e como ser responsável por eles.

É claro que estabelecer limites para crianças abaixo de 4 anos é diferente. Os pais precisam estabelecer os limites para crianças mais novas, mas ainda assim eles podem ser reforçados com gentileza e firmeza.

Quando um limite for ultrapassado, não dê sermão ou aplique punição. Continue um relacionamento respeitoso com a criança. Evite dizer o que aconteceu e o que deveria ser feito sobre isso. Você deve fazer perguntas que estimulem a curiosidade: "O que aconteceu? Por que você acha que isso aconteceu? Que ideias você tem para solucionar o problema agora? O que você aprendeu que pode ajudá-lo na próxima vez?"

Um alerta: crianças que estão acostumadas com sermões ou punição podem dizer simplesmente "Eu não sei." Esse é o momento para você dizer: "Você é ótimo para solucionar problemas. Por que você não pensa sobre isso e daqui a 30 minutos me diz o que você acha?"

Pais e professores normalmente dão sermões e fazem exigências. As crianças frequentemente respondem com resistência ou revolta. As frases de gentileza e firmeza a seguir vão ajudá-lo a evitar linguagens desrespeitosas e a aumentar a cooperação.

- Está chegando a sua vez.
- Eu sei que você consegue dizer isso de uma maneira respeitosa.
- Eu me importo com você e vou esperar até que nós dois possamos agir com respeito para continuar essa conversa.
- Eu sei que você consegue pensar em uma solução que nos ajude.
- Aja, não fale. (Por exemplo, silenciosa e calmamente pegue a criança pela mão e mostre o que precisa ser feito.)
- Nós vamos falar sobre isso mais tarde. Agora é hora de entrar no carro.
- (Quando a criança estiver tendo um ataque de birra.) Nós precisamos sair da loja agora. Vamos tentar novamente mais tarde (ou amanhã).

Ao decidir parar de punir, você terá que praticar novas habilidades. E precisará de um tempo de treino para ajudar as crianças a aprender respeito mútuo e habilidades de resolução de problemas.

Os opostos se atraem: quando um dos pais é gentil e o outro é firme

É interessante notar que duas pessoas com essas filosofias opostas, muitas vezes, acabam formando um casal. Um tem a tendência de ser um pouco permissivo demais; o outro, de ser um pouco rigoroso demais. Então o pai ou a mãe permissiva pensa que precisa apenas ser um pouco mais permissiva para compensar a severidade do outro. O pai ou a mãe rigoroso(a) pensa que precisa ser apenas um pouco mais rigoroso(a) para compensar a fragilidade do outro, de modo que eles vão ficando cada vez mais afastados, brigando para ver quem está certo e quem está errado. Na verdade, ambos estão sendo ineficientes.

Uma maneira de ajudar crianças e pais a se comunicarem com efetividade é ter reuniões de família regulares, em que todos tenham uma oportunidade semanal de discutir soluções para os problemas e escolher as soluções que respeitem a todos. Focar em soluções é uma das melhores maneiras para que "opostos" se aproximem e deem mais suporte uns aos outros e às crianças. Isso será discutido mais detalhadamente no Capítulo 6.

Ajudando as crianças a desenvolver um senso de aceitação e importância (conexão)

Aceitação e importância são os objetivos primários de todas as pessoas, especialmente as crianças. Isso é tão importante que um senso de conexão (ou a falta de) é o indicador primário do quão bem as crianças estão indo na escola, tanto acadêmica quanto socialmente. Nenhum dos estudantes que mataram colegas ou professores se sentiam importantes e pertencentes ao grupo.

Punição não ajuda as crianças a sentir que são aceitas e que são importantes. Essa é uma das razões pelas quais punição não é efetiva em longo prazo. Os métodos da Disciplina Positiva de fato ajudam as crianças a sentirem que são aceitas e que têm importância, e este é um tema constante ao longo deste livro. O Capítulo 4 apresenta detalhes de por que e como as crianças se comportam mal quando não desenvolvem o senso de aceitação e importância.

É efetiva em longo prazo?

Uma das razões principais para que pais e professores continuem a usar a punição é porque ela funciona, em curto prazo. A punição, geralmente, vai interromper o mau comportamento durante um momento. O problema é que adultos não entendem os efeitos em longo prazo da punição. Crianças que vêm sendo punidas não pensam: "Ah, muito obrigada! Isso é tão útil. Eu mal posso esperar para você me ajudar com todos os meus problemas." Em vez disso, elas estão pensando em se rebelar (tão logo tenham chance) ou estão se conformando, com uma grande perda de seu senso de individualidade.

Outra razão pela qual adultos usam punição é que eles temem que a única alternativa seja permissividade; eles têm medo de estar abrindo mão do controle e não estar fazendo seu trabalho como pais e professores.

E a punição é mais fácil. Você nunca precisa dizer aos adultos como usar a punição. Eles sabem. Punição é geralmente uma resposta "reativa", enquanto são necessários esforços e habilidades para usar uma disciplina eficiente.

A razão final pela qual adultos usam punição, ainda que esta não seja efetiva em longo prazo, é que eles não sabem o que mais podem fazer. Este livro está repleto de alternativas à punição que são efetivas em longo prazo, e é isso que ensina o último critério para uma disciplina efetiva.

Ensinando habilidades sociais e de vida valiosas para o desenvolvimento de um bom caráter

Essa é uma ideia nova para a maioria dos pais e professores. Eles simplesmente não pensam sobre a possibilidade de que disciplina possa ensinar habilidades sociais e de vida. Se você se interessar por verificar as pesquisas sobre os efeitos em longo prazo da punição, irá descobrir que esta ensina violência, dissimulação, baixa autoestima e muitas outras habilidades negativas. À medida que estudar os métodos da Disciplina Positiva, você irá perceber que todas as ferramentas disciplinares não apenas interrompem o mau comportamento; elas também ensinam habilidades sociais e de vida para desenvolver um bom caráter.

A jornada da Disciplina Positiva

Ao embarcar na jornada da Disciplina Positiva, pode ajudar ter um destino em mente. O que você, realmente, quer para seus filhos ou alunos? Quando se pede a pais e professores que façam uma lista das características que eles gostariam de ajudar as crianças a desenvolver, eles pensam nas seguintes:

Autoconceito positivo
Responsabilidade
Autodisciplina
Cooperação
Mente aberta
Habilidade de pensar objetivamente
Respeito por si mesmo e pelos outros
Compaixão

Aceitação de si mesmo e dos outros
Entusiasmo pela vida
Interesse em aprender
Cortesia
Honestidade
Autocontrole
Paciência
Senso de humor
Preocupação com os outros
Habilidade de resolução de problemas
Sabedoria interior
Integridade

Acrescente à lista quaisquer características que você sinta que estão faltando. Mantenha essas características em mente à medida que for estudando os conceitos de Disciplina Positiva. Vai ficar evidente que as crianças desenvolvem essas características quando são ativamente envolvidas no modelo da Disciplina Positiva, baseado em respeito mútuo, cooperação e foco nas soluções.

Revisão

Ferramentas da Disciplina Positiva

1. Eliminar punição.
2. Eliminar permissividade.
3. Usar gentileza e firmeza ao mesmo tempo.
4. Oferecer oportunidades para as crianças fortalecerem as Sete Percepções e Habilidades Significativas.
5. Estar atento ao que funciona (punição tem resultados negativos em longo prazo).
6. Desistir da ideia absurda de que, para que uma criança se comporte melhor, antes ela deve se sentir pior.
7. Envolver as crianças no estabelecimento de limites.
8. Fazer perguntas que estimulem a curiosidade.
9. Usar frases gentis e firmes.

Questões

1. Quais são as duas principais razões para as crianças não se comportarem como *nos bons e velhos tempos*?
2. Quais são as Sete Percepções e Habilidades Significativas? Como a falta delas poderia levar as crianças ao *mau comportamento*?
3. Quais são as três abordagens para disciplinar crianças e qual a diferença entre elas?
4. Discuta as duas principais diferenças entre Disciplina Positiva e outros métodos e por que essas diferenças são importantes em longo prazo.
5. O que quer dizer "estar atento ao que funciona"?
6. Quais são os Quatro R da Punição? Compartilhe experiências pessoais sobre as vezes em que você sentiu algum desses quatro R, e os motivos para isso.
7. Quais são os efeitos em longo prazo para crianças que aprendem por meio de métodos rígidos? Por quê?
8. Quais são os efeitos em longo prazo para crianças que aprendem por meio da Disciplina Positiva? Por quê?
9. Por que, algumas vezes, a situação piora antes de melhorar?
10. Quais as características que você gostaria que as crianças internalizassem como resultado da interação com você, como pai ou professor?
11. Quais são os Quatro Critérios para uma Disciplina Efetiva e como eles se combinam com a punição? Por que eles são efetivos em longo prazo?
12. Quais são algumas das frases que incluem gentileza e firmeza ao mesmo tempo?

Capítulo Dois

Alguns conceitos básicos

Este livro contém centenas de ideias de aplicação prática para disciplina não punitiva. No entanto, antes de entrarmos no "como" é importante saber o "porquê". Muitos pais e professores usam métodos que não produzem efeito em longo prazo com as crianças porque eles não compreendem alguns conceitos essenciais do comportamento humano. Os conceitos básicos adlerianos descritos neste e nos dois próximos capítulos (com várias sugestões de aplicação prática) ajudam pais e professores a compreender mais sobre comportamento humano, por que as crianças se comportam mal, e por que os métodos da Disciplina Positiva ajudam as crianças a aprender importantes atitudes e habilidades de vida que elas precisam para se tornarem membros da sociedade felizes e participativos.

Alfred Adler foi um homem com ideias à frente de seu tempo. Durante suas populares palestras e seminários públicos em Viena (depois de romper com Freud), ele defendia igualdade para todas as pessoas, todas as raças, mulheres e crianças muito antes de isso se tornar popular. Adler, um austríaco descendente de judeus, teve de abandonar sua terra natal durante a perseguição nazista para poder continuar seu trabalho.

Rudolf Dreikurs trabalhou junto com Adler e continuou a desenvolver a psicologia adleriana depois que ele faleceu, em 1937. Dreikurs foi autor ou coautor de livros que ajudam pais e professores a compreender a aplicação prática da teoria adleriana para melhorar as relações com as crianças em casa e na escola (ver "Sugestões de leitura").

Dreikurs estava preocupado porque muitos adultos que tentavam colocar em prática suas sugestões não compreendiam alguns dos conceitos básicos. Essa falta de compreensão gerou uma distorção em muitas técnicas, que acabaram sendo usadas para se impor às crianças em vez de conquistá-las. Adultos se impõem às crianças quando usam métodos controladores e punitivos. Adultos conquistam as crianças quando as tratam com dignidade e respeito (gentileza e firmeza ao mesmo tempo) e confiam em suas habilidades para cooperar e contribuir. Isso exige que eles usem muito encorajamento e disponham de tempo para ensinar habilidades de vida essenciais.

Impor-se às crianças as torna perdedoras, e perder torna as crianças revoltadas ou cegamente submissas. Nenhuma dessas características é desejável. *Conquistar as crianças* significa obter sua cooperação espontânea.

Um exemplo de como os adultos compreendem mal os conceitos básicos da Disciplina Positiva é a prática comum de acrescentar humilhação a uma consequência lógica na crença errônea de que as crianças não aprenderão a menos que *sofram* por seus erros. É verdade que a humilhação pode motivar a criança a fazer melhor, mas a que preço para sua autoestima? Elas se tornarão bajuladoras ou dependentes de aprovação externa – sempre pensando que seu valor depende da aprovação dos outros? Elas farão melhor, mas terão medo de se arriscar por receio de falhar? Sua aprendizagem irá incluir culpa, vergonha, dor e o tipo de desencorajamento gerado pelos adultos que leva à baixa autoestima? Ou seu aprendizado será baseado em empatia, encorajamento, amor incondicional e fortalecimento por parte do adulto, que propicia a aprendizagem de habilidades de vida e um saudável senso de autovalor?

Autoestima: um conceito ilusório

Como autoestima e autovalorização já foram mencionados, é importante definir esses termos – mesmo que os especialistas não cheguem a um acordo em relação a uma definição. Eu era membro da *California Self-esteem Task Force* ("Força-Tarefa da Autoestima da Califórnia"), e era interessante ouvir os debates dos outros membros a respeito de uma definição para autoestima.

Acredito que nós prestamos um desserviço às crianças ao acreditar que podemos dar autoestima a elas. Houve um movimento para dar autoestima às crianças por meio de elogios, adesivos, carinhas felizes e tornando-as "a pessoa muito importante do dia". Tudo isso pode ser divertido e inofensivo, a menos que a criança decida que seu valor depende da opinião externa de outros. Quando isso acontece, crianças podem se tornar bajuladoras ou dependentes da aprovação externa. Elas aprendem a olhar para os outros a fim de decidir se o que elas estão fazendo está certo, em vez de aprender a se autoavaliar e refletir sobre a ação certa internamente. Elas desenvolvem uma estima baseada nos outros , em vez de autoestima.

Você já notou como a autoestima pode ser ilusória? Um dia você pode se sentir ótimo sobre si mesmo. Aí você comete um erro e se autocritica ou ouve críticas de alguém e, de repente, sua autoestima vai por água abaixo.

Nós prestamos um grande serviço às crianças quando as ensinamos a realizar uma autoavaliação (discutida em mais detalhes no Capítulo 7), em vez de serem dependentes de elogios e da opinião dos outros. Adultos podem ajudar ensinando que erros são oportunidades maravilhosas para aprender. Ao permitir que experimentem o fracasso, as crianças irão aprender por si mesmas como resolver problemas quando eles surgirem. Elas irão se beneficiar muito ao aprender a serem resilientes para lidar com os altos e baixos da vida. Crianças são beneficiadas ao terem várias oportunidades de se sentirem bem consigo mesmas, quando contribuem significativamente em suas casas, escolas e comunidades. Um senso de aceitação e importância é a chave.

Um dos meus episódios favoritos de Charlie Brown mostra Lucy perguntando a Linus: "Como foi a escola hoje?"

Ele responde: "Eu não fui. Eu abri a porta e perguntei: 'Alguém aí precisa de mim?' Ninguém respondeu, então eu voltei para casa." Crianças precisam se sentir necessárias.

Ao desenvolver-se em todas as Sete Percepções e Habilidades Significativas discutidas no Capítulo 1, as crianças irão desenvolver um forte senso de autovalorização e serão capazes de lidar com a natureza ilusória da autoestima. Adultos podem começar criando um ambiente de aprendizagem positivo ao *conquistar* as crianças em vez de *se impor* a elas.

Conquistando as crianças

As crianças se sentem encorajadas quando pensam que você entende o ponto de vista delas. Assim que se sentem compreendidas, elas ficam mais dispostas a ouvir seu ponto de vista e a trabalhar na solução do problema. Lembre-se de que elas estarão mais dispostas a ouvir você *depois* de sentirem que foram ouvidas. Usar os Quatro Passos para Conseguir Cooperação mostrados a seguir é uma maneira incrível de criar uma atmosfera na qual as crianças se sentem prontas a ouvir e a cooperar.

Quatro Passos para Conseguir Cooperação

1. Expresse compreensão pelos sentimentos da criança. Certifique-se de confirmar com a criança para saber se você está certo.
2. Mostre empatia sem mostrar concordância. Empatia não significa que você concorde ou dê permissão, apenas significa que você compreende a percepção da criança. Uma boa dica aqui é compartilhar as vezes que você tenha se sentido ou se comportado de forma semelhante.
3. Compartilhe seus sentimentos e percepções. Se os primeiros dois passos foram feitos de uma maneira sincera e amigável, a criança se sentirá pronta a ouvi-lo.
4. Convide a criança a pensar em uma solução. Pergunte se ela tem alguma ideia sobre o que fazer no futuro para evitar esse problema. Se ela não souber, ofereça algumas sugestões até que vocês cheguem a um consenso.

Uma atitude de amizade, carinho e respeito é essencial para esses passos. Sua decisão de conseguir cooperação será o suficiente para criar sentimentos positivos em você. Após os dois primeiros passos, a criança terá sido conquistada. A criança agora estará pronta para ouvi-lo quando você for usar o terceiro passo (mesmo que você tenha expressado seus sentimentos muitas vezes antes sem ter sido ouvido). O quarto passo terá tudo para ser eficaz agora que você criou uma atmosfera de respeito.

A sra. Martinez compartilhou a seguinte experiência. Sua filha, Linda, voltou da escola reclamando que a professora tinha gritado com ela na frente da classe inteira. A sra. Martinez colocou as mãos nos quadris e perguntou a Linda, com uma voz de acusação: "Bem, o que você fez?"

Linda baixou os olhos e raivosamente respondeu: "Eu não fiz nada!"

A sra. Martinez disse: "Ah, por favor, professores não gritam com os alunos por nada. O que você fez?"

Linda jogou-se no sofá com um olhar mal-humorado no rosto e apenas encarou a mãe. A sra. Martinez continuou com seu tom de acusação. "Então, o que você vai fazer para resolver esse problema?"

Linda agressivamente respondeu: "Nada."

Nesse ponto, a sra. Martinez lembrou-se dos Quatro Passos para Conseguir Cooperação. Respirou fundo, mudou sua atitude e comentou em um amigável tom de voz: "Eu imagino que você tenha ficado com vergonha quando sua professora gritou com você na frente dos outros." (Passo um – demonstre compreensão).

Linda olhou para sua mãe com um interesse suspeito. A sra. Martinez então disse: "Eu me lembro de uma vez, quando eu estava no quarto ano, em que isso aconteceu comigo porque eu levantei para apontar meu lápis durante uma prova de matemática. Eu fiquei com tanta vergonha e tão brava porque minha professora gritou comigo na frente da turma toda!" (Passo dois – Mostre empatia sem mostrar concordância e compartilhe uma experiência semelhante).

Linda agora se mostrava interessada: " Sério?!", disse ela. "Tudo que eu fiz foi pedir um lápis emprestado. Eu não achei justo minha professora gritar comigo por causa disso."

A sra. Martinez disse: "Bem, eu realmente entendo como você deve ter se sentido. Você consegue pensar em algo que possa fazer para evitar esse tipo de situação embaraçosa no futuro?" (Passo quatro – convide a criança a pensar na solução. O passo três não foi necessário nesse caso.)

Linda respondeu: "Eu posso me certificar de que tenho mais de um lápis, para que não precise pedir emprestado."

A sra. Martinez disse: "Essa parece uma ótima ideia."

Um dos objetivos da sra. Martinez era ajudar Linda a se comportar de forma que não provocasse a ira e a desaprovação da professora. Veja que na primeira vez que ela pediu para Linda pensar no que poderia fazer a fim de resolver o problema, Linda estava se sentindo muito hostil para cooperar. Assim que sua mãe usou o encorajamento (por meio dos Quatro Passos para Conseguir Cooperação), Linda sentiu proximidade e confiança em vez de distância e hostilidade, e se dispôs a pensar em uma solução. Quando a mãe foi capaz de ver as coisas pelo seu ponto de vista, Linda não sentiu mais a necessidade de ficar na defensiva.

A sra. Jones também usou os Quatro Passos quando descobriu que seu filho Jeff, de 6 anos, estava roubando. Ela esperou uma oportunidade em que estavam sozinhos e pediu para Jeff sentar no seu colo. Ela então lhe disse que ouviu que ele havia roubado chiclete de uma loja. (Veja que ela não quis surpreendê-lo perguntando se ele tinha feito isso, pois ela já o sabia). Ela, então, contou de uma vez em que estava no quinto ano e tinha roubado uma borracha de uma loja. Ela sabia que não deveria ter feito isso e se sentiu muito culpada, então decidiu que aquilo não valia a pena. Jeff, defendendo-se, disse: "Mas a loja tem tanto chiclete." Então a sra. Jones o levou a refletir sobre quantos chicletes e outros produtos o dono da loja precisaria vender para pagar seu aluguel, os empregados, para repor o estoque e ganhar o suficiente para viver. Jeff admitiu que nunca tinha pensado nisso. Eles também conversaram sobre como não gostavam quando alguém pegava suas coisas. Jeff disse que não iria roubar mais coisas e que iria pagar pelo chiclete que tinha roubado. A sra. Jones se ofereceu para ir com ele para dar apoio moral.

A sra. Jones conseguiu conquistar Jeff sem acusações, culpa ou sermão. Jeff não precisou se sentir mal pelo que tinha feito e estava disposto a explorar razões socialmente responsáveis para não fazer aquilo novamente. Também foi capaz de participar na solução que, apesar de vergonhosa para ele, seria uma lição de vida valiosa para comportamentos futuros. Ele foi capaz de fazer isso porque sua mãe criou um sentimento de apoio em vez de ataque e defesa.

O sentimento por trás do que fazemos ou falamos

O sentimento por trás do que fazemos ou dizemos é mais importante do que o que fazemos ou dizemos de fato. O que fazemos nunca é tão importante quanto como o fazemos. O sentimento e atitude por trás do que fazemos irão determinar o *como*. Um adulto pode perguntar: "O que você aprendeu com isso?" com um tom de voz de acusação e vergonha ou com um tom de voz que demonstre empatia e interesse. Um adulto pode criar uma atmosfera que incita proximidade e confiança ou uma atmosfera que cria distância e hostilidade. É surpreendente como muitos adultos acreditam que podem ter uma influência positiva nas crianças depois de criar distância e hostilidade em vez de proximidade e confiança. (Eles realmente acreditam nisso ou estão simplesmente reagindo sem pensar?)

O sentimento por trás das palavras é sempre mais evidente em nosso tom de voz. Acrescentar humilhação viola o conceito básico de respeito mútuo. Isso também muda o que poderia ser uma consequência lógica para a punição, que não trará resultados em longo prazo. Se uma criança derruba leite no chão, a consequência lógica (ou solução) seria ela limpar a sujeira. Isso ainda se configura como uma consequência lógica (ou solução) quando o adulto envolve a criança por meio de palavras gentis e firmes, tais como: "Ops, o que você pode fazer em relação a isso?" Note que é muito mais motivador *perguntar* à criança o que precisa ser feito do que *dizer* a ela. *Perguntar* em vez de *dizer* é um dos métodos mais eficazes da Disciplina Positiva que você irá aprender, e está descrito em mais detalhes no Capítulo 6. Dizer promove resistência e revolta. Envolver respeitosamente as crianças as convida a se sentirem capazes de usar seu poder de maneira participativa. Um pedido se torna uma punição quando adultos não usam um tom de voz gentil e respeitoso, ou quando acrescentam humilhação, tal como: "Como você pode ser tão atrapalhado? Limpe isso imediatamente, e deixe que eu ponho o leite de hoje em diante, já que você não consegue fazer isso direito."

A psicologia adleriana nos fornece um conjunto de conceitos básicos que oferecem uma riqueza de conhecimentos para nos ajudar a aumentar nossa compreensão acerca das crianças e de nós mesmos, mas é muito mais do que apenas teoria. Os conceitos básicos ficam perdidos sem atitudes de encorajamento, compreensão e respeito. Se essas atitudes não são compreendidas, as técnicas se reduzem à manipulação desrespeitosa. Seremos mais eficazes com as crianças se sempre perguntarmos a nós mesmos: "Isso que estou fazendo é fortalecedor ou desencorajador?"

Conceitos adlerianos básicos

1. Crianças são seres sociais

Comportamento é determinado dentro de um contexto social. As crianças tomam decisões sobre si mesmas e sobre como se comportar baseadas em como elas veem a si mesmas em relação aos outros e em como elas pensam que os outros se sentem em relação a elas. Lembre-se de que as crianças estão constantemente tomando decisões e formando crenças sobre si mesmas, sobre o mundo e sobre o que precisam fazer para sobreviver ou prosperar. Quando estão "prosperando", elas estão se desenvolvendo em todas as Sete Percepções e Habilidades Significativas discutidas no Capítulo 1. Quando estão no modo de "sobrevivência" (tentando descobrir como sentir um senso de aceitação e importância), adultos com frequência interpretam isso como mau comportamento. Mau comportamento lhe parece diferente quando você pensa nele como um comportamento no "modo sobrevivência"?

2. Comportamento é baseado em objetivo

Comportamento é baseado em um objetivo a ser atingido dentro de um contexto social. O primeiro objetivo é ser aceito. As crianças não são conscientes do objetivo que querem atingir. Às vezes elas têm ideias errôneas sobre como conseguir o que querem e se comportam de formas que as levam a alcançar justamente o contrário de seu objetivo. Por exemplo, elas podem querer ser aceitas, mas agem de maneira irritante em sua tentativa desastrada de atingir esse objetivo. Isso pode se tornar um ciclo vicioso. Quanto mais seu comportamento levar ao aborrecimento e à raiva, mais irritante a forma que elas se comportarão, porque querem ser aceitas.

Dreikurs explicava: "As crianças são boas observadoras, mas péssimas intérpretes." As crianças não são as únicas com esse problema. A situação a seguir é um exemplo de como isso começa.

Quando a mãe de Adele, que tem 2 anos, chega do hospital com seu irmãozinho recém-nascido, a menina percebe quanta atenção a mãe dá ao bebê. Infelizmente, Adele *interpreta* que a mãe ama mais o bebê do que ela. Isso não é verdade, mas a verdade não é tão importante quanto a crença de Adele. Seu comportamento será baseado no que ela acredita ser verdade, e não no que *é* verdade. O objetivo de Adele é reconquistar seu lugar especial junto à mãe, e ela acredita erroneamente que uma maneira de atingir esse objetivo é agir como um bebê, então ela pede a mamadeira, faz cocô nas calças e chora muito. Ela consegue justamente o contrário de seu objetivo quando a mãe se sente frustrada e impaciente em vez de amorosa e carinhosa.

3. O principal objetivo de uma criança é se sentir aceita e importante

Os dois primeiros conceitos são colocados juntos aqui quando vemos que o objetivo de todo comportamento é conseguir um senso de aceitação e importância dentro do ambiente social. O mau comportamento é baseado na crença errônea sobre como conseguir aceitação e importância, como no exemplo anterior.

4. Uma criança malcomportada é uma criança desencorajada

Uma criança que se comporta mal está tentando nos dizer: "Eu não sinto que sou aceita ou tenho importância e eu tenho uma crença errônea sobre como conseguir isso." Quando uma criança se comporta de maneira irritante, é simples compreender porque é difícil para a maioria dos adultos ignorar o comportamento e lembrar-se que o real significado da mensagem é: "Eu só quero ser aceita." Compreender esse conceito é o primeiro passo para que adultos sejam mais eficazes em ajudar crianças que se comportam mal. É importante desenvolver a habilidade de decifrar códigos. Quando uma criança se comporta mal, pense nesse mau comportamento como um código e pergunte a si mesmo: "O que ela realmente está tentando me dizer?" Lembre-se de que a criança não está consciente de sua mensagem cifrada, mas se sentirá profundamente compreendida quando você lidar com sua crença escondida em vez de reagir apenas ao comportamento. Você se sentirá diferente em relação ao mau comportamento se você se lembrar que por trás daquele comportamento inadequado está uma criança que apenas deseja ser aceita e que está confusa ou inábil sobre como atingir esse objetivo de uma forma socialmente útil. Também será útil você observar se o seu próprio comportamento está estimulando a criança a acreditar que ela não é aceita ou que não tem importância. Esses primeiros quatro conceitos são discutidos em detalhes no Capítulo 4.

5. Responsabilidade social ou sentimento de comunidade

Outra importante contribuição de Alfred Adler é o conceito de *Gemeinschaftsgefühl,* uma linda palavra alemã por ele cunhada. Não há uma boa tradução para essa palavra, mas Adler finalmente escolheu "interesse social" (e eu uso "responsabilidade social"). Isso significa ter real preocupação por uma pessoa e um desejo sincero de fazer uma contribuição para a sociedade. A história a seguir foi compartilhada por R. Pancer no exemplar de dezembro de 1978 do periódico *The Individual Psychologist* para dar significado à responsabilidade social.

A história começa com dois irmãos que tinham uma fazenda juntos. Era difícil se sustentarem financeiramente por causa do solo pedregoso e seco, mas eles dividiam os lucros igualmente. Um dos irmãos tinha uma esposa e cinco filhos. O outro era solteiro. Uma noite, o casado não conseguia dormir. Ele se remexia e se virava até que lhe ocorreu o quanto o acordo entre eles era injusto. Ele pensou: "Meu irmão não tem filhos em casa para cuidar dele na velhice. Ele precisa de mais do que a metade. Amanhã vou oferecer a ele dois terços do nosso lucro. Certamente isso será mais justo." Naquela mesma noite, o outro irmão também teve dificuldade para dormir porque ele também decidiu que o acordo de 50% não era justo. Ele pensou: "Meu irmão tem uma esposa e cinco filhos para alimentar. Eles também contribuem com mais trabalho na fazenda do que eu. Meu irmão merece mais do que metade. Amanhã vou oferecer a ele dois terços." No dia seguinte os dois irmãos se encontraram e contaram seus planos para um acordo mais justo. Esse é um exemplo de responsabilidade social em ação.

Adler tinha o que ele chamava de Plano de Cura de 14 Dias. Ele alegava que poderia curar qualquer um com doença mental em apenas 14 dias se a pessoa fizesse o que ele mandasse. Certo dia, uma mulher extremamente depressiva veio ver Adler. Ele disse a ela: "Eu posso curá-la da sua depressão em apenas 14 dias se você seguir meu conselho."

Ela não estava muito animada quando perguntou: "O que você quer que eu faça?"

Adler respondeu: "Se você fizer uma coisa boa por alguém todos os dias, durante 14 dias, ao final desse período sua depressão terá ido embora."

Ela discordou: "Por que eu faria algo por alguém se ninguém nunca faz nada por mim?"

Adler respondeu em tom de brincadeira: "Bem, talvez demore 21 dias para você." E acrescentou: "Se você não conseguir pensar em nada que esteja disposta a fazer por alguém, apenas pense o que você faria se tivesse vontade." Adler sabia que se ela apenas pensasse em fazer algo por alguém, já estaria no caminho para a melhora.

É extremamente importante ensinar responsabilidade social às crianças. Qual a vantagem da aprendizagem acadêmica se os jovens não aprenderem a se tornar membros participativos da sociedade? Dreikurs sempre disse: "Não faça nada por uma criança que ela possa fazer sozinha." O motivo é que, quando fazemos demais pelas crianças, roubamos delas oportunidades de desenvolver a crença de que são capazes, por meio de suas próprias experiências. Nesse caso, elas podem desenvolver a crença de que precisam ser cuidadas ou que merecem um tratamento especial.

O primeiro passo para ensinar responsabilidade social é ensinar autoconfiança. Dessa forma, as crianças estão prontas para ajudar os outros e se sentem extremamente capazes quando o fazem. Quando os adultos assumem papéis de supermães ou superprofessores, as crianças aprendem a esperar que o mundo as sirva, e não que elas sirvam ao mundo. Essas são as crianças que acreditam que não é justo quando não conseguem as coisas do jeito delas. Quando os outros se recusam a servi-las, elas sentem pena de si mesmas ou buscam vingança de forma destrutiva e dolorosa. Ao buscar vingança, elas sempre se machucam tanto ou mais do que machucam outros.

No outro extremo existem os pais e professores que estão ocupados demais para ensinar habilidades sociais e de vida para a formação de um bom caráter. Esses mesmos adultos ficam chateados quando as crianças não "se comportam". Não entendo onde eles pensam que essas crianças aprendem comportamento respeitoso. Muitos adultos estão "culpando" as crianças por seu mau comportamento em vez de assumir responsabilidade (não culpa) por sua parte na equação do mau comportamento.

A Disciplina Positiva ajuda crianças e adultos a terminar esses ciclos viciosos ao encorajar responsabilidade social. Pais e professores geralmente não são conscientes do quanto estão fazendo pelas crianças quando elas poderiam estar fazendo sozinhas. Eles não dedicam tempo para ensinar às crianças como colaborar em casa e na sala de aula. Faça uma lista. Professores, quantas coisas vocês estão fazendo na sala de aula que poderiam ser feitas pelas crianças? Pais, quanto vocês estão fazendo por seus filhos por comodidade em vez de ajudá-los a se sentirem capazes ao colaborar?

No livro *Positive Discipline in the Classroom*[1], meus coautores e eu falamos sobre a importância de envolver os alunos em listar todas as tarefas que precisam ser feitas na sala de aula. Os professores podem participar desse levantamento, mas é incrível ver quantas coisas as crianças podem pensar quando são convidadas a fazê-lo. Depois que a lista estiver completa, peça por voluntários para cada tarefa. Certifique-se de que há pelo menos uma tarefa para cada aluno. Pode inclusive haver um "monitor de tarefas". É importante estabelecer (com a ajuda das crianças) um sistema de rodízio para que ninguém fique preso a uma tarefa menos desejável por muito tempo. É óbvio o quanto compartilhar tarefas pode aumentar o senso de aceitação, ensinar habilidades de vida e permitir que as crianças experimentem responsabilidade social.

6. Igualdade

Muitas pessoas hoje não têm problemas com o conceito de igualdade, ao menos até se falar sobre crianças. Nesse caso, muitas objeções são levantadas. "Como as crianças podem ser iguais se elas não têm a mesma experiência, conhecimento ou responsabilidade?", elas perguntam.

Tal como foi enfatizado no Capítulo 1, igualdade não significa "o mesmo". Adler explicava que igualdade é quando todas as pessoas têm direitos iguais à dignidade e respeito. A maioria dos adultos está disposta a concordar que crianças são iguais a eles em valor. Esse é um motivo pelo qual a Disciplina Positiva não inclui humilhação. Técnicas de humilhação são opostas aos conceitos de igualdade e respeito mútuo.

7. Erros são maravilhosas oportunidades para aprender

Em nossa sociedade aprendemos a ter vergonha dos erros. Todos somos imperfeitos. O que precisamos adquirir é a coragem de mudar nossas crenças debilitantes sobre imperfeição. Esse é um dos conceitos mais encorajadores, e também um dos mais difíceis de se conquistar em nossa sociedade. Não há nenhum ser humano perfeito no mundo, embora todos exijam isso de si mesmos e dos outros – especialmente de crianças.

Feche seus olhos e lembre-se de mensagens que você recebeu de seus pais e professores sobre erros quando era criança. Que mensagens eram essas? Para tornar esse exercício mais eficaz, você pode escrevê-las. Quando você cometia um erro, você recebia a mensagem de que era burro, inadequado, mau, uma decepção, um desajeitado? Feche seus olhos novamente e permita-se lembrar de uma época específica em que você estava sendo criticado por um erro. O que você estava decidindo a respeito de você mesmo e sobre o que fazer no futuro? Lembre-se: você não estava consciente de que estava tomando uma decisão na época, mas quando você olha para trás geralmente fica nítido quais decisões você estava tomando. Algumas pessoas decidem que são más ou inadequadas. Outras decidem que não devem correr o risco por sentirem medo da humilhação caso seus esforços não sejam perfeitos. Como já discutido, muitos "decidem" se tornar bajuladores e tentar agradar adultos, à custa de sua autoestima. E alguns decidem que serão dissimulados sobre seus erros e que farão de tudo para evitar serem pegos. Essas são mensagens e decisões saudáveis que encorajam desenvolvimento produtivo de habilidades de vida? É claro que não.

Quando pais e professores dão às crianças mensagens negativas sobre erros, eles geralmente têm boas intenções. Estão tentando motivar as crianças a serem melhores "para o próprio bem delas". Eles não reservaram um tempo para pensar nos resultados de seus métodos em longo prazo. Muito do trabalho dos pais e dos professores é baseado em medo. Adultos têm medo de não estarem fazendo um bom trabalho se eles não conseguirem que as crianças ajam melhor. Muitos estão mais preocupados com o que os vizinhos vão dizer do que com o aprendizado de seus filhos. Outros têm medo de que as crianças nunca irão fazer melhor se eles não provocarem medo e humilhação. A maioria tem receio por não saber mais o que fazer – e receio de que, se não impuserem culpa, vergonha e dor, estarão sendo permissivos. Frequentemente os adultos escondem seu medo agindo de forma mais controladora.

Mas existe outra forma. Não é permissiva, e realmente motiva as crianças a fazer melhor sem pagar o preço da queda de seu senso de autovalorização. Nós precisamos aprender e ensinar as crianças a se animarem com os erros, vendo-os como oportunidades para aprender. Não seria incrível ouvir um adulto dizer para uma criança: "Você cometeu um erro. Isso é fantástico. O que nós podemos aprender com isso?" E eu realmente digo "nós". Nós somos parceiros na maioria dos erros que as crianças cometem. Muitos erros acontecem porque não nos dedicamos a ensinar e encorajar. Nós frequentemente provocamos revolta em vez de inspirar melhora. Seja um exemplo de coragem para aceitar imperfeição, e assim as crianças irão aprender com você que erros são uma oportunidade de aprendizado.

Crianças aprendem a ver e praticar erros como oportunidades para aprender especialmente durante as reuniões de família e de classe (discutidas nos Capítulos 8 e 9). Muitas famílias acham proveitoso, durante o jantar, convidar a todos a compartilharem um erro que cometeram no dia e o que aprenderam com ele. Uma vez por semana, durante uma das reuniões de classe (que acontecem diariamente), alguns professores dão tempo para cada aluno compartilhar um erro e o que aprenderam com ele. As crianças precisam de exposição diária ao real valor dos erros – e devem aprender sobre eles em um ambiente seguro.

Um tema fundamental deste livro, que você irá encontrar várias vezes aqui, é aprender como usar desafios de disciplina como oportunidades de aprendizagem. Primeiro, no entanto, os adultos precisam mudar qualquer crença negativa que possam ter sobre erros para que possam servir de exemplo da "coragem de ser imperfeito", como Deikurs chamava. Usar os Três R da Recuperação é uma maneira excelente de exemplificar a "coragem de ser imperfeito".

Os Três R da Recuperação dos Erros

1. Reconhecer– "Opa! Eu cometi um erro!"
2. Reconciliar – "Eu peço desculpas."
3. Resolver – "Vamos trabalhar em uma solução juntos."

É muito mais fácil assumir responsabilidade por um erro quando este é visto como uma oportunidade de aprendizagem do que quando é visto como algo ruim. Se nós vemos os erros como algo ruim, tendemos a nos sentir inadequados e desencorajados e podemos ficar defensivos, evasivos, julgadores ou críticos – de nós mesmos e dos outros. Por outro lado, quando erros são vistos como oportunidades para aprender, reconhecê-los será como um risco excitante. "Eu imagino o que aprenderei com esse erro." Autoperdão é um elemento importante do primeiro R da Recuperação.

Você já notou como as crianças são generosas quando estamos dispostos a nos desculpar? Você já disse "desculpe" para uma criança? Se sim, como a criança respondeu? Faço essa pergunta durante palestras no mundo todo e a resposta é universal. Quando os adultos sinceramente se desculpam, as crianças quase sempre dizem: "Tudo bem, mãe (ou pai, ou professora)." As crianças podem estar com raiva e magoadas em resposta a um comportamento desrespeitoso (e adultos provavelmente merecem isso) e, de uma hora para outra, podem mudar para o perdão total, tão logo o adulto diga: "Eu peço desculpas."

Os dois primeiros R de Recuperação – reconhecer e reconciliar – criam uma atmosfera positiva para o terceiro R, que consiste em trabalhar nas soluções. Tentar trabalhar nas soluções enquanto o ambiente está hostil é totalmente contraproducente.

Assim como a maioria das crianças e adultos, mesmo quando eu sei mais, eu nem sempre faço o que sei. Como seres humanos, é comum nos tornar emocionalmente viciados e perder o senso comum (voltar aos nossos cérebros reptilianos). Nós então reagimos mecanicamente em vez de agirmos de forma consciente. Uma coisa que eu amo sobre os princípios da Disciplina Positiva é que, não importa quantos erros eu cometa, e não importa quanta bagunça eu tenha feito com meus erros, eu sempre posso voltar ao princípio, aprender com meus erros, arrumar a bagunça que eu fiz e tornar as coisas melhores do que estavam antes dos erros.

Já que eu cometo tantos erros, o conceito dos Três R da Recuperação é um dos meus favoritos. Meu exemplo típico é quando eu disse para minha filha, com 8 anos na época: "Mary, você é uma menina mimada!" (isso soa gentil, firme, digno e respeitoso?)

Mary, que conhece muito bem os Três R da Recuperação, retrucou: "Bom, não venha me pedir desculpas depois."

Em reação imediata, eu disse: "Não se preocupe, porque eu não irei."

Mary correu para seu quarto e bateu a porta. Eu logo voltei ao meu cérebro racional, percebi o que havia feito e fui para o quarto dela me desculpar. Ela ainda estava brava e não estava pronta para desculpas. Ela tinha seu exemplar do livro *Disciplina Positiva* e estava muito ocupada escrevendo nele com uma caneta preta. Olhei por cima de seu ombro e vi que ela tinha escrito "falso" no livro.

Eu saí do quarto pensando: "Puxa! Haverá provavelmente outro livro *Mamãezinha querida** sendo lançado qualquer dia". Eu sabia que havia cometido um grande erro.

Em cinco minutos Mary veio até mim, timidamente colocou seus braços em volta de mim e disse: "Desculpe, mamãe."

Eu disse: "Querida, eu também peço desculpas. Na verdade, quando eu te chamei de mimada, eu também estava sendo mimada. Eu estava aborrecida com você por ter perdido o controle do seu comportamento, mas eu perdi controle do meu próprio comportamento. Eu sinto muito."

Mary disse: "Está tudo bem. Eu estava mesmo agindo como uma mimada."

Eu disse: "Bom, eu sei o que eu fiz para provocar essa ação de sua parte."

Mary disse: "Bom, e eu posso ver o que eu fiz."

Eu vi isso acontecer várias vezes. Quando os adultos assumem responsabilidade pelo que fizeram para criar o conflito (e para haver conflito são necessárias ao menos duas pessoas), as crianças geralmente querem seguir o exemplo e assumir sua parte da responsabilidade. Crianças aprendem responsabilidade quando têm exemplos de responsabilidade.

---

* N. T. Após a morte da atriz Joan Crawford, sua filha mais velha, Christina Crawford, publicou *Mommie Dearest* ("Mamãezinha Querida"), *best-seller* autobiográfico em que descreve Joan como uma mãe péssima e abusiva. Segundo Christina, a mãe era alcoólatra e não tinha nenhum afeto pelos filhos, que teria adotado apenas para fins publicitários. O livro, bastante polêmico, foi levado às telas com Faye Dunaway no papel de Joan.)

Alguns dias depois eu ouvi Mary no telefone dizendo para sua amiga: "Ah, Debbie! Você é tão burra!" Mas ela rapidamente percebeu o que tinha feito e disse: "Desculpe, Debbie. Quando eu digo que você é burra, eu é que estou sendo burra!"

Mary tinha internalizado os princípios de Recuperação e aprendido que os erros não são nada mais do que maravilhosas oportunidades para aprender.

8. Tenha certeza de que a mensagem de amor é clara

A sra. Smith, uma mãe solteira, pediu ajuda em relação a um problema que estava tendo com a filha, Maria. Ela estava com medo que Maria estivesse usando drogas. Ela achou uma caixa com seis latinhas de cerveja no chão do armário da filha e então confrontou Maria com as cervejas e perguntou: "O que é isso?"

O tom de voz da sra. Smith indicava claramente que ela não estava realmente interessada na resposta daquela pergunta. Foi uma pergunta do tipo armadilha, que pretendia encurralar e humilhar.

Maria respondeu com sarcasmo: "Parece uma caixa com seis garrafas de cerveja, mãe."

A batalha se intensificou. A sra. Smith disse: "Não banque a espertinha comigo, mocinha. Me fale sobre isso."

Maria disse, com total inocência: "Mãe, eu não sei do que você está falando!"

A sra. Smith estava pronta para lançar mão da armadilha. "Eu achei essa cerveja no chão do seu armário, mocinha, e é melhor você se explicar."

Maria pensou rápido e respondeu: "Ah! Eu tinha me esquecido disso! Eu estava escondendo isso para um amigo meu."

A sra. Smith disse sarcasticamente: "Ah, claro! Você acha que eu vou acreditar nisso?"

Maria respondeu brava: "Eu não me importo se você acredita ou não." E foi para seu quarto e bateu a porta.

Eu queria ajudar a sra. Smith a chegar ao ponto crítico da questão da mensagem de amor, perguntando: "Por que você estava tão chateada por ter encontrado a cerveja?"

Eu sei que ela achou essa uma pergunta idiota, pois ela imediatamente respondeu: "Porque eu não quero que ela se meta em confusão."

"Por que você não quer que ela se meta em confusão?", foi minha próxima pergunta.

Percebi que ela tinha se arrependido por me chamar quando respondeu muito irritada: "Porque eu não quero que ela estrague sua vida."

Como ela ainda não tinha percebido o ponto crítico da questão, eu insisti: "E por que você não quer que ela estrague sua vida?"

Ela finalmente entendeu: "Porque eu a amo!", disse-me.

A última pergunta foi feita com delicadeza: "Você acha que ela entendeu a mensagem de amor?"

A sra. Smith se sentiu desgostosa quando percebeu que não tinha nem chegado perto de passar a mensagem de amor à Maria.

Na semana seguinte, ela me ligou para contar como usou uma combinação dos Três R da Recuperação e os Quatro Passos para Conseguir Cooperação. Na noite seguinte, quando Maria voltou para casa, ela a cumprimentou na porta e com uma atitude amorosa perguntou: "Maria, podemos conversar?"

Maria respondeu agressivamente: "Sobre o que você quer conversar?" (É importante notar que pode levar um tempo para as crianças e adolescentes ouvirem e confiarem em uma mudança de atitude por parte dos adultos.)

A sra. Smith compreendeu isso. Em vez de reagir à agressividade de Maria, ela entrou no mundo da filha e tentou imaginar como ela estava se sentindo: "Imagino que quando eu comecei a gritar com você por causa da cerveja ontem à noite, você pensou que eu não me importava com você."

Maria se sentiu tão compreendida que começou a chorar. Com um tom de acusação e tremor na sua voz, ela disse: "É isso mesmo. Eu me senti como se eu fosse só um peso para você – e que só os meus amigos realmente se importassem comigo."

A sra. Smith disse: "Eu imagino que você tenha se sentido dessa forma. Quando eu cheguei até você com todo meu medo e minha raiva em vez do meu amor, como você poderia sentir qualquer outra coisa?"

Maria visivelmente relaxou sua postura agressiva. A atitude de amor da mãe havia finalmente a atingido. Ao perceber isso, a sra. Smith continuou: "Eu sinto muito pela forma como eu estourei com você ontem."

A distância e hostilidade mudaram para proximidade e confiança. Maria respondeu dizendo: "Tudo bem, mãe. Eu realmente estava escondendo aquilo para um amigo."

A sra. Smith então compartilhou: "Maria, eu realmente te amo. Às vezes fico com medo de que você possa fazer coisas que possam prejudicá-la.

Eu exagero nos meus medos e esqueço de dizer que é apenas porque eu te amo." Ela abraçou Maria e disse: "Você me daria outra chance? Podemos conversar uma com a outra e resolver os problemas juntas com amor e preocupação uma pela outra?"

Maria disse: "Claro, mamãe. Parece ótimo para mim."

A sra. Smith contou que elas começaram a fazer reuniões de família naquela noite. Ela ficou feliz porque uma atmosfera de amor e cooperação se estabeleceu e mudou totalmente a relação delas.

Você irá notar que os exemplos deste capítulo ilustram como o mau comportamento do adulto (falta de conhecimento ou habilidade) contribui para o mau comportamento da criança. Quando os adultos mudam seu comportamento, as crianças também o fazem. E, em todos os casos, os adultos experimentam mais alegria e mais resultados positivos quando se lembram de assegurarem que a mensagem de amor tenha ficado clara.

Esses oito conceitos adlerianos básicos proporcionam a base para a compreensão dos comportamentos e desenvolvimento das atitudes e métodos necessários para implementar a abordagem da Disciplina Positiva. Os métodos ajudarão os adultos a aprender as atitudes e habilidades no sentido de ajudar as crianças a desenvolverem habilidades de vida e características que elas precisam ao se aventurarem pelo mundo.

Revisão

Ferramentas da Disciplina Positiva

1. Conquiste as crianças em vez de usar seu poder para se impor a elas.
2. Proporcione oportunidades para as crianças desenvolverem e praticarem as Sete Percepções e Habilidades Significativas a fim de aumentar seu senso de autoestima.
3. Pare de "dizer" e comece a "perguntar" de um jeito que convide as crianças a participar da resolução de problemas.
4. Use os Quatro Passos para Conseguir Cooperação.
5. Lembre-se de que o sentimento por trás do que você faz ou diz é mais importante do que o que você faz ou diz.
6. Envolva as crianças na discussão das tarefas que precisam ser feitas e de um plano para realizá-las.
7. Evite superproteção para que as crianças possam desenvolver uma crença em suas próprias habilidades.

8. Ensine e pratique a crença de que erros são oportunidades maravilhosas para aprender.
9. Ensine e pratique os Três R da Recuperação dos erros.
10. Certifique-se de que a mensagem de amor esteja clara.

Questões

1. Qual a diferença entre se impor às crianças, e conquistar as crianças?
2. Quais são os Quatro Passos para Conseguir Cooperação? Pense em um desafio que você esteja vivenciando com uma criança. Como você poderia usar os passos nessa situação?
3. Quais são as atitudes importantes e necessárias para a abordagem positiva ser efetiva com as crianças?
4. O que significa ser um ser social?
5. Para qual objetivo primário todo comportamento é orientado?
6. Por que as crianças frequentemente se comportam de forma contraproducente para atingir seu objetivo primário?
7. O que crianças indisciplinadas estão tentando nos dizer com seu mau comportamento?
8. Como poderíamos nos comportar de forma diferente se nos lembrássemos da mensagem escondida por trás do mau comportamento da criança?
9. O que é responsabilidade social e por que é importante para as crianças desenvolvê-la?
10. O que Adler queria dizer com "igualdade"?
11. Por que humilhação está fora de cogitação em uma abordagem positiva?
12. Qual é o objetivo dos erros?
13. Por que é importante ter a coragem de ser imperfeito?
14. Por que seria útil ensinar às crianças que erros são oportunidades para aprender, e não algo de que devemos nos envergonhar?
15. Quais são os Três R da Recuperação? Discuta.
16. Qual o conceito principal que desfaz todos os obstáculos? Compartilhe um exemplo de como alguma coisa que você fez a uma criança teria sido diferente se você tivesse começado com a mensagem de amor.

Capítulo Três

A importância da ordem de nascimento

Conhecer alguns conceitos sobre a ordem de nascimento pode melhorar o seu entendimento acerca de como as crianças desenvolvem ideias equivocadas a respeito delas mesmas com base em suas posições na ordem de nascimento da família. Trata-se de uma outra maneira de "entrar no mundo da criança" a fim de melhorar o seu entendimento sobre a realidade dela.

Crianças estão sempre tomando decisões e formando crenças sobre si mesmas, sobre os outros e sobre o mundo com base na interpretação de suas experiências de vida. Seu comportamento, então, é baseado nessas decisões e no que elas acreditam que precisam fazer para sobreviver e ter sucesso. É muito comum as crianças compararem a si mesmas com seus irmãos e decidir que se um irmão ou irmã está se saindo bem em determinada área, sua única chance de sobreviver é uma das seguintes:

- Desenvolver alguma competência em uma área completamente diferente.
- Competir e tentar ser melhor do que os irmãos.
- Revoltar-se ou vingar-se.
- Desistir por uma crença de que não podem competir.

Fazer parte de uma família é como estar em uma peça de teatro. Cada posição na ordem de nascimento é como estar em um papel diferente da peça, com características diferentes para cada personagem. Nesse sentido, se um dos irmãos já ocupou um dos lugares – por exemplo, o do "bom filho" –, os outros podem sentir que precisam encontrar outro papel para interpretar, tais como: filho rebelde, filho estudioso, filho atleta, filho sociável e assim por diante.

Nós podemos nos perguntar: "Por que isso acontece? Isso não faz sentido. Por que dois filhos não conseguem entender que ambos podem ser bons em algo?" Em primeiro lugar, é importante perceber que existem exceções para qualquer regra geral. Algumas vezes, todas as crianças da família vão escolher se sobressair na mesma área, especialmente quando a atmosfera da família é de cooperação e não de competição. No entanto, a maioria das crianças acredita que precisam ser diferentes para sentir que são aceitas e que têm importância. Não ajuda muito tentar dar sentido a isso. O que ajuda é simplesmente entender que as crianças, normalmente, chegam a determinadas conclusões com base em sua posição na ordem de nascimento.

Pode parecer mais lógico que as crianças tenham semelhanças porque vêm da mesma família do que por compartilharem a mesma posição na ordem de nascimento, mas na verdade o que acontece é o oposto. Crianças da mesma família são, em geral, extremamente diferentes, ainda que tenham os mesmos pais, a mesma casa e a mesma vizinhança. É claro que o ambiente nunca será exatamente o mesmo para crianças da mesma família, mas o fator que mais contribui para diferenças dentro da família é a interpretação que cada criança faz do ambiente que ela observa. A maioria das interpretações baseia-se em como as crianças se comparam com seus irmãos.

Como vimos no Capítulo 2, as crianças são boas observadoras, mas fracas intérpretes. Isso se torna muito nítido no estudo da ordem de nascimento. A verdade de uma situação não é tão importante quanto a interpretação que a criança tem sobre a situação. O comportamento é baseado nessa última. Crianças da mesma ordem de nascimento normalmente fazem interpretações semelhantes sobre si mesmas e sobre como elas precisam se comportar a fim de serem aceitas e se sentirem importantes na vida. É por isso que geralmente pessoas na mesma ordem de nascimento têm características e comportamentos parecidos.

Ordem de nascimento não é a única explicação para o desenvolvimento da personalidade, mas é um fator importante. Existem muitas outras teorias que podem nos ajudar a entender semelhanças e singularidades nas pessoas, como a teoria dos Nove Temperamentos, estudada por Chess e Thomas[1]. Eles descobriram que as crianças nascem com certas características que duram por toda a vida. Essas características e como elas se relacionam com a Disciplina Positiva são tópicos discutidos em *Positive Discipline for Preschoolers*[2]. A teoria da Prioridade do Estilo de Vida, desenvolvida pela psicóloga israelense Nira Kefir, explica outro fator que influencia na personalidade da criança. Essa teoria descreve como os adultos priorizam um estilo de vida de controle, satisfação, superioridade ou conforto, que motiva seu comportamento quando estão estressados. A forma como essas prioridades no estilo de vida podem provocar certas decisões e comportamentos nas crianças será discutida no Capítulo 10.

O objetivo de aprender sobre a ordem de nascimento (ou qualquer uma das teorias de personalidade citadas) não é rotular ou estereotipar, mas sim nos ajudar a aumentar nosso conhecimento e entendimento sobre nós mesmos e sobre as crianças, de modo que possamos nos tornar mais eficientes em nossas relações.

Filhos mais velhos

As semelhanças mais previsíveis são verificadas entre os filhos mais velhos porque essa é a posição que apresenta menos variáveis. Por exemplo: existem muitas maneiras de ser o filho do meio, como o do meio entre três, ou um do meio entre sete. Filhos mais novos têm quase tantas semelhanças previsíveis quanto os mais velhos. Filhos únicos serão mais parecidos com primogênitos ou com caçulas, dependendo de eles serem mimados como um caçula ou se lhes for dada mais responsabilidade como a um primogênito.

Não são todos os filhos mais velhos que chegarão exatamente às mesmas conclusões ou serão exatamente iguais, o que também vale para os filhos do meio, os filhos únicos e os filhos mais novos. Nós somos todos únicos e temos tantas diferenças quanto semelhanças, mas aqueles que têm a mesma ordem de nascimento normalmente adotam algumas características similares.

Antes de continuar a leitura, feche seus olhos e pense em alguns adjetivos que venham à sua mente para descrever um filho mais velho, um mais novo e um do meio que você conheça. É fácil fazer descrições do mais velho, tais como: responsável, líder, mandão (ainda que o mandão pense que os outros devem fazer seu melhor para o próprio bem deles), perfeccionista, crítico (de si mesmo e dos outros), conformista, organizado, competitivo, independente, relutante em correr riscos e conservador. Uma vez que as crianças mais velhas nasceram primeiro, elas sempre adotam a interpretação equivocada de que devem ser as primeiras ou as melhores para serem importantes. Isso pode ser manifestado de várias maneiras diferentes. Para alguns, pode parecer importante que todo o trabalho da escola seja feito antes, ainda que esteja malfeito. Outros podem ser os últimos a terminar porque demoraram fazendo o seu melhor.

Filhos mais novos

A primeira característica que pensamos para descrever crianças mais novas é mimada. Muitas crianças mais novas são mimadas tanto pelos pais quanto pelos irmãos. Isso facilita que elas adotem a interpretação equivocada de que devem manipular os outros em seu favor para que sejam importantes. Filhos mais novos, geralmente, são habilidosos em usar seu charme para inspirar os outros a fazer algo por eles. Muitas vezes também são criativos e divertidos. Muito de sua criatividade, energia e inteligência pode ser canalizado para se sentirem importantes por meio de charme e manipulação.

Geralmente, filhos mais novos são colocados na confusa posição de serem os preferidos dos pais e rejeitados pelos irmãos. O maior perigo para crianças que foram mimadas é que elas normalmente interpretam a vida como injusta sempre que não estão sendo cuidadas ou quando não dão o que elas querem. Frequentemente, elas se sentem magoadas por essas condições injustas e pensam que têm o direito de ter ataques de birra, sentir pena de si mesmas ou buscar vingança de alguma maneira que machuque ou seja destrutiva para os outros. Elas podem desenvolver a crença "Eu me sinto amada quando os outros cuidam de mim."

Filhos mais novos podem ter dificuldade de se ajustar na escola. Eles podem sentir que a professora não apenas deve lhes dar a mesma atenção que recebem em casa, mas também que ela deve aprender por eles. Conscientemente, eles dizem: "Professora, por favor, amarre os meus sapatos pra mim." Subconscientemente, e por suas ações, estão dizendo: "E enquanto você está fazendo isso, por favor, aprenda por mim." "Eu não consigo" e "Me mostra" com frequência são simples exigências que significam: "Faça isso por mim."

Como conselheira de ensino básico, falei com muitas crianças que tinham dificuldade de se ajustar ao ambiente escolar. Eu sempre perguntava a essas crianças: "Quem veste você de manhã?" Como você pode adivinhar, sempre há alguém que assume a responsabilidade de vesti-los. Se não é a mãe ou o pai, pode ser um irmão mais velho.

Como instrutora de desenvolvimento infantil em uma universidade comunitária, tive muitos alunos que trabalhavam em pré-escolas e creches.

Por dez anos, aqueles alunos fizeram pesquisas com os alunos com os quais trabalhavam. Raramente eles encontravam uma criança que se vestia sozinha pela manhã.

Crianças podem se vestir sozinhas desde os 2 ou 3 anos, se elas tiverem roupas fáceis de vestir e se forem ensinadas a fazer isso. Quando os pais continuam a vestir seus filhos depois dos 3 anos, estão tirando deles a oportunidade de desenvolver um senso de responsabilidade, autossuficiência e autoconfiança. Eles são menos propensos a desenvolver a crença de que são capazes. Em vez de sentirem um senso de aceitação quando os outros fazem as coisas por eles. Sem acreditar em sua própria capacidade, eles têm menos chance de serem bons alunos na escola e podem não desenvolver as habilidades necessárias para ter sucesso na vida.

Já que mimar é tão prejudicial à criança, por que os pais fazem isso? Muitos pais realmente pensam que é a melhor maneira de demonstrar amor pelo filho. Tenho ouvido o argumento de que as crianças têm muito tempo para se adaptar ao mundo frio e cruel, então por que não deixá-las aproveitar do jeito fácil e prazeroso pelo maior tempo possível? Esses pais não estão atentos à dificuldade que é mudar crenças, hábitos e características uma vez que já estejam estabelecidos. As crenças que desenvolvemos quando crianças tornam-se nosso "modelo para a vida" como adultos, até mesmo quando aquelas crenças não fazem mais sentido.

Outras razões para que os pais mimem as crianças são: por ser mais fácil, por preencher sua necessidade de serem necessários, por pensarem que é o que os "bons" pais devem fazer, por quererem garantir que seus filhos não passem pela infância difícil que eles sentem que passaram, ou por sentirem pressão por parte da família e dos amigos. Os pais não estão realmente pensando nos efeitos em longo prazo quando tiram de seus filhos a oportunidade de praticar valiosas habilidades de vida só porque eles, pais, podem fazê-lo melhor e com mais facilidade e rapidez. Nunca deixo de me surpreender quando os pais me dizem que "eles simplesmente não têm tempo" de deixar as crianças fazerem as coisas sozinhas. Esses mesmos pais, mais tarde, ficarão desapontados e frustrados quando descobrirem que seus filhos nunca desenvolveram melhores habilidades e atitudes. Será que eles pensam que habilidades são desenvolvidas automaticamente? Pais que querem o melhor para seus filhos serão mais efetivos se reavaliarem suas prioridades de tempo.

Precisamos entender que "supermães" não são boas para as crianças. É importante educar os pais sobre o grande desserviço que prestam aos filhos quando os mimam. É por isso, como mencionado no Capítulo 2, que Dreikurs disse: "Nunca faça algo por uma criança que ela possa fazer sozinha." Isso não significa que você nunca possa fazer nada por uma criança. Mas sim que crianças estão sendo enganadas quando não aprendem o quão capazes elas podem ser quando não são mimadas.

Crianças aprendem valiosas habilidades de vida quando os pais dedicam um tempo para treinamento e depois permitem que elas desenvolvam responsabilidade e autoconfiança por meio da prática dessas habilidades. É um erro pensar que as crianças sempre poderão aprender a cuidar de si mesmas mais tarde. Quanto mais elas esperarem, maiores as dificuldades para mudar suas interpretações sobre o que precisam fazer para sentirem que são aceitas e importantes.

Alguns filhos mais novos escolhem uma interpretação completamente diferente da vida e se tornam velocistas. Eles frequentemente adotam a interpretação equivocada de que devem alcançar e superar todos à frente deles, a fim de serem importantes. Tornam-se adultos com alto desempenho que ainda precisam provar a sua importância.

Filhos do meio

É mais difícil generalizar sobre as características de um filho do meio por causa das várias diferentes posições. Eles geralmente se sentem esmagados no meio, sem os privilégios do mais velho ou os benefícios do mais novo. Isso fornece boas razões para adotar a interpretação equivocada de que eles têm que, de alguma maneira, ser diferentes para serem importantes. Essa diferença pode tomar a forma de alto ou baixo desempenho, superfalante ou introspectivo, rebelde com causa ou simplesmente rebelde.

Muitos são mais relaxados do que seus irmãos. Muitos filhos do meio têm uma grande dose de empatia em relação aos oprimidos, com os quais se identificam. Eles frequentemente são bons pacificadores, e outros os procuram quando buscam simpatia e compreensão. Normalmente, eles são muito mais liberais do que os irmãos mais velhos, conservadores.

Filhos únicos

Como explicado anteriormente, filhos únicos podem ser parecidos com filhos mais velhos ou mais novos, com algumas diferenças importantes. Se eles são iguais aos mais velhos, será com menos intensidade em relação ao perfeccionismo, porque não sentiram a pressão de alguém vindo em seguida, ameaçando sua posição. No entanto, menos perfeccionismo não remove inteiramente essa peculiaridade. Filhos únicos normalmente têm as mesmas altas expectativas em relação a si mesmos que sentiram dos pais. Por eles terem sido os únicos filhos da família, geralmente desejam e apreciam isolamento, ou podem ter medo da solidão. Pode ser mais importante para eles serem únicos do que serem os primeiros.

Todos os primeiros astronautas eram ou filhos mais velhos, ou mais velhos psicologicamente (como explicado na p. 48) ou filhos únicos. Neil Armstrong, filho único, teve a experiência singular de ser o primeiro homem a pisar na lua.

Como informações sobre a ordem de nascimento nos ajuda a entender as crianças e ser mais eficientes com elas? Estar atento à ordem de nascimento de uma criança nos permite fazer suposições inteligentes com relação ao seu mundo e seu ponto de vista. Espera-se que essa conscientização possa ajudar pais e professores a entender a importância de evitar o mimo, de fornecer às crianças mais velhas oportunidades de se sentirem bem quando perdem e quando não são as primeiras, de ajudar os filhos do meio a se sentirem menos oprimidos e, de modo geral, a entrar no mundo de cada criança.

Exceções às regras

Existem muitos fatores que explicam exceções às regras gerais. Um deles é o gênero. Se o primeiro e o segundo filho são de gêneros diferentes, ambos podem desenvolver características de primogênitos, especialmente quando há uma divisão de funções na família de acordo com o sexo. Cada um irá assumir responsabilidades de filho mais velho de acordo com sua função de gênero. Por exemplo: se o mais velho é um menino, ele terá características de um filho mais velho com funções masculinas. Se o segundo filho é uma menina, ela irá continuar a desenvolver características de filho mais velho com funções femininas.

No entanto, se os dois filhos mais velhos de três ou mais irmãos forem do mesmo sexo, as diferenças entre os dois mais velhos provavelmente serão extremas. Em geral, dois filhos mais velhos do mesmo sexo são completamente opostos. Quanto mais próxima a idade, mais pronunciada será a diferença, o que nos leva à segunda exceção para as regras gerais.

Quando existem quatro anos ou mais entre os filhos, eles são menos influenciados um pelo outro. Eles sentem menos competitividade quando há uma certa diferença de idade. Se uma família tem cinco filhos com mais de quatro anos entre cada um, cada criança pode desenvolver características parecidas com as de filhos únicos ou de filhos mais velhos. Eles se tornam um "mais velho psicológico" ou um "mais novo psicológico". Em uma família que tem sete filhos, com as idades de 19, 17, 15, 9, 7, 3 e 1, há um mais velho real. Os filhos que têm 9 e 3 anos são mais velhos psicológicos, porque os irmãos anteriores são pelo menos quatro anos mais velhos. Há também o verdadeiro mais novo e dois psicologicamente mais novos – os filhos que têm 15 e 7 – porque foram filhos mais novos por quatro anos ou mais antes do próximo irmão nascer. Quando uma criança tem a oportunidade de estar em uma posição por mais de quatro anos, ela já formou muitas interpretações sobre a vida, sobre si mesma e sobre como sentir que é aceita e que tem importância. Isso deve se modificar quando a configuração familiar mudar, mas em geral não muda totalmente. É interessante observar o que acontece algumas vezes quando o filho mais velho sai de casa para a faculdade. O segundo filho pode mudar consideravelmente, assumindo mais responsabilidade, mas sem a intensidade de perfeccionismo. As dinâmicas em famílias "misturadas" (geradas por segundo casamento, ou por casamento com filhos prévios de uma das partes) podem ser mais bem entendidas quando há conhecimento sobre ordem de nascimento. Pode ser muito decepcionante para um filho mais velho ou para um mais novo ser destronado de sua posição quando outras crianças se juntam à família. Um filho que era o mais velho pode, de repente, se tornar um filho mais novo ou do meio. Um mais novo pode, subitamente, perder sua posição como mimado quando outro filho mais novo se junta à família. Pode ajudar muito se essas crianças se sentirem compreendidas e forem envolvidas nas reuniões de família (ver Capítulo 9), de modo que possam sentir que são aceitas e importantes por serem respeitosamente envolvidas na solução de problemas.

Outra exceção para a regra é que algumas vezes as crianças, arbitrariamente, trocam características típicas de posição. Um segundo filho pode se tornar uma criança "ambiciosa" – aquele que se esforça mais e ultrapassa o primeiro. O mais velho pode então desistir e renegar as características típicas de um primogênito. Um sinal garantido de perfeccionismo é a desistência. Essa criança decidiu: "Se eu não posso ser o melhor ou o primeiro, por que tentar?" Um filho mais velho que tenha "desistido" para dar espaço a uma "criança ambiciosa" mais nova pode se tornar alguém que abandona coisas na vida. Muitos pais têm compartilhado o quanto essa explicação os ajudou a entender a condição de seu filho mais velho, que foi destronado por um segundo nascimento. Esse conhecimento deu a eles uma base para encorajamento (em vez de raiva ou frustração) de seu filho mais velho.

Um mais novo que se torna um velocista deixa vago o papel de mimado. O segundo filho entre os mais jovens pode se movimentar para preencher esse papel e adotar características de um filho mais novo.

Ambiente familiar

Outro fator que conta como exceção às regras gerais é o ambiente familiar. O ambiente familiar pode tanto aumentar quanto diminuir as diferenças. Em famílias em que a competição é valorizada e modelada (como muitas famílias americanas), as diferenças serão maiores. Em famílias em que a cooperação é valorizada e modelada, as diferenças serão menores. Muitos pais não percebem que eles criam um ambiente familiar competitivo quando discordam sobre os métodos para educar seus filhos. Pais que concordam sobre esses métodos criam um ambiente familiar cooperativo.

Como especificado anteriormente, uma regra geral que na maioria das vezes pode ser considerada é que os dois filhos mais velhos serão muito diferentes um do outro se forem do mesmo sexo e com idades próximas. No entanto, eu tive a oportunidade de ver uma vívida exceção a essa regra geral. Enquanto estava fazendo uma entrevista sobre o estilo de vida adleriano com uma moça que tinha uma irmã apenas 18 meses mais velha, meu primeiro palpite foi que elas teriam características extremamente opostas. A entrevista provou que esse palpite estava errado. Elas eram muito parecidas. Quando chegamos à pergunta sobre como eram seus pais, perguntei se eu poderia adivinhar antes de ela me dizer. Sugeri que seus pais eram muito amáveis e cooperativos um com o outro, que concordavam nas técnicas para criar os filhos e que os filhos sentiam que eram amados e tratados de forma justa. Ela me perguntou como eu sabia. Meu palpite foi baseado no meu conhecimento sobre os efeitos do ambiente familiar. Quando duas irmãs com apenas 18 meses de diferença têm características semelhantes, em vez de opostas, podemos supor que os pais criaram um ambiente de cooperação em vez de competição.

Usando informações sobre a ordem de nascimento para encorajar*

Em um distrito escolar, informações sobre ordem de nascimento eram usadas para ajudar os membros da equipe a ficarem mais atentos ao alto número de crianças mais novas ou psicologicamente mais novas em turmas de alunos com dificuldades de aprendizagem. Isso levantou uma questão válida sobre dificuldades de aprendizagem. Elas são fisiológicas ou comportamentais? As crianças mais novas aprendem a usar os desafios para obter atenção especial? Se as dificuldades são fisiológicas, será que estamos perdendo muitos desafios educacionais com crianças mais velhas porque elas estão aprendendo a supercompensá-los?

Em uma escola primária, um grupo de estudantes parecia estar deixando todos os professores malucos. Quando esse grupo estava no segundo ano, a professora considerou se aposentar. Quando estavam no terceiro ano, a nova professora mal podia esperar pela chegada das férias de verão. Finalmente, no quarto ano, a professora pegou uma pesquisa sobre ordem de nascimento e descobriu que 85% dos alunos eram filhos mais novos. Muitos deles passavam grande parte do tempo querendo parecer desamparados e buscando atenção especial. Por meio das reuniões de classe, a professora do quarto ano conseguiu uma melhora significativa, conforme as crianças aprendiam a ajudar umas às outras e a si mesmas ao melhorar suas habilidades de resolução de problemas.

Judy Moore, uma professora de quinto ano, fez sua tese de mestrado sobre a ordem de nascimento e grupos de leitura. Ela descobriu que havia uma grande porcentagem de filhos mais velhos e filhos únicos em grupos de leitura avançados e de filhos mais novos em grupos de leitura menos avançados. A sra. Moore gravou as dinâmicas em cada grupo enquanto fazia perguntas. No grupo de leitura mais avançado, todas as crianças levantavam as mãos competindo ansiosamente para serem os primeiros a

---

* Lembre-se de que essas informações não devem ser usadas para criar rótulos e estereótipos, de maneira que possamos nos sentir presunçosos por estarmos "certos" sobre os outros. Devem ser usadas simplesmente para nos ajudar a compreender por que as crianças sempre interpretam equivocadamente como sentir que são aceitas e que são importantes, de modo que possamos estar mais atentos a formas mais eficientes de ajudar (ou saber quando devemos evitar ajudar). Pode também ser usadas para focar nos pontos fortes. Nós devemos sempre lembrar de buscar e apreciar as diversas maneiras como cada individuo é único.

responder. O grupo intermediário era mais tranquilo, mas, geralmente, tinha alguma resposta. No grupo menos avançado, havia muitas crianças demonstrando falta de compreensão e necessidade de maior suporte.

A sra. Moore tinha um aluno em sua classe (vamos chamá-lo de John) que era seu pior leitor. Ela estava preocupada com a possibilidade de um baixo Q.I., de modo que seu primeiro passo para ajudá-lo foi solicitar um teste psicológico. Depois, ela fez uma entrevista sobre estilo de vida com John e verificou que ele era o filho mais novo. Ainda mais interessante, ele tinha três irmãs mais velhas de nomes Georgia, Roberta e Paula. Ela descobriu que todos na família o chamavam de "Rei John". Com essa informação, a sra. Moore pôde fazer algumas suposições educacionais sobre o valor dos meninos nessa família e a possibilidade de ele ser extremamente mimado. Por que John iria querer fazer qualquer coisa por ele mesmo, incluindo aprender, se ele nunca teve muita experiência com responsabilidades? Os palpites da sra. Moore foram confirmados quando ela recebeu o relatório da psicóloga, no qual se declarava que John era bem dotado. Ele vinha usando toda a sua inteligência para aguçar sua habilidade de manipular com charme.

A sra. Moore gentilmente confrontou John e disse que agora ela sabia que ele era um jovem muito capaz e que poderia ser muito bem-sucedido em um grupo de leitura avançado. Ela o transferiu para um grupo mais avançado e ele satisfez as suas expectativas. Agora ele sabia que não poderia mais enganar a sra. Moore. O maior problema foram as irmãs de John, que achavam que a sra. Moore estava exagerando por esperar tanto de seu irmãozinho e insistir nisso.

É importante perceber a atitude da sra. Moore quando ela informou a John que o jogo tinha acabado. Ela não disse com um tom de sermão: "Eu sei que você pode fazer melhor." Em vez disso, ela falou: "John, descobri o quanto você é um jovem capaz. Vou transferi-lo para o melhor grupo de leitura porque tenho toda a confiança em sua habilidade de ir bem nesse grupo."

Quantos de nós simplesmente odiavam quando os pais diziam: "Você poderia fazer muito melhor se simplesmente tentasse." A atitude por trás dessa colocação era geralmente de sermão ou decepção. Essa atitude é desencorajadora para todas as crianças. Seria devastador dizer para a maioria das crianças mais velhas que elas poderiam fazer muito melhor se tentassem. A razão pela qual crianças mais velhas podem não estar fazendo o melhor possível é que, normalmente, esforçar-se muito em busca de perfeição os deixa tensos demais para ter sucesso. Pode ser desencorajador dizer aos filhos do meio que eles poderiam fazer melhor se tentassem por causa de sua interpretação equivocada de que eles não podem fazer tão bem quanto seus irmãos mais velhos que já têm aquela área bem desenvolvida. Filhos mais novos, geralmente, não gostam de ouvir que poderiam fazer melhor em função de sua interpretação equivocada de que eles só são aceitos ou são importantes quando os outros estão cuidando deles. A abordagem da sra. Moore funcionou com o John pela maneira como foi conduzida – com uma atitude de encorajamento em vez de desapontamento.

O conhecimento sobre a ordem de nascimento pode ajudá-lo, como pai ou professor, a entrar no mundo da criança. Apenas deixar a outra pessoa saber que você consegue enxergar, entender e respeitar seu ponto de vista é uma das coisas mais encorajadoras que você pode fazer. Ser capaz de dizer: "Eu entendo como você deve estar se sentindo" é bem diferente da acusação e culpa de: "Bem, não me admira que você aja dessa forma, já que você é o mais velho (do meio, mais novo, único)."

Entender a ordem de nascimento ajudou um pai a parar o ciclo de perfeccionismo que seu filho, Mark, vinha desenvolvendo. Mark era um filho mais velho que não suportava perder nos jogos, quando tinha 8 anos. O pai estava contribuindo com a atitude de Mark sempre que permitia que ele ganhasse no xadrez porque ele não gostava de ver Mark chateado e chorando. Após aprender sobre ordem de nascimento, o pai percebeu que era mais importante permitir que Mark passasse por algumas experiências de perda, então ele começou a ganhar ao menos metade dos jogos. No começo Mark ficava chateado, mas logo começou a ganhar e perder com mais bom humor. O pai percebeu que uma meta fora alcançada no dia em que estava jogando a bola para Mark pegar e ele, o pai, fez um arremesso ruim. Em vez de ficar chateado por ter perdido a jogada, Mark foi capaz de usar seu senso de humor e comentar: "Boa jogada, papai. Péssima pegada, Mark."

Ordem de nascimento e casamento

A ordem de nascimento também pode ajudar os pais a entender e encorajar um ao outro. É interessante observar as implicações das informações sobre ordem de nascimento quando relacionadas ao casamento. Como você pode imaginar, há sempre uma atração entre filhos mais velhos e filhos mais novos. Os mais novos gostam que cuidem deles e mais velhos gostam de cuidar, então parecem ser um par perfeito. No entanto, como Adler diz: "Diga-me qual a sua reclamação sobre seu cônjuge e lhe direi por que você se casou com essa pessoa." As exatas características que atraem no começo geralmente irritam mais tarde.

Nesse caso o mais velho, mais tarde, pode ficar cansado de ser sempre o parceiro responsável e pode criticar o mais irresponsável, esquecendo que era justamente essa característica que lhe parecia atraente no começo. O mais novo também pode ficar cansado de sempre ser cuidado e de lhe falarem o que deve fazer – exceto quando decide que quer isso. O problema é que, com frequência, o momento em que ele quer receber não é o mesmo em que o mais velho quer dar.

Quando dois filhos mais velhos se casam, geralmente, é por admiração pelos traços que eles também respeitam neles mesmos; o problema começa quando eles não conseguem concordar sobre quem está no comando ou quem realmente sabe a melhor maneira de fazer as coisas.

Dois mais novos podem se casar porque reconhecem o quanto podem se divertir juntos, porém mais tarde podem se ressentir pelo outro não cuidar dele.

Pode ser mais fácil ou mais difícil para filhos do meio se ajustarem em qualquer situação, dependendo do quão rebelde ou tranquilo eles se tornarem.

Todas as combinações podem ser bem-sucedidas com compreensão, respeito mútuo, cooperação e senso de humor. Um grande amigo meu é um filho mais novo casado com uma filha mais nova. Certa ocasião, em um período de férias, ele perguntou a ela se ela havia feito as reservas do hotel. Ela respondeu: "Não. Você também não?" Ambos riram e se divertiram procurando um hotel.

Ordem de nascimento e estilos de ensino

Estilos de ensino podem variar em decorrência da ordem de nascimento. Professores que são filhos mais velhos geralmente gostam de estar no comando. Eles estão sempre dispostos a organizar projetos interessantes e complicados para seus alunos. Eles preferem estrutura e ordem e ficam completamente satisfeitos quando as crianças estão sentadas em fileiras fazendo o que lhes foi solicitado. Já que essa cena não é mais tão típica quanto costumava ser, muitos desses professores podem ficar frustrados até que aprendam métodos para ajudá-los a conseguir ordem sem ser autoritários. Eles rapidamente percebem os benefícios em longo prazo de uma abordagem positiva, tanto para as crianças quanto para si mesmos.

Professores que são filhos do meio geralmente mostram-se interessados tanto no bem-estar psicológico de seus alunos quanto nos resultados acadêmicos. Eles são atraídos pelos alunos rebeldes e esperam influenciá-los em uma direção mais positiva. Esses professores tentam conseguir ordem por meio de respeito e compreensão mútuos.

Professores que são filhos mais novos são, normalmente, criativos e amorosos e conseguem lidar com barulho e desordem mais facilmente. Esses professores geralmente permitem que as crianças assumam mais responsabilidade, pois assim eles mesmos não terão que fazer tudo pelas crianças.

Informações sobre ordem de nascimento podem ajudar pais e professores a melhorar sua compreensão sobre as crianças e sobre eles mesmos.

Exercício em grupo

O exercício a seguir é uma excelente maneira de experimentar as semelhanças e diferenças das pessoas de mesma posição na ordem de nascimento.

Divida a classe em pequenos grupos da mesma posição na ordem de nascimento. Forneça a cada grupo canetas e papel. Dê-lhes as seguintes instruções: "Cada membro do grupo deve pensar em adjetivos que descrevam a si mesmo como pessoa. Compartilhe esses adjetivos com seu grupo. Se a maioria concordar que essa característica também se aplica aos demais, escreva no papel."

Dê, aproximadamente, dez minutos para esse exercício e depois peça para cada grupo prender seu papel na parede. Depois, você pode fazer uma discussão sobre o quanto suas descobertas estão de acordo com as informações fornecidas neste capítulo. Não deixe de discutir os seguintes pontos:

- Fatores que explicam exceções e singularidades.
- A importância de explorar as características positivas de cada posição na ordem de nascimento.
- Maneiras pelas quais as informações podem ser usadas para melhorar e entender as crianças e nós mesmos.
- O quão destrutivo pode ser usar as informações para rotular ou estereotipar.

Além disso, pergunte ao grupo se alguém teve alguma ideia sobre os motivos de possivelmente terem formado certas interpretações relativas a si mesmos e certas crenças equivocadas sobre o que eles precisam para sentirem que são aceitos e que são importantes.

Considere apresentar-lhes a música de Wayne Frieden e Marie Hartwell-Walker sobre ordem de nascimento (em inglês).[3] Eles fizeram a música para sete diferentes ordens de nascimento. Um exemplo de um verso de "Number One" ("Número um") é:

Ah, é difícil ser o número um.
E ultimamente não tem sido nada divertido.
A vida era tão boa quando éramos três,
Mamãe, papai e eu.
E agora tem outro.
E eu não gosto dele nem um pouco.
Mande-o de volta ao hospital.
E vamos simplesmente esquecê-lo.

Revisão

Questões

1. Qual é a principal razão de se entender a ordem de nascimento e como isso pode ajudá-lo a trabalhar com crianças?
2. Quais são as escolhas mais comuns das crianças quando elas se comparam com seus irmãos?
3. Quais são as maneiras equivocadas de utilizar o conhecimento sobre ordem de nascimento?
4. Quais são as características típicas de cada posição na ordem de nascimento?
5. Quais são os perigos de mimar e por que alguns pais fazem isso?
6. Quais são os fatores considerados exceções às regras gerais sobre ordem de nascimento?

Capítulo Quatro

Um novo olhar sobre mau comportamento

Uma das minhas cenas favoritas do filme *Kramer vs. Kramer* mostra Seth gritando com seu pai: "Eu te odeio!"

Seu pai o carrega até seu quarto, joga-o na cama e grita também: "Eu também te odeio, seu merdinha!"

Esse pai e esse filho realmente se odeiam? É lógico que não. Eles se amavam muito. Então, o que estava acontecendo?

Seth se sentia magoado porque seu pai estava ocupado com o trabalho e não dava atenção a ele. O pai tinha um prazo e ficou muito bravo quando uma bebida caiu em cima de seu projeto. Ele reagiu dando uma bronca no menino com ares de culpa, vergonha e dor. Em um nível subconsciente, Seth sentiu que não "era aceito", sentiu-se insignificante. Então ele disse ao pai que o odiava. O pai reagiu de forma vingativa. Eles entraram em um "ciclo de vingança". O pai desempenhou um grande papel nessa história de mau comportamento. Ele foi igualmente, se não mais, responsável por isso.

Responsabilidade não equivale a culpa ou vergonha

Quando lançamos um novo olhar sobre o mau comportamento, os resultados podem ser encorajadores para crianças e adultos, desde que você não equipare responsabilidade com culpa ou vergonha. É mais útil se você enxergar a responsabilidade como libertadora – algo baseado na consciência de que você pode escolher mudar, não algo para gerar culpa. Quando você percebe que pode fazer parte da equação do mau comportamento de seu filho ou aluno, você passa a saber o que fazer para mudar a sua parte, o que ajudará a criança a mudar a parte dela.

O que é mau comportamento?

Olhando de perto, você verá que mau comportamento nada mais é que falta de conhecimento (ou consciência), uma ausência de habilidades eficazes e comportamentos adequados do ponto de vista do desenvolvimento, desencorajamento – ou, frequentemente, uma questão que nos convida a utilizar nosso cérebro primitivo, para o qual a única opção é disputa por poder, desistência e comunicação ineficaz. Com frequência, aos adultos também faltam sabedoria, consciência e habilidades, tanto quanto às crianças, o que leva à utilização do comportamento de seus cérebros primitivos. É por isso que lutas de poder entre crianças e adultos são tão comuns – são necessárias ao menos duas pessoas para o estabelecimento de uma disputa por poder. E os adultos frequentemente se sentem tão desencorajados quanto as crianças. Você veria o mau comportamento (seu e do seu filho) de uma forma diferente se você o visse como um "comportamento desencorajado", "falta de conhecimento de comportamento adequado", "comportamento do cérebro reptiliano", ou "comportamento típico da idade"?[1]

Na maioria das vezes, as crianças pequenas estão apenas "agindo como crianças", e não se comportando mal. Muitos pais e professores não conhecem o suficiente sobre comportamento humano e desenvolvimento infantil e, por esse motivo, tratam comportamentos adequados à idade como mau comportamento. É realmente triste pensar que tantas crianças pequenas estão sendo punidas por um comportamento que é adequado ao seu desenvolvimento. Por exemplo, crianças pequenas são punidas por se "comportarem mal" quando na verdade seus cérebros ainda não se desenvolveram o suficiente para compreender o que é esperado delas. Elas não têm a linguagem ou as habilidades sociais para conseguir o que querem – principalmente quando o que querem parece irracional, inconveniente ou inadequado para os adultos em suas vidas. É de partir o coração ver crianças pequenas serem punidas com castigo quando ainda não desenvolveram a capacidade de realmente compreender causa e efeito.

Quantas vezes as crianças se comportam mal porque estão cansadas ou com fome? Quem é responsável por isso? (Frequentemente isso é decorrente de circunstâncias que não podem ser evitadas, o que é mais do que razão para ter compaixão por seu filho e por si mesmo em vez de rotular de mau comportamento). Talvez as crianças não tenham sido respeitosamente incluídas na criação de rotinas. Talvez adultos não tenham percebido que exigências são um convite à revolta e à disputa por poder, enquanto perguntas que estimulam a curiosidade (e outros métodos da Disciplina Positiva) podem convidar à cooperação. Pode ser bem estimulante pensar em termos de responsabilidade e focar em soluções (e erros como oportunidades para aprender) em vez de em mau comportamento e punição.

Pode parecer que estou defendendo que pais e professores não façam nada sobre comportamento adequado à idade, mas inadequado socialmente (em geral chamado de mau comportamento). Não é isso que estou falando. O que estou falando é que pais e professores são adultos. Queremos que as crianças aprendam a controlar seu comportamento, então nós precisamos aprender a controlar o nosso. Com consciência, podemos assumir responsabilidade pelo nosso comportamento e mudá-lo de forma que incentive as crianças a melhorar o delas sem destruir seu senso de autovalor. Nessa relação, podemos ser aqueles que "dão um tempo" para se reequilibrar até que possamos agir conscientemente em vez de reagir sem pensar. Estou sugerindo que, no mínimo, assumamos igual responsabilidade pelo nosso mau comportamento e que aprendamos a usar métodos encorajadores, efetivos em longo prazo e que atendam aos Quatro Critérios para uma Disciplina Efetiva descritos no Capítulo 1.

Quanto mais entendermos de comportamento – o nosso e o das crianças –, mais eficazes seremos como pais e professores. Um bom começo é entrar no mundo da criança para compreender mais sobre comportamento desencorajador.

Como Rudolf Dreikurs disse muitas vezes: "Uma criança que se comporta mal é uma criança desencorajada." Dreikurs descobriu quatro objetivos equivocados ou inadequados que as crianças adotam quando se sentem desencorajadas. Eles são chamados objetivos equivocados porque são baseados em crenças equivocadas sobre como se sentir aceito e importante.

Quando Rudolf Dreikurs explicava os quatro objetivos equivocados, as pessoas frequentemente perguntavam: "Como vocês podem continuar colocando as crianças nessas 'caixinhas'?" Ele respondia: "Eu não as coloco lá. Eu as descubro lá."

Os Quatro Objetivos e Crenças Equivocados de Comportamento

1. Atenção indevida – a crença equivocada: "Eu me sinto aceito apenas quando tenho a sua atenção"
2. Poder mal dirigido – a crença equivocada: "Eu me sinto aceito apenas quando sou o chefe, ou pelo menos quando não deixo você mandar em mim."
3. Vingança – a crença equivocada: "Eu não me sinto aceito, mas pelo menos posso me vingar."
4. Inadequação assumida – a crença equivocada: "É impossível ser aceito. Eu desisto."

O primeiro objetivo de todos os seres humanos é sentir um senso de aceitação e importância. As crianças (e muitos adultos) adotam um ou mais de um dos quatro objetivos equivocados porque acreditam que:

- Buscar atenção indevida ou usar o poder mal dirigido irá ajudá-los a se sentir aceitos e importantes.
- Vingança irá trazer alguma satisfação para quem está magoado por não se sentir aceito e importante.
- Desistir é a única opção porque realmente acreditam que são inadequadas.

As crianças não estão conscientes de seu objetivo equivocado. Se você perguntar a elas por que se comportam mal, elas responderão que não sabem ou darão alguma desculpa. Mais tarde explicarei como você poderá usar o esclarecimento do objetivo para ajudar as crianças a se tornarem conscientes de seus objetivos equivocados sem se sentirem envergonhadas ou ameaçadas.

Todos querem atenção. Não há nada de errado nisso. O problema ocorre quando as crianças querem atenção indevida. Em outras palavras, elas buscam aceitação por meio de comportamentos mais irritantes do que úteis. O comportamento é irritante porque provém da crença equivocada e subconsciente da criança de que "Eu sou aceito apenas quando sou o centro das atenções." Essa crença sem nenhuma consciência acrescenta um sentido de urgência e persistência ao comportamento que os outros acham irritante. Pode ser encorajador para crianças que buscam atenção indevida redirecioná-las para que consigam atenção de formas produtivas. Isso convida as crianças a experimentarem novamente o senso de aceitação que estão buscando e simultaneamente as ensina a alcançar esse senso de uma forma mais construtiva.

Se os alunos estão incomodando você, dê-lhes uma tarefa (tal como recolher os papéis, ajudar alguém que levantou a mão ou ser o monitor das tarefas). Uma mãe achou um jeito de redirecionar o comportamento irritante (interrompê-la sempre que estava ao telefone) de sua filha de 4 anos. Quando o telefone tocou, daquela vez ela interrompeu a conversa e deu seu relógio à filha dizendo: "Está vendo esse ponteiro que está se movendo bem depressa? Fique olhando até que ele dê a volta três vezes, e aí eu terei acabado a conversa."

A menina observou o ponteiro com atenção, ocasionalmente olhando para a mãe. Sua mãe desligou o telefone antes dos três minutos e sua filha disse: "Mamãe, você ainda tinha tempo, ainda tinha tempo!"

Todos querem poder. Poder não é uma coisa ruim, dependendo de como é usado. Quando as crianças têm a crença equivocada (novamente subconsciente) de que são aceitas apenas quando estão no comando, seu uso do poder mal dirigido parece mau comportamento. Quando as crianças agem a partir de um objetivo equivocado sobre poder, elas não estão aprendendo a usar seu poder de maneira socialmente útil, e precisam de redirecionamento para fazê-lo.

Quando pais ou professores percebem que estão em meio a uma "disputa por poder" com a criança, é mais eficaz sair da disputa. Admita o que está acontecendo. "Parece que estamos em uma luta de poder. Eu consigo ver o que estou fazendo para contribuir com esse problema. Meu palpite é que você está se sentindo dominado. Eu não quero isso, mas preciso da sua ajuda. Vamos nos acalmar e ver como podemos resolver isso de uma maneira que seja respeitosa para nós dois."

Tal como o pai em *Kramer vs. Kramer*, parece ser da natureza humana revidar quando nos sentimos magoados. É por isso que ciclos de vingança são tão comuns. Novamente, é irônico que adultos queiram que as crianças controlem seu comportamento quando os próprios adultos têm dificuldade em controlar o deles. No entanto, controlar seu próprio comportamento é importante para quebrar esse ciclo de vingança. Observe quando você está

Quadro dos objetivos equivocados

O objetivo da criança é:	Se o pai ou mãe/professor se sente:	E tende a reagir:	E se a resposta da criança é:	A crença por trás do comportamento da criança é:	Respostas proativas e estimuladoras dos pais/professores incluem:
Atenção indevida (para manter outros ocupados ou conseguir alguma vantagem especial)	Aborrecido Irritado Preocupado Culpado	Lembrando Adulando Fazendo coisas pela criança que ela mesma poderia fazer	Para um pouco, mas depois retoma o mesmo comportamento ou outro comportamento irritante	Eu importo (sou aceito) só quando estou sendo percebido ou conseguindo alguma vantagem especial. Só sou importante quando mantenho você ocupado comigo.	Redirecione, envolvendo a criança em uma tarefa útil "Eu amo você e..." (Exemplo: Eu me preocupo com você e vou ficar com você mais tarde.) Planeje um tempo especial. Estabeleça rotinas. Reserve tempo para treinamento. Promova reuniões de família/classe. Toque sem palavras. Combine sinais não verbais.
Poder (para estar no comando)	Provocado Desafiado Ameaçado Derrotado	Brigando Cedendo Pensando "Você não vai conseguir escapar dessa" ou "Vou te forçar" Querendo ser correto	Intensifica o comportamento Transigência desafiadora Acha que venceu quando pais/professores são contrariados Poder passivo	Só sou aceito quando sou o chefe ou estou no controle, ou provando que ninguém manda em mim. "Você não pode mandar em mim."	Aceite que você não pode forçá-la e peça ajuda. Não lute e não desista. Afaste-se do conflito e acalme-se. Seja firme e gentil. Aja, não fale. Resolva o que vai fazer. Deixe que as rotinas sejam o chefe. Desenvolva respeito mútuo. Ofereça escolhas limitadas. Com a ajuda da criança, estabeleça limites razoáveis e poucos. Pratique o acompanhamento. Incentive. Redirecione para usar o poder de forma positiva. Promova reuniões de família/classe.

Vingança (para se vingar)	Magoado Decepcionado Descrente Ressentido	Retaliando Ajustando contas Pensando "Como você pode fazer isso comigo?"	Faz retaliação Magoa outros Danifica propriedade Procura vingar-se Agrava o mesmo comportamento ou escolhe outra arma	Eu não acho que sou aceito, por isso vou magoar os outros como me sinto magoado. Ninguém gosta de mim nem me ama.	Lide com os sentimentos feridos. "Seu comportamento me diz que você deve estar chateado. Podemos falar sobre isso?" Evite punição e retaliação. Pratique escuta ativa. Estimule os pontos fortes. Promova reuniões de família/classe.
Inadequação assumida (para desistir e não ser perturbada)	Desesperado Incapaz Impotente Inadequado	Desistindo Cedendo Ajudando além do necessário	Recua Passividade Sem melhora Sem resposta	Não acredito que posso ser aceito, por isso vou convencer os outros a não esperar nada de mim. Sou incapaz e impotente; não adianta tentar porque não vou fazer a coisa certa.	Mostre fé. Dê passos pequenos. Evite toda crítica. Incentive tentativas positivas, por menores que sejam. Concentre-se nos pontos positivos. Não tenha pena. Não desista. Promova oportunidades de sucesso. Ensine habilidades/mostre como. Aproveite o tempo ao lado da criança. Baseie-se nos interesses dela. Encoraje, encoraje, encoraje. Promova reuniões de família/classe.

se sentindo magoado e evite revidar. Em vez disso, valide os sentimentos da criança: "Você deve estar se sentindo magoado agora. Eu entendo. Eu me sentiria assim no seu lugar." Validar sentimentos é uma forma poderosa de desarmar um ciclo de vingança, mas essa ação precisa ser seguida da resolução do problema. "Quando nós dois nos sentirmos melhor, por que não nos reunimos e conversamos sobre isso?"

É importante notar que talvez não tenha sido você quem magoou a criança – ou que a criança tenha a percepção de estar magoada quando você só queria ajudá-la, e não magoá-la. Também é importante compreender que punição (mesmo quando mal disfarçada de consequência lógica) apenas perpetua o ciclo de vingança.

Crianças que agem a partir do comportamento equivocado da inadequação assumida (por causa da crença equivocada sobre suas aptidões) podem não causar muitos problemas durante o dia, mas podem assombrá-lo à noite quando você dedica um tempo para pensar sobre como elas parecem ter desistido. Ao contrário das crianças que dizem "Eu não consigo" apenas para conseguir sua atenção, as crianças que agem a partir da inadequação assumida realmente acreditam que não são capazes. Com maior consciência sobre sua crença equivocada, você pode dizer para uma criança que age a partir da atenção indevida: "Querido, eu sei que você vai resolver isso." No entanto, com as crianças que agem a partir da crença e objetivos equivocados da inadequação assumida, você precisa investir tempo para mostrar pequenas etapas do processo. Não mostre todos os passos. Fazer muito por eles pode lhes dar a impressão de que são inadequados. Um exemplo é dizer: "Eu vou desenhar metade do círculo, e você pode desenhar a outra metade." Ou: "Eu vou te mostrar como dar o laço em um sapato e aí você me mostra o que aprendeu para eu saber se você precisa de mais ajuda."

Por que é importante identificar o objetivo equivocado? É útil saber qual o objetivo (e crença) equivocado para que você saiba qual é a ação mais eficaz para ajudar as crianças a alcançarem seu objetivo verdadeiro de aceitação e importância.

Identificar a crença por trás do comportamento e o objetivo equivocado não é sempre fácil porque as crianças podem usar o mesmo comportamento para atingir qualquer um dos quatro objetivos equivocados. Por exemplo, as crianças podem se recusar a fazer a lição de casa para conseguir atenção ("Olhem para mim, olhem para mim!"), para mostrar poder

("Você não pode me forçar!"), para buscar vingança ("Me magoa saber que para você minhas notas são mais importantes do que eu, então vou me vingar!"), ou para expressar seu senso de inadequação ("Eu realmente não consigo."). Compreender o objetivo é importante porque a intervenção e o encorajamento eficazes serão diferentes para cada objetivo.

Observe a palavra *encorajamento.* Isso é muito importante, porque uma criança malcomportada é uma criança desencorajada. O desencorajamento vem das crenças desencorajadoras e de um senso de não aceitação ou falta de importância. Não importa se as crenças são baseadas em fatos ou na percepção das crianças sobre a situação. Comportamento é baseado no que as crianças pensam que é verdade, e não no que é verdade.

Dicas para ajudar a identificar crenças e objetivos equivocados

Existem duas dicas que os adultos podem usar para ajudar a identificar o objetivo equivocado.

Dica número 1

A reação do adulto em relação ao comportamento. Pode parecer estranho inicialmente. Você pode se perguntar por que seus sentimentos ajudam a descobrir o objetivo equivocado da criança. Pratique a observação de seus próprios sentimentos e você descobrirá como isso funciona.

Os sentimentos primários que os adultos experimentam quando confrontados com o comportamento por cada um dos quatro objetivos equivocados são os seguintes (veja a segunda coluna do Quadro dos objetivos equivocados na p. 62): se você está sentindo irritação, preocupação, culpa ou aborrecimento, o objetivo da criança provavelmente é atenção indevida. Se você está se sentindo ameaçado (você quer ser o chefe tanto quanto a criança), desafiado, provocado ou derrotado, o objetivo da criança é provavelmente poder. Se você reage também com poder, você estará se envolvendo em uma disputa por poder. Se você está se sentindo magoado (Como a criança pode fazer isso quando você está tentando apenas ser um bom pai/professor?), desapontado, descrente, indignado, o objetivo da criança provavelmente é a vingança. Se você está se sentindo inadequado ("Como eu posso alcançar e inspirar essa criança?"), desesperado, desesperançoso ou impotente, o objetivo da criança provavelmente é inadequação assumida. Se você ceder ao seu sentimento, você se renderá tanto como a criança.

Quando indagados sobre suas reações sentimentais ao comportamento, muitos adultos respondem com as palavras "raiva" e "frustração", que são respostas secundárias à reação de um sentimento primário. Há uma boa razão para isso. Sentir-se acovardado, magoado ou inadequado são sentimentos tão impotentes que nós rapidamente os cobrimos com as reações secundárias de raiva. Com a raiva, nós temos pelo menos uma sensação de pseudopoder – nós podemos fazer algo, mesmo que esse *algo* seja apenas vociferar, surtar e atacar. Frustração e raiva são respostas secundárias à nossa incapacidade de controlar a situação que causa nossos sentimentos mais primários. Se você encobre seus sentimentos primários com raiva, em vez de validar os sentimentos da criança, você provavelmente irá se envolver em um ciclo de vingança.

Você precisa se perguntar: "O que está por trás da minha raiva e frustração? Estou me sentindo magoado, derrotado, ameaçado, com medo?" Veja o Quadro dos objetivos equivocados da página 62 e cheque na coluna "sentimentos" qual é o seu. Muitos pais e professores contam que mantêm uma cópia desse quadro em sua escrivaninha ou porta da geladeira como um recurso útil. Isso os ajuda a lembrar das bases para a maioria dos comportamentos e a ser mais eficientes no sentido de ajudar as crianças durante momentos de estresse.

Dica número 2

A resposta da criança quando você fala para ela interromper o comportamento. (Veja a quarta coluna do Quadro dos comportamentos equivocados, p. 62).

Atenção indevida: A criança para por um tempo, mas logo retoma o mesmo comportamento ou algum outro comportamento para conseguir sua atenção.
Poder mal dirigido: A criança continua a se comportar mal e pode desafiar verbalmente ou resistir passivamente ao seu pedido. Isso com frequência leva a uma disputa por poder entre você e a criança.
Vingança: A criança contra-ataca fazendo algo destrutivo ou dizendo algo que magoa. Isso com frequência leva a um ciclo de vingança entre você e a criança.

Inadequação assumida: A criança geralmente é passiva, espera que você logo desista e a deixe sozinha. Às vezes essa criança irá "representar" (talvez sendo o palhaço da turma) para encobrir sentimentos de inadequação escolar.

Essas dicas nos ajudam a "desvendar o código" das nossas crianças, ou seja, o que elas realmente estão querendo dizer com seu comportamento. Mesmo quando temos essa compreensão, pode não ser fácil. Quando nos deparamos com uma criança que se comporta mal, é muito mais fácil (e normal) reagir com nossos sentimentos secundários de raiva e frustração do que parar e se perguntar: "O que essa criança está tentando me dizer?"

Nos workshops de Disciplina Positiva, fazemos uma atividade de vivência chamada "A selva", adaptada de uma atividade de John Taylor em seu livro *Person to Person*[2]. Nessa atividade alguns adultos ficam de pé em cadeiras enquanto outros adultos fazem o papel de crianças que olham para cima e dizem: "Eu sou uma criança e só quero ser aceita." Os "adultos" fazem de conta que as "crianças" estão se comportando mal e fazem comentários desencorajadores e punitivos, tais como: "Pare de me interromper! Você não está vendo que estou ocupado! Por que você não pode ser como o seu irmão? Como você pode ser tão egoísta? Então por que você não limpa o seu quarto ou faz sua lição de casa? Quantas vezes eu já te falei isso?"

Depois, pergunta-se a todos como estavam se sentindo, o que estavam pensando e o que estavam decidindo fazer enquanto crianças e adultos na dramatização. Trata-se de uma experiência emocional. Nós não faríamos as pessoas passarem por isso se essa experiência não fosse tão poderosa no sentido de ajudar os adultos a enxergar, ouvir e experimentar os efeitos imediatos e em longo prazo de se reagir ao comportamento em vez de decifrar o código e compreender o que a criança realmente precisa.

Ao final do processo nós perguntamos: "O que você aprendeu com essa atividade?" O grupo conta muitas lições aprendidas, e a mais importante é que uma criança que se comporta mal está realmente dizendo: "Eu sou uma criança e apenas quero ser aceita." Quando não compreendemos as crenças e objetivos equivocados do comportamento, nós reagimos ao comportamento em vez de responder à crença por trás desse comportamento.

Quando os adultos realmente compreenderem que uma criança malcomportada é uma criança desencorajada, eles estarão prontos para agir de maneira a encorajar as crianças. Encorajamento é a forma mais eficiente de atingir uma mudança de comportamento. Uma criança encorajada não precisa se comportar mal.

Repito: uma criança encorajada não precisa se comportar mal. Esse é o conceito de mais difícil compreensão para pais e professores. Estamos muito acostumados a tentar motivar um melhor comportamento por meio de punições, sermões e outras formas de culpa, vergonha e dor.

Recentemente recebi um telefonema de uma querida amiga que estava se sentindo muito mal porque tinha criado seus onze filhos acreditando que a forma de fazê-los se comportarem bem era criticá-los quando cometiam erros ou quando não faziam as coisas tão bem como deveriam. Agora, ela está tentando desfazer os resultados de baixa autoestima e raiva que muitos de seus filhos apresentam.

Encorajamento não é recompensar o mau comportamento, como muitos acreditam. O encorajamento elimina a necessidade do mau comportamento.

Métodos de encorajamento eficientes para cada objetivo equivocado

Nunca há apenas uma única maneira de resolver um comportamento desafiador. Em grupos de pais e professores, os participantes levantam muitas sugestões possíveis baseadas nos princípios que você está aprendendo neste livro. O pai ou professor que busca ajuda pode então escolher a sugestão mais adequada.

Muitos problemas podem ser mais bem resolvidos em uma reunião de família ou de classe porque as crianças desenvolvem um senso de aceitação e importância enquanto aprendem a focar em soluções respeitosas. No entanto, a Disciplina Positiva inclui muitas ferramentas e habilidades alternativas quando uma ação mais imediata é esperada ou necessária. As orientações gerais em relação a respostas eficazes para cada objetivo equivocado, apresentadas a seguir, são discutidas em mais detalhes nos próximos capítulos. Elas estão descritas aqui para enfatizar quantas soluções diferentes existem para um problema ou objetivo equivocado de comportamento.

Depois de ler o livro inteiro e compreender os conceitos da Disciplina Positiva, você poderá consultar esse resumo como um lembrete de métodos eficientes para cada objetivo. Os métodos são eficientes apenas quando fundamentados em atitudes básicas de encorajamento, compreensão e respeito mútuo, como discutido nos capítulos anteriores.

Atenção indevida

Lembre-se de que todo mundo precisa de atenção. É a atenção indevida que não é encorajadora para as crianças.

- Redirecione as crianças para comportamentos colaborativos. Dê-lhes uma tarefa que proporcione atenção positiva na sala de aula ou em casa, tal como dar um cronômetro para marcar a duração de uma conversa telefônica.
- Faça o inesperado (um grande abraço geralmente é muito eficaz).
- Estabeleça um horário para passar um tempo especial com as crianças regularmente. Na escola, alguns minutos por vez são o suficiente.
- Sorria de uma forma que comunique que você não se esqueceu e diga: "Estou ansioso para nosso tempo especial às seis horas."
- Estabeleça sinais não verbais com as crianças antecipadamente: sua mão sobre o coração pode significar "Eu te amo", ou sua mão em concha na orelha pode indicar que você está pronto para ouvir depois que a manha parar.
- Evite dar tratamentos especiais.
- Dê conforto e mostre fé. ("Eu te amo e sei que você consegue resolver isso sozinho.")
- Ignore o comportamento enquanto coloca sua mão gentilmente no ombro da criança. (Continue sua conversa – ignorando o comportamento, não a criança.)
- Durante momentos bons e agradáveis, dedique tempo para treinamento e simulações de outras formas de comportamento, tal como usar palavras em vez de fazer manha.
- Não fale, aja. Por exemplo, pare de reclamar, levante-se do sofá, pegue seus filhos pelas mãos e leve-os ao banheiro para escovar os dentes. Você pode incluir cócegas para manter a atmosfera firme, mas divertida.
- Verbalize amor e carinho.

Poder mal dirigido

Lembre-se de que poder não é uma coisa ruim. Ele pode ser usado de forma construtiva em vez de destrutiva. Saia da disputa por poder para permitir que a situação se acalme e então adote uma ou mais das opções a seguir:

- Admita que você não pode forçar as crianças a fazer nada e peça sua ajuda para achar uma solução que funcione para todos.
- Use os Quatro Passos para Conseguir Cooperação (ver Capítulo 2).
- Continue com uma sessão individual para resolução de problemas.
- Redirecione as crianças para que usem seu poder de forma construtiva.
- Envolva as crianças na busca de soluções.
- Decida o que *você* vai fazer, e não o que você vai tentar obrigar a criança a fazer. ("Eu vou continuar a aula quando todos estiverem prontos", "Eu vou lavar as roupas que estiverem no cesto e não as que estiverem no chão", "Eu vou parar o carro no acostamento até que vocês parem de brigar".) É muito importante que essas ações sejam feitas com gentileza e firmeza ao mesmo tempo. É muito eficaz ficar de boca fechada – evite lembretes e sermões.
- Estabeleça um horário especial com seus filhos regularmente, ou ocasionalmente com os alunos na escola.
- Envolva as crianças na criação de rotinas e depois deixe que as rotinas sejam o chefe.
- Ofereça escolhas limitadas.
- Convide as crianças a colocarem seus problemas na pauta das reuniões de família ou de classe.
- Verbalize amor e carinho.

Vingança

Lembre-se de que as crianças encobrem sentimentos de dor (que as fazem se sentir impotentes) por meio da vingança (que lhes traz a sensação de controle).

- Saia do ciclo de vingança evitando retaliação.
- Mantenha uma postura amigável enquanto espera que todos se acalmem.
- Tente adivinhar o que magoou a criança e mostre empatia. Valide os sentimentos feridos da criança.
- Use honestidade emocional para falar sobre os seus sentimentos: Eu me sinto________sobre_______porque______, e eu espero________.
- Use escuta ativa: entre no mundo da criança ao refletir sobre o que você está ouvindo: "Você parece muito magoado." A escuta ativa pode incluir perguntas que estimulem a curiosidade: "Você pode me contar mais? E aí? O que aconteceu? Como você se sentiu?" A ideia é evitar compartilhar o seu ponto de vista e compreender o ponto de vista da criança.
- Use os Três R da Recuperação se foi você quem causou a mágoa (Capítulo 2).
- Use os Quatro Passos para Conseguir Cooperação (Capítulo 2).
- Envolva as crianças em sessões individuais de resolução de problemas.
- Demonstre que você se importa e use encorajamento.
- Estabeleça um horário especial com seus filhos regularmente, ou ocasionalmente com os alunos na escola.
- Verbalize amor e carinho.

Inadequação assumida

Lembre-se de que as crianças não são inadequadas, mas que continuarão a agir de forma inadequada até que desistam da crença de que o são.

- Crie um tempo para treinamento, usando os passos básicos necessários para que as crianças experimentem sucesso.
- Demonstre um pequeno passo que a criança consiga imitar. "Eu vou desenhar metade do círculo, e você desenha a outra metade."
- Proporcione pequenos êxitos. Descubra o que as crianças conseguem fazer e dê a elas oportunidades para compartilharem seu conhecimento.

- Aprecie cada tentativa positiva, não importa o tamanho.
- Elimine todas as expectativas de perfeição.
- Concentre-se nas realizações das crianças.
- Não desista.
- Disponha de tempo especial e regular com as crianças.
- Na sala de aula, encoraje as crianças a escolherem um colega para ajudar.
- Verbalize amor e carinho.

Para enfatizar que um mesmo comportamento pode representar todos os quatro objetivos equivocados, iremos voltar ao exemplo das crianças que não querem fazer a lição de casa.

Se o objetivo da criança é a atenção indevida, você se sente aborrecido. Quando você diz para a criança fazer a lição, ela fará por algum tempo. Para ajudar essas crianças, você pode simplesmente ignorar o trabalho incompleto e mostrar apreciação nas áreas em que elas cooperam. Isso permite que elas aprendam que não fazer a tarefa não é uma boa forma de conseguir atenção. Você pode deixá-las decidirem quando querem fazer a lição. Pode também redirecionar seu comportamento pedindo ajuda com alguma tarefa assim que terminarem a lição. Ou você pode combinar com elas que você irá piscar ou sorrir para elas toda vez que perceber que elas não estão fazendo sua tarefa. Isso é especialmente eficiente se você fizer esse acordo com as crianças depois de ter esclarecido os objetivos (ver p. 74). Pode parecer que piscar ou sorrir irá reforçar sua necessidade de atenção, mas, ao contrário, isso faz as crianças se sentirem aceitas e importantes, e elas logo abandonam a necessidade de conseguir atenção dessa forma. Você pode deixar as crianças conhecerem as consequências por não terem feito seu trabalho e, em seguida, fazer perguntas que estimulem a curiosidade: "O que aconteceu? Como você se sentiu a respeito desses resultados? O que você aprendeu com isso? Como você gostaria que isso tivesse acontecido? O que você pode fazer para conseguir o que você quer?"

Se o objetivo da criança é poder mal dirigido, você sente que seu poder está ameaçado ou derrotado e quer mostrar para a criança que você pode obrigá-la a fazer o que você quer. Quando você diz para essa criança fazer sua lição, ela responde que não ou simplesmente o ignora. Se você insistir em vencer por meio da imposição de alguma punição, ela poderá insistir com mais poder para provar: "Você não pode me forçar!" Ou poderá mudar para o objetivo da vingança. (Dói ser o perdedor.) A forma de ajudar essas crianças é se afastar da disputa por poder.

As crianças que gostam de poder algumas vezes são inspiradas por algum adulto que também gosta de poder. É responsabilidade do adulto mudar essa atmosfera. Quando você verdadeiramente deseja respeito mútuo, cooperação baseada na compreensão mútua e busca de soluções compartilhadas, as crianças saberão a diferença. Quando elas acreditarem nessa diferença (o que pode levar algum tempo), elas estarão mais dispostas a cooperar.

Durante uma discussão individual de resolução de problemas, admita que você estava participando de uma disputa por poder. Fale que você realmente quer mudar seu relacionamento com a criança e começar a resolver os problemas com respeito mútuo e compreensão. Diga a ela que você quer sua ajuda para saber quando ela sente que você quer vencê-la ou controlá-la. Compartilhe sua disposição para trabalharem juntos na busca de soluções que agradem aos dois. Lembre-se de que as crianças tendem a seguir soluções quanto mais elas forem envolvidas na decisão dessas soluções.

Reuniões de família e de classe são eficazes para resolver questões de poder. Crianças que gostam de poder geralmente têm boas qualidades de liderança. Você pode fazer essa criança saber que você aprecia essas qualidades e pedir ajuda com alguma tarefa de líder. Um conselheiro treinou seus alunos a serem conselheiros de seus pares (ver Anexo II) para ajudar outros alunos que eram encaminhados ao seu escritório por causa de comportamentos desafiadores.

Professores podem simplesmente dar uma nota baixa por uma lição incompleta. Uma atitude de gentileza e firmeza em vez de poder é importante. Você pode então dar sequência com perguntas que estimulem a curiosidade (como mencionado anteriormente) para ajudar a criança a compreender que ela tem poder em relação ao que acontece com ela e que tem poder para mudar isso se ela quiser.

Se o objetivo da criança é vingança, você pode se sentir magoado ou ressentido. Você não compreenderá porque a criança não faz sua lição mesmo quando você se esforçou tanto como pai ou professor. Ao dizer para essa criança fazer a sua lição, ela pode responder algo doloroso, como: "Eu te odeio!" Ou pode fazer algo destrutivo como rasgar o trabalho.

Para ajudar essa criança, não se vingue. Valide os sentimentos feridos. Mantenha-se amigável dizendo: "Eu posso ver que você está chateado, então não podemos discutir isso agora, mas eu gostaria de falar com você mais tarde." Depois de se acalmar, você pode usar os Quatro Passos para Conseguir Cooperação ou pode ignorar o problema e compartilhar interesses especiais, como descrito no Capítulo 7. Você talvez precise esclarecer o objetivo para chegar nos sentimentos feridos.

Se o objetivo da criança é a inadequação assumida, você pode se sentir inadequado sobre sua habilidade em ajudá-la. Quando você fala para ela fazer sua tarefa, ela olha desanimada e torce para você deixá-la logo em paz. (Essa é uma diferença importante entre a inadequação assumida e a atenção indevida. Uma criança que busca atenção pode agir inadequadamente, mas fica feliz quando você lhe dá atenção. Uma criança que acredita que é inadequada quer apenas ficar "em paz".)

Para ajudar essa criança, tenha certeza de que ela sabe como fazer a lição. Disponha de tempo para ensiná-la, mesmo que você ache que, por ter explicado várias vezes, a criança já deveria saber. A diferença entre a criança que não faz a lição para conseguir atenção e a criança que não faz a lição por causa da inadequação assumida é que a primeira sabe fazer e está apenas tentando manipulá-lo a ajudá-la por causa da crença errônea de que ela não é aceita a não ser que você esteja prestando atenção nela. A segunda está desencorajada porque realmente não acredita que é capaz de fazê-lo e não quer a sua atenção. Uma vez que o comportamento pode ser semelhante para crianças com esses dois objetivos, é importante aprimorar sua consciência de modo que você saiba diferenciar quando uma criança está simplesmente tentando mantê-lo ocupado ou quando a criança realmente prefere que você se afaste ou vá embora.

Outra opção é perguntar para a criança se ela quer sua ajuda ou se gostaria de escolher algum colega para ajudá-la. Ou você pode descobrir um nível no qual ela se sinta adequada e a deixe trabalhar nesse nível. Assegure-se de que ela obtenha sucesso nessa situação.

Não desista. Essa criança pode fazer alguma tarefa apenas para se livrar de você. Seja qual for a razão, se ela fizer alguma tarefa, ela obterá algum sucesso e se sentirá encorajada. Disponibilizar tempo especial com essa criança é muito importante.

Esclarecimento do objetivo

Já que as crianças não são conscientes de seus objetivos equivocados, esclarecer o objetivo é uma forma de ajudá-las a se tornarem conscientes de suas crenças equivocadas.

O esclarecimento do objetivo pode ser feito por professores, conselheiros ou educadores de pais. É essencial ser objetivo e amigável durante o processo. Para os pais, é praticamente impossível ser objetivos em relação a seus próprios filhos, de modo que o esclarecimento do objetivo pode não funcionar para eles.

Como objetividade e amabilidade são essenciais, o esclarecimento do objetivo não pode ser feito na hora do conflito. É melhor conversar com a criança isoladamente enquanto você está aprendendo esse procedimento. Pessoas que passaram por treinamento geralmente fazem o esclarecimento do objetivo em grupos ou na frente de uma plateia. Adler e Dreikurs ficaram famosos por fazer o esclarecimento do objetivo com a criança na frente de uma plateia para que todos, incluindo a criança, pudessem aprender com o processo. No entanto recomendo que, quando você for fazer isso com as crianças, escolha um momento particular em que vocês dois estejam calmos.

Primeiro pergunte à criança se ela sabe por que ela apresenta determinado comportamento. Você pode nomear o comportamento especificamente, por exemplo: "Mary, você sabe por que você fica vagando pela sala de aula em vez de ficar no seu lugar?"

As crianças geralmente respondem: "Eu não sei." Em um nível consciente, é verdade que elas não sabem. O esclarecimento do objetivo as ajuda a compreender o que está acontecendo. Mesmo que elas deem algum motivo, não é o motivo *verdadeiro*.

Se elas derem um motivo, diga: "Eu tenho outras ideias. Tudo bem se eu tentar adivinhar? Você pode me dizer se estou certo ou errado."

Se elas disserem que não sabem, pergunte se pode adivinhar. Se sua atitude for objetiva e amigável, a criança ficará curiosa em saber sua ideia. Então faça o que Dreikurs chamava de perguntas do tipo "será que", esperando que a criança responda a cada pergunta.

- Será que o motivo pelo qual você anda pela sala é conseguir minha atenção e me manter ocupado com você? (Atenção indevida)
- Será que o motivo pelo qual você anda pela sala é me mostrar que você pode fazer o que quiser? (Poder mal dirigido)
- Será que o motivo pelo qual você anda pela sala é porque você está magoado e quer se vingar de mim ou de alguém? (Vingança)
- Será que o motivo pelo qual você anda pela sala é porque você acha que não conseguiria ter sucesso, então você não quer nem tentar? (Inadequação assumida)

Existem duas respostas que deixarão você saber se sua suposição está correta e se a criança está consciente de seu objetivo. A primeira é um reflexo de reconhecimento. Isso significa que a criança sorri involuntariamente, mesmo quando diz não. Se a resposta é não, sem o reflexo de reconhecimento, vá para a próxima pergunta. No entanto, o reflexo de reconhecimento (um sorriso espontâneo enquanto a criança diz não) significa que sua suposição está correta. A outra resposta é um simples sim. Se você tiver um reflexo de reconhecimento ou uma resposta afirmativa, não há necessidade de passar para a outra pergunta. Você pode envolver a criança em uma discussão sobre outras formas de sentir aceitação e importância. Se o objetivo é atenção, explique a ela que todas as pessoas querem atenção. Então redirecione a criança para formas construtivas de consegui-la. Por exemplo: "Você pode me ajudar a pensar em outras formas de conseguir atenção de maneira que você também ajude outras pessoas?"

Você também pode concordar em dar atenção à criança por seu comportamento e combinar que você piscará ou sorrirá para que ela saiba que tem sua atenção no número de vezes combinado previamente. Faça disso um trato especial entre vocês dois. Para muitos, isso pode representar que estamos recompensando o mau comportamento. Na verdade, é o que Dreikurs chamava de "cuspir na sopa". A consciência a torna menos apetitosa.

Se o objetivo é poder, admita que você não tem poder para forçá-la a se comportar de maneira diferente. Então, peça sua ajuda para designar um plano de respeito mútuo e cooperação. "Você tem razão. Eu não posso forçar você. Como podemos usar nosso poder de forma respeitosa para resolver esse problema?" Pedir ajuda é uma atitude importante a ser usada quando o objetivo é redirecionar adultos e crianças de disputa por poder para poder colaborativo.

Se o objetivo é vingança, você pode mostrar seu interesse em compreender o que você ou mais alguém tenha feito para magoá-la. "Eu peço desculpas por não ter percebido que tinha te magoado. Você me perdoa?" Ou: "Eu sinto muito que você tenha se sentido magoado nessa situação. Eu provavelmente sentiria o mesmo se isso acontecesse comigo." Importar-se o suficiente para ouvir, sem julgamento, pode ser o procedimento mais encorajador para esse objetivo. Não racionalize, explique ou tente mudar sua percepção. A escuta ativa pode ajudar. Depois que a criança se sente compreendida, ela pode se sentir mais disposta a ouvir seu ponto de vista e então buscar soluções.

Se o objetivo é inadequação assumida, reafirme a ela que você é capaz de compreender como ela se sente porque você já se sentiu desencorajado algumas vezes. Em seguida, expresse sua confiança na habilidade dela e trabalhem em um plano com passos pequenos e alcançáveis, que garantam sucesso. "Eu sei que você não acredita que é capaz, mas eu sei que você é e estou disposto a fazer o que for necessário para ajudá-lo a ser bem-sucedido."

O esclarecimento do objetivo pode ser sua terceira pista para identificar o objetivo equivocado. Em um vídeo, Dreikurs entrevista uma criança cujo objetivo ele tinha certeza ser poder. Ele continua tentando conseguir um reflexo de reconhecimento por meio de perguntas do tipo "será que" em muitas formas diferentes para indicar poder, mas sempre obtém uma resposta negativa e nenhum reflexo de reconhecimento. Dreikurs finalmente prossegue com as perguntas para vingança e a criança concorda que estava magoada com o que seus pais tinham feito.

Professores podem usar o esclarecimento do objetivo para aumentar sua compreensão e mostrar interesse pela criança. Assim que o objetivo é descoberto, você pode usá-lo como uma base para discussão e resolução de problemas.

Grau de desencorajamento

As crianças não necessariamente começam com o primeiro objetivo da atenção indevida e vão até o da inadequação assumida. Crianças mais passivas podem ir direto para a inadequação assumida se tratadas de forma hostil ou se, por algum outro motivo, acreditarem que não são aceitas e não tem importância.

Crianças ousadas que escolhem poder podem nunca sentir inadequação assumida, mas são constantemente estimuladas à vingança pelos adultos que insistem em ganhar as lutas de poder.

A sra. Smith nos contou por que ela ficou tão grata por ter aprendido sobre os quatro objetivos equivocados do comportamento e as soluções reparadoras. Seu filho mais velho, Seth era uma criança desafiadora. Ele sempre fazia coisas ofensivas ou destrutivas, como no exemplo a seguir.

Um dia, a família Smith (o sr. e a sra. Smith, Seth, seu irmão mais novo, Scott, e sua irmãzinha, Maria) passou o dia procurando por uma nova casa. Seth e Scott reclamaram o tempo todo porque estavam com calor e muito entediados. Eles ficavam insistindo que queriam voltar para casa. Maria, de 2 anos, estava bem, apenas cochilando no colo da mãe quando se cansava.

Os Smith queriam continuar sua busca no dia seguinte, mas decidiram fazer um favor para Seth e Scott e os deixaram em casa com um vizinho. Era um dia bonito e eles já tinham idade para brincar com seus amigos da vizinhança. Uma vez que Maria não tinha se incomodado e não tinha idade suficiente para brincar com os vizinhos, os pais decidiram levá-la com eles. Quando estavam prontos para ir, Seth disse que queria ir. A sra. Smith lembrou-lhe como ele havia passado calor e ficado entediado com a experiência do dia anterior e tentou convencê-lo de que ele ficaria melhor em casa. Seth insistiu que queria ir. A sra. Smith se manteve firme em sua decisão e até deu algum dinheiro para que pudessem comprar picolés como um agrado (suborno). Seth ainda não estava satisfeito, mas eles o deixaram em casa mesmo assim.

Quando voltaram para casa, a sra. Smith ficou consternada ao ver que Seth havia usado uma faca para cortar o vinil do estofado do cadeirão de Maria. A primeira reação da sra. Smith foi sentir mágoa, ao mesmo tempo que se perguntava: "Como ele pôde fazer tal coisa?" Ela logo encobriu sua mágoa com raiva, deu uns tapas em Seth e o mandou para o quarto, de castigo.

À época desse incidente, a sra. Smith também participava de um grupo de estudos de pais e mantinha um diário a fim de se lembrar das situações que ela gostaria de trabalhar com o grupo. Assim que começou a escrever no diário, ela conseguiu ser objetiva e ver as coisas pelo ponto de vista de Seth, e então compreendeu porque o objetivo equivocado dele era a vingança. Ela usou os Quatro Passos para Conseguir Cooperação (explicados no Capítulo 2) da seguinte forma:

A sra. Smith entrou no quarto de Seth e perguntou: "Você pensou que o motivo para levarmos Maria e não você era porque nós a amávamos mais que você?"

Com lágrimas nos olhos, ele respondeu: "Sim."

A sra. Smith disse: "Eu compreendo que você tenha entendido desse jeito. Aposto que isso não fez você se sentir bem." Seth começou a chorar.

A sra. Smith o abraçou e esperou que ele parasse de chorar. Então ela disse: "Eu acho que entendo o que você sentiu. Quando eu tinha 13 anos, minha mãe levou minha irmã de 16 para Nova York. Eu queria ir, mas me disseram que eu era muito nova. Não acreditei. Eu realmente achei que minha mãe amava mais minha irmã do que eu." Seth foi bem compreensivo. A sra. Smith então perguntou: "Você quer saber por que eu queria deixá-lo em casa?" Seth fez que sim com a cabeça. A sra. Smith disse: "Eu me senti mal ontem porque você estava com calor e entediado. Não foi divertido para nós procurar por uma casa nova enquanto vocês estavam tão tristes. Eu realmente achei que todos ficaríamos mais felizes se vocês ficassem em casa e brincassem com seus amigos, sem ficarem entediados. Você entende porque eu pensei que estava fazendo um favor para vocês?"

Seth disse: "Acho que sim."

A sra. Smith acrescentou: "Agora consigo enxergar porque você achou que nós amávamos mais Maria do que você, afinal nós a levamos e não levamos vocês; mas isso não é verdade. Eu te amo muito. Eu teria preferido deixar Maria em casa também, mas eu sabia que ela não poderia sair e brincar com os amigos do jeito que vocês podem."

A sra. Smith continuou abraçada a Seth por algum tempo e perguntou: "O que você acha que podemos fazer para consertar o cadeirão?"

Seth disse, entusiasmado: "Eu consigo consertar!"

A sra. Smith disse: "Aposto que sim!"

Eles combinaram de usar uma parte da mesada dele para comprar um pedaço de vinil para o estofado. Eles cortaram o material e juntos o grampearam na cadeira. O cadeirão ficou melhor que antes – e a relação deles também. (Esse é outro exemplo de como erros podem ser oportunidades para tornar as coisas melhores do que estavam antes do erro.)

A sra. Smith percebeu que ela e Seth haviam entrado em um ciclo de vingança. Ele tinha adotado a crença errônea de que não era amado (falta de aceitação e importância). Isso o magoava e inspirava o objetivo equivocado de querer magoar de volta. Ele fazia coisas ofensivas ou destrutivas, mas a sra. Smith costumava encobrir a mágoa com raiva, e então se vingava de Seth com mais punição.

A sra. Smith percebeu que a cadeira já estava estragada e que punição não iria consertá-la. Também sabia que não podia ignorar tal comportamento. A punição lhe dava a sensação de que não tinha deixado ele "se safar", mas agora ela compreendia que a punição não produzia os resultados que ela queria em longo prazo.

Depois de reconhecer em Seth o objetivo equivocado da vingança, a sra. Smith foi capaz de lidar com a situação de maneira eficiente e de produzir resultados em longo prazo. Quando Seth fazia algo destrutivo, ela reconhecia que podia ver que ele estava magoado e triste, e que conversariam sobre isso mais tarde. Depois de se acalmarem, ela usava os Quatro Passos para Conseguir Cooperação, como fez no exemplo citado, e eles terminavam com uma solução que os aproximava, em vez de mantê-los no ciclo de vingança – e de mau comportamento.

Tudo isso aconteceu há alguns anos. A sra. Smith nos contou que hoje ela mantém um excelente relacionamento com Seth. Ele não é mais ofensivo ou destrutivo. Ela odeia imaginar como as coisas poderiam ter sido se ela tivesse dado prosseguimento ao ciclo de vingança.

Trabalhando com adolescentes

Ao olhar para o Quadro dos objetivos equivocados, tenho certeza de que você reconhecerá até adultos que adotam essas crenças e objetivos equivocados. No entanto, não é tão simples encontrar crianças que se enquadrem em uma dessas quatro categorias depois dos 11 ou 12 anos. Muitos adolescentes indisciplinados têm os objetivos equivocados da atenção indevida, poder mal dirigido, vingança e inadequação assumida, mas outros fatores também estão envolvidos.

A pressão do grupo é extremamente importante para os adolescentes. Crianças mais novas também são influenciadas pelos colegas, mas para elas a aprovação dos adultos ainda é mais importante. Para adolescentes, a aprovação dos pares é mais importante que a dos adultos e se torna um dos seus objetivos equivocados. Na adolescência, passa-se por um sério processo de individuação. Adolescentes desenvolvem sua identidade independentemente da dos pais, o que com frequência se traduz em revolta enquanto testam os valores paternos. Essa revolta geralmente não dura até os 20 anos, a não ser que os pais se tornem punitivos e controladores.

As pesquisas mais recentes sobre o cérebro conduzidas por David Walsh e Nat Bennett[3] mostram que, durante a adolescência, pode haver um rápido crescimento do cérebro no córtex pré-frontal, o que resulta em certa confusão para os adolescentes. Frequentemente, eles interpretam a linguagem corporal das pessoas como agressiva, mesmo que não seja. Como se a adolescência já não fosse difícil o bastante, o cérebro os faz tender para más interpretações e falhas na comunicação. É útil para os pais saber que o córtex pré-frontal não amadurece até os 25 anos (as companhias de seguro sabem bem disso), e o cuidado adicional para ser bem claro e não fazer suposições é necessário para os pais de adolescentes.

Métodos de controle excessivo podem ser desastrosos com adolescentes, que são ainda menos propensos que as crianças mais novas a assumir uma posição submissa. Quando os adolescentes são submetidos ao comportamento controlador dos adultos, eles suspeitam da palavra "cooperação". Eles a interpretam como "ceder". E eles normalmente estão certos – é isso o que muitos adultos entendem por cooperação.

O encorajamento, que será discutido mais profundamente no Capítulo 7, é tão importante para adolescentes quanto para crianças pequenas. Quando Lynn Lott e eu escrevemos *I'm on Your Side: Resolving Conflicts with Your Teenaged Son or Daughter* ["Estou do seu lado: solucionando conflitos com seu filho adolescente"], o livro vendeu apenas moderadamente bem por dois anos. Então mudamos o título do livro para *Positive Discipline for Teenagers*[4] ["Disciplina Positiva para adolescentes"] e foram vendidas mais cópias em dois meses do que nos dois anos com o título anterior. O que isso poderia significar? Não temos certeza, mas parece óbvio que os pais não percebem o quanto é importante expressar aos filhos adolescentes que estão ao seu lado. Muitos pais e adolescentes travam uma batalha, e os pais parecem mais interessados em tentar controlar seus filhos adolescentes. Estamos tristes com isso porque sabemos que é absolutamente impossível controlar adolescentes – é muito tarde para isso. Quanto mais você quer controlá-los, mais eles se tornam desafiadores e/ou rebeldes.

A melhor maneira de conseguir a confiança de um adolescente é por meio de respeito mútuo e igualdade na resolução de problemas. Reuniões de família e de classe ensinam responsabilidade social e envolvem os adolescentes em processos de tomada de decisão. Quando tratados com gentileza, firmeza, dignidade, respeito e resolução de problemas em conjunto, os adolescentes geralmente se apoiam nos valores familiares até depois dos 20 anos – época em que já terão aprendido as habilidades de vida mais importantes e necessárias quando não estiverem sob a autoridade de um adulto.

Revisão

Os quatro objetivos discutidos neste capítulo são chamados de objetivos equivocados porque levam a um mau comportamento em razão das crenças equivocadas sobre como alcançar aceitação e importância. Os quatro objetivos equivocados representam quatro crenças errôneas que as crianças adotam quando acham que não são aceitas ou importantes.

Às vezes é difícil para nós, pais e professores, lembrarmos que as crianças falam conosco em código – que elas estão tentando falar que querem ser aceitas toda vez que seu comportamento inspira frustração em vez de amor e carinho. Alguns especialistas acreditam que iremos reforçar o comportamento se respondermos positivamente à criança que se comporta mal. No entanto, se entendermos que uma criança malcomportada é uma criança desencorajada, é óbvio que a melhor maneira de eliminar a motivação para o mau comportamento é achar uma forma positiva que ajude a criança a se sentir aceita e importante.

Aceitar esse conceito intelectualmente é uma coisa, mas colocá-lo em prática é outra bem diferente, pelos seguintes motivos:

1. A maioria dos adultos não sente vontade de ter uma atitude positiva quando a criança se comporta mal.
2. A maioria dos adultos não compreende totalmente como o seu próprio comportamento pode levar ao mau comportamento da criança e, portanto, reluta em aceitar sua parte de responsabilidade no "show" (podem estar se comportando de uma maneira que leva ao mau comportamento da criança). Consciência sem culpa é um enorme passo para a resolução dos conflitos.
3. O raro adulto que consegue responder ao mau comportamento com encorajamento positivo será sempre rejeitado pela criança. Isso porque as crianças (tal como nós) não são sempre receptivas ao encorajamento quando mais precisam dele. Elas estão por demais alteradas emocionalmente para aceitá-lo. Acalme-se e tente novamente com encorajamento.

A criança que mais precisa de amor é geralmente a criança que age de forma menos amável.

Compreender os quatro objetivos equivocados do comportamento ajuda os adultos a se lembrarem do que as crianças estão realmente dizendo com seu mau comportamento: "Eu só quero ser aceita." O quadro também ajuda os adultos a saberem o que fazer para resolver o problema de maneira encorajadora ao mesmo tempo em que ensinam habilidades de vida às crianças.

Lembre-se de que punição pode interromper o mau comportamento momentaneamente, mas não irá resolver o problema de forma permanente. Você só conseguirá resultados positivos em longo prazo se ajudar a criança a se sentir aceita e importante por meio do encorajamento.

Se o encorajamento não pode ser dado ou aceito na hora do conflito, deve ser sempre considerado parte essencial de um acompanhamento depois que todos se acalmarem. Lembre-se também que é preciso duas pessoas para haver uma disputa por poder ou um ciclo de vingança. Você pode querer olhar para os seus próprios objetivos equivocados e trabalhar na mudança deles para alcançar atitudes e comportamentos mais encorajadores.

Ferramentas da Disciplina Positiva

1. Aceite a responsabilidade (sem culpa) por sua parte na equação do mau comportamento.
2. Compreenda e responda com encorajamento aos quatro objetivos equivocados de comportamento.
3. Seja um "tradutor" para compreender o que a criança está realmente querendo dizer com o mau comportamento: "Eu sou uma criança e só quero ser aceita."
4. Use as dicas para ajudar na compreensão do objetivo equivocado do comportamento. O que você sente? O que a criança faz em resposta às suas ações?
5. Para *atenção indevida*: reveja todas as ferramentas sugeridas na página 69.
6. Para *poder mal dirigido*: reveja todas as ferramentas sugeridas na página 70.
7. Para *vingança:* reveja todas as ferramentas sugeridas nas páginas 70-71.
8. Para *inadequação assumida*: reveja todas as ferramentas sugeridas nas páginas 71-72.
9. Use o esclarecimento do objetivo de uma maneira amigável para ajudar as crianças a se conscientizarem de seus objetivos equivocados.
10. Use os Quatro Passos para Conseguir Cooperação.

Questões

1. De que maneiras os adultos podem ser "responsáveis" pelo que chamamos de "mau comportamento das crianças"?
2. Que outros termos podem ser usados para o que estamos agora chamando de mau comportamento?
3. Quais são os quatro objetivos equivocados de comportamento?
4. Qual é a crença equivocada da criança para cada objetivo?
5. Por que é tão importante identificar o objetivo?
6. Quais são as duas dicas que ajudam os adultos a identificar o objetivo?
7. Qual é a reação de sentimento primário do adulto em resposta ao comportamento para cada um dos quatro objetivos equivocados? Responda para cada objetivo.
8. Como as crianças respondem ao mau comportamento para cada um dos quatro objetivos quando você diz para elas pararem de se comportar mal? Responda para cada objetivo.
9. Quais são algumas respostas ou ações eficazes que você pode adotar a fim de ajudar a corrigir o mau comportamento para cada objetivo equivocado?
10. Por que os quatro objetivos são chamados de objetivos equivocados?
11. As crianças não baseiam seu comportamento no que é verdade. Em que elas se baseiam?
12. O que uma criança está tentando lhe dizer com seu mau comportamento?
13. Por que é difícil lembrar o que a criança está tentando lhe dizer?
14. Por que as crianças podem rejeitar sua tentativa de ser positivo quando elas estão se comportando mal?
15. Que tipo de criança geralmente precisa mais de amor?
16. Qual é a coisa mais importante que você pode fazer para ajudar uma criança a superar sua motivação para se comportar mal?

Capítulo Cinco

Cuidado com as consequências lógicas

Por anos eu defendi o uso de consequências lógicas. No entanto, eu ficava constantemente frustrada quando ouvia pais e professores darem exemplos das consequências que eles impunham. Elas soavam como castigo para mim.

Alguns pais e professores parecem pensar que conseguem disfarçar a punição, chamando-a de consequência lógica. Entretanto, quando saliento que a maioria das consequências lógicas são punições mal disfarçadas, eles concordam. Eu achava que eu era a primeira a descobrir esse fenômeno até reler *Children: the Challenge* e encontrar a seguinte citação de Dreikurs[1]: "Quando usamos o termo 'consequências lógicas', pais frequentemente o interpretam como uma nova maneira de impor suas exigências sobre os filhos. As crianças veem isso como punição disfarçada."

Alguma vez você já se perguntou em que as crianças estão pensando quando estão sendo punidas (mesmo quando se chama de consequência lógica)? Algumas podem estar decidindo se elas são más ou sem valor. Algumas decidem não repetir o comportamento que causou a punição, mas o fazem por medo e intimidação, e não porque elas tenham adotado princípios relacionados a certo e errado. Essas são as crianças que podem se tornar viciadas em aprovação, sempre tentando provar que valem a pena porque, no fundo, elas decidiram que não são boas o suficiente. Outras podem estar pensando sobre como vencer os pais ou como evitar serem pegas no futuro. Muitas estão pensando em vingança. Crianças que são punidas muitas vezes fazem alguma coisa para se vingar em breve. Depois de sofrer punição, algumas ficam com uma sensação de que foram injustiçadas. Em vez de se concentrarem no comportamento que inspirou a punição, elas focam na raiva contra o adulto que a impôs ou na vergonha de si mesmos.

Alguns adultos cometem o erro de pensar que as crianças continuam a se comportar mal porque a punição não foi severa o suficiente para ensinar-lhes uma lição. Então eles punem de novo, mais severamente, e as crianças encontram formas mais inteligentes de se vingar. O ciclo de vingança se perpetua. Os pais podem não reconhecer a gravidade do ciclo de vingança até que seus filhos se tornem adolescentes e se rebelam totalmente, fugindo, se envolvendo com drogas, engravidando, ou algum outro evento extremamente doloroso. A ironia é que essas crianças se ferem por meio da vingança tanto ou mais que seus pais.

Não estou dizendo que a punição (mesmo quando chamada de consequência lógica) não funciona. Qualquer um que conviva com crianças sabe que elas param de se comportar mal quando são punidas, pelo menos por um tempo. Por essa razão, os adultos podem pensar que estão ganhando muitas batalhas da disciplina. No entanto, eles inevitavelmente perdem a guerra quando as crianças são levadas a se vingar, evitar serem pegas, ou a obedecer por medo ou por um sentimento de desvalorização.

Mais uma vez, temos que tomar cuidado com o que funciona e considerar resultados em longo prazo. Enquanto for importante para os adultos ganhar, eles vão tornar as crianças perdedoras.

A maioria dos pais fica abalada quando pensam sobre os resultados da punição em longo prazo. Nunca tiveram a intenção de criar circunstâncias em que seus filhos fossem desenvolver um senso de desvalorização ou rebeldia. Eles realmente achavam que a punição levaria seus filhos a fazer melhor e a se tornarem pessoas melhores. Pensar nos resultados em longo prazo é um conceito totalmente novo para muitos pais. No entanto, aqueles que gastam um tempo para refletir sobre os efeitos em longo prazo de suas ações ficam entusiasmados quando descobrem métodos de disciplina mais encorajadores, que são eficazes em longo prazo no sentido de ajudar as crianças a desenvolver um senso de capacidade pessoal e aprender valiosas habilidades sociais e de vida.

Como tenho visto consequências naturais e lógicas usadas mais de maneira errada do que de forma eficaz, eu agora sou contra a utilização de consequências lógicas – pelo menos quase nunca. Eu as eliminaria totalmente, embora saiba que, quando usadas corretamente, podem constituir uma maneira eficaz e um método encorajador a ser utilizado com crianças. No entanto, as consequências lógicas agora estão no final da minha lista de ferramentas em nove de dez casos. Muitas famílias e professores têm relatado que a atmosfera em suas casas e salas de aula mudou drasticamente quando pararam de se concentrar nas consequências e começaram a focar nas soluções (ver Capítulo 6).

Há três razões para discutir consequências lógicas (e naturais), mesmo depois de dizer que elas estão no final da minha lista de ferramentas. Na verdade, apenas as consequências lógicas estão no final da minha lista de ferramentas. As consequências naturais proporcionam uma excelente experiência de aprendizagem para as crianças, desde que os adultos não interfiram, como costumam fazer.

1. Há momentos em que consequências naturais e lógicas são apropriadas, úteis e eficazes.
2. Consequências lógicas são uma das ferramentas de disciplina mais amplamente utilizadas em lares e escolas. Pais e professores podem achar muito útil saber o que é uma verdadeira consequência lógica e como usá-la de forma adequada.
3. Consequências naturais e lógicas podem ser respeitosas e encorajadoras para as crianças, mas elas são muitas vezes mal utilizadas ou subutilizadas. Quando usadas corretamente, as crianças podem aprender bastante por meio de consequências naturais e lógicas que as ajudam a desenvolver a responsabilidade e confiabilidade com dignidade e respeito.

Consequências naturais

Uma consequência natural é algo que acontece naturalmente, sem nenhuma interferência dos adultos. Quando você está na chuva, você se molha. Quando você não come, fica com fome. Quando você esquece o casaco, sente frio. Não é permitido tirar proveito indevido. Adultos tiram vantagem da consequência natural quando dão sermão, xingam, dizem "eu avisei", ou acrescentam mais culpa, vergonha ou dor que a criança poderia experimentar *naturalmente* com a experiência. O uso indevido, na verdade, diminui o aprendizado que pode ocorrer ao se experimentar uma consequência natural, porque a criança para de processar a experiência e se concentra em absorver ou se defender da culpa, vergonha e dor. Em vez de tirar proveito, mostre empatia e compreensão pelo que a criança está passando: "Aposto que é difícil ficar com fome (molhado, tirar nota baixa, perder a sua bicicleta)." Quando for apropriado, em vez de ser condescendente, você poderia acrescentar: "Eu te amo e tenho confiança de que você pode lidar com isso."

Pode ser difícil para os pais serem solidários sem resgatar ou superproteger os filhos, mas é uma das coisas mais encorajadoras que você pode fazer para ajudá-los a desenvolver percepções de capacidade. Vejamos um exemplo de como as consequências naturais funcionam.

Billy, um aluno do primeiro ano, esquecia seu almoço todos os dias. Sua mãe interrompia a agenda lotada para dirigir até a escola com seu almoço. Depois de aprender sobre consequências naturais, ela decidiu que Billy poderia aprender a lembrar de seu almoço se ele experimentasse a consequência natural do esquecimento. Primeiro ela discutiu o assunto com Billy, deixando-o saber que ela estava confiante de que ele poderia ser responsável por lembrar do almoço. Ela também disse que deixaria de trazer o seu almoço para a escola, caso ele esquecesse, porque ela sabia que ele poderia aprender com seus erros. É importante e respeitoso discutir, com antecedência, quando você pretende mudar o seu comportamento e permitir que seus filhos experimentem as consequências naturais de suas escolhas.

As intenções da mãe foram sabotadas por um tempo porque a professora de Billy assumiu a situação e passou a emprestar-lhe dinheiro para o almoço sempre que ele se esquecia. Até que a mãe e a professora de Billy se reuniram e planejaram permitir que Billy aprendesse com as consequências naturais de seu comportamento e se responsabilizasse por lembrar de trazer seu almoço.

Billy testou o plano. Na próxima vez em que esqueceu seu almoço, ele pediu à professora se ela poderia emprestar algum dinheiro para o almoço. Ela disse: "Sinto muito, Billy, mas concordamos que você poderia lidar com seu problema do almoço sozinho." Billy, em seguida, ligou para a mãe e exigiu que ela trouxesse seu almoço. Ela lembrou-lhe também, gentil mas firmemente, que ele poderia resolver o problema. Billy ficou de cara feia por um tempo, mesmo depois de um de seus amigos lhe dar metade de um sanduíche.

Depois disso, Billy raramente esquecia seu almoço. Quando isso acontecia, ele conseguia encontrar alguém que compartilhava um pouco de comida com ele. Quando Billy chegou ao segundo ano, ele acrescentou a responsabilidade de fazer o seu próprio almoço, bem como se lembrar de levá-lo.

Muitos adultos não têm muita tolerância para lamentações, caras feias e desapontamentos. A mãe de Billy não achava fácil ouvir seu filho fazer exigências, e era difícil para ela deixá-lo experimentar uma decepção. Ela notou em si mesma um sentimento de culpa porque ele estava com fome, mas lembrou-se de que o esquecimento do almoço era apenas um pequeno erro, um dos muitos que Billy faria em sua vida. Se ela não persistisse com seu plano, o filho não teria aprendido a habilidade de vida de se tornar um pouco mais organizado pela manhã, e não teria experimentado a sensação boa de conseguir resolver um problema sozinho. Do contrário, ele teria aprendido que sempre que as coisas não dessem certo para ele, poderia se lamentar ou reclamar e conseguir alguém para resolver seus problemas. Olhando dessa maneira, a mãe de Billy foi capaz de ficar mais calma.

Decida o que você fará

Esse exemplo de uma consequência natural também pode ser chamado de "decidir o que você vai fazer em vez do que você vai obrigar o seu filho a fazer". Uma vez que consequências naturais e lógicas são tão frequentemente mal utilizadas, vou dar alguns exemplos de uma consequência, porém utilizando outra nomenclatura, que otimizará o seu uso respeitoso.

Uma outra mãe descobriu que era eficaz decidir o que ela faria para ajudar Julie, de 11 anos, a ser responsável por suas próprias roupas. Ela constantemente cobrava que Julie colocasse a roupa suja no cesto. Julie não atendia a essa cobrança, mas reclamava constantemente porque as roupas que ela queria usar não estavam limpas. Sua mãe costumava ceder e lavava a roupa em momentos "especiais" para evitar que Julie sofresse.

Quando a mãe entendeu que estava prejudicando mais que ajudando a filha, ela permitiu que Julie experimentasse uma consequência natural, *decidindo o que ela, a mãe, faria*. Gentilmente, mas com firmeza, disse a Julie que tinha confiança em sua capacidade de ser responsável por suas próprias roupas. Ela explicou que a partir daquele momento ela iria lavar somente as roupas que estavam no cesto e somente nos dias certos de lavar. Ao decidir o que ela mesma faria em vez de obrigar Julie a fazer algo, a mãe permitiu que Julie experimentasse as consequências naturais de não colocar a roupa no cesto antes do dia de lavar roupas.

Julie testou o plano. Poucos dias depois, ela quis usar uma calça que tinha esquecido de colocar no cesto de roupas sujas. Quando Julie reclamou, sua mãe gentilmente disse: "Aposto que você está realmente decepcionada porque sua calça não está limpa." Quando Julie insistiu que a mãe lavasse de última hora, a mãe disse: "Eu não estou disposta a fazer isso. Tenho certeza que você pode descobrir outra solução." Ela então entrou no chuveiro para evitar mais discussão naquele momento de conflito. Julie ficou chateada porque teve de usar outra calça naquele dia, mas demorou muito até que se esquecesse de colocar a roupa no cesto.

Algumas pessoas podem chamar isso de consequência lógica porque a mãe está envolvida. No entanto, você vai perceber que seu envolvimento é “ficar de fora”, a não ser que seja para mostrar empatia e encorajamento, e permitir que sua filha experimente as “consequências naturais” do que acontece quando não coloca as roupas no cesto.

Apesar de as consequências naturais muitas vezes serem uma forma de ajudar as crianças a aprenderem lições de responsabilidade, há momentos em que elas não são práticas:

1. *Quando uma criança está em perigo.* Os adultos não podem permitir que uma criança experimente as consequências naturais de brincar no meio da rua, por exemplo.

   Quando este é o caso, alguém inevitavelmente o usa como razão para bater na criança, usando o argumento: “Eu tenho de bater no meu bebê para ensiná-lo a não correr para a rua.” Pergunto a essa mãe se ela estaria disposta a deixar sua filha pequena brincar sem supervisão perto de uma rua movimentada depois de ela ter batido em sua filha para “ensiná-la” a não brincar na rua, e a resposta é sempre: “Claro que não.” Eu então pergunto quantas vezes ela precisaria bater até que ela sentisse que é seguro deixar sua filha brincar sem supervisão em uma rua movimentada. A maioria dos pais concorda que não deixariam seus filhos pequenos brincarem sem supervisão perto de uma rua movimentada até que tivessem entre 6 e 8 anos de idade, não importa quantas palmadas eles tivessem de dar para “ensiná-los” a não brincar na rua. Isso ilustra o fato de que maturidade, ou capacidade de aprender certas responsabilidades, é a chave, e não dar palmadas ou bater.
2. *Invista tempo em treinamento.* Adultos precisam investir tempo em treinamento enquanto as crianças amadurecem, mas é mais eficaz e menos humilhante usar consequências lógicas em vez de punição como uma maneira de ajudar as crianças a desenvolver responsabilidade. A consequência lógica, neste caso, seria trazer a criança gentil e firmemente para a casa ou para o quintal toda vez que ela vai para a rua (mais uma vez decidir o que

você vai fazer). Algumas pessoas podem chamar isso de *distração*. Supervisão, distração e redirecionamento são três das melhores ferramentas que você pode usar com crianças pequenas. Enquanto isso, você pode investir um tempo em treinamento até que o cérebro da criança amadureça o suficiente para entender causa e efeito. Investir tempo em treinamento envolveria ensinar a criança sobre riscos toda vez que estivessem atravessando a rua juntos. Antes de atravessar uma rua, peça a seu filho para olhar para os dois lados e ver se há algum carro vindo. Pergunte-lhe o que poderia acontecer se ele tentasse atravessar a rua quando um carro estivesse se aproximando. Peça para avisá-lo quando achar que é seguro atravessar a rua. Ele vai aprender muito mais dessa forma que com palmadas, mas ainda não estará pronto para brincar sem supervisão até que cresça mais um pouco.

3. *Quando as consequências naturais interferem nos direitos dos outros.* Os adultos não podem permitir as consequências naturais de, por exemplo, a criança atirar pedras em uma outra pessoa. Essa é uma das razões pelas quais a supervisão é especialmente importante para crianças com menos de 4 anos. A única forma de se evitar situações potencialmente perigosas para crianças nessa idade é supervisionar, de modo que você possa correr e prevenir uma ocorrência perigosa.
4. *Quando os resultados do comportamento das crianças não parecem ser um problema para elas, as consequências naturais são ineficazes.* Por exemplo, não parece ser um problema para algumas crianças não tomar banho, não escovar os dentes, não fazer a lição de casa, ou comer toneladas de guloseimas.

Consequências lógicas

Consequências lógicas são diferentes das consequências naturais porque exigem a intervenção de um adulto – ou de outras crianças em uma reunião de família ou de classe. É importante decidir que tipo de consequência geraria uma *experiência de aprendizagem útil*, que pudesse encorajar as crianças a escolherem a cooperação responsável.

Por exemplo, Linda gostava de bater o lápis na carteira enquanto fazia sua tarefa. Isso incomodava as outras crianças. A professora deu-lhe a opção de parar de bater o lápis ou terminar sua tarefa mais tarde. (Geralmente é uma boa ideia dar às crianças a escolha de parar seu mau comportamento ou experimentar uma consequência lógica.) Claro que existem outras soluções. Muitas vezes, as crianças não se dão conta de que o seu comportamento incomoda os outros. A professora poderia simplesmente pedir para Linda parar de bater o lápis. Ou a professora poderia buscar uma solução com Linda, ou poderiam decidir pedir ajuda durante uma reunião de classe. Se uma consequência se assemelha à punição, ainda que muito pouco, escolha outra ferramenta da Disciplina Positiva.

Dan trouxe um carrinho para a escola. Sua professora o chamou de lado e perguntou se ele gostaria de deixá-lo com ela ou com o diretor até o final da aula. Dan preferiu deixá-lo com a professora. (É uma boa ideia falar sobre uma consequência com as crianças em particular, quando possível, para que elas não se sintam envergonhadas perante os colegas.)

Dar uma escolha às crianças e falar em particular sobre as consequências não são as únicas orientações para a aplicação eficaz das consequências lógicas. Se fosse assim, seria sensato dar a uma criança a escolha de parar o mau comportamento ou apanhar. Os Quatro R das Consequências Lógicas constituem uma fórmula que identifica os critérios para ajudar a garantir que as soluções sejam as consequências lógicas, e não a punição.

Os Quatro R das Consequências Lógicas

1. Relacionada
2. Respeitosa
3. Razoável
4. Revelada com antecedência

Relacionada significa que a consequência deve estar ligada ao comportamento. *Respeitosa* significa que a consequência não deve envolver culpa, vergonha ou dor e deve ser aplicada gentil e firmemente. Também deve ser respeitosa para todos os envolvidos. *Razoável* significa que a consequência não inclui tirar vantagem e que ela é razoável do ponto de vista tanto da criança como do adulto. *Revelada com antecedência* significa apenas que devemos permitir que a criança saiba o que vai acontecer (ou o que você vai fazer) se ela escolher um determinado comportamento. Se um dos Quatro R estiver faltando, já não se pode chamar de uma consequência lógica.

Quando uma criança escreve em uma carteira, é fácil concluir que a consequência *relacionada* seria pedir que a criança limpasse a carteira. Mas o que acontece se algum dos outros Quatro R estiver faltando?

Se um professor não é *respeitoso* e acrescenta humilhação ao pedido, já não é uma consequência lógica. O sr. Martin achou que ele estava usando uma consequência lógica quando disse à Maria, na frente de toda a classe: "Maria, estou surpreso que você tenha feito algo tão idiota. Agora limpe a carteira ou eu vou ter de contar aos seus pais como estou decepcionado com você." Nesse exemplo, o respeito foi eliminado e o professor tirou proveito indevido usando humilhação.

Se um professor não é *razoável* e solicita que o aluno limpe todas as carteiras da sala para garantir que aprenda a lição, já não é uma consequência lógica. A razoabilidade foi eliminada e deu lugar ao poder de causar sofrimento. Isso geralmente decorre da crença equivocada de que as crianças aprendem somente quando sofrem.

Se a consequência não é *revelada com antecedência*, é mais fácil de ser interpretada como punição. Revelar com antecedência, quando possível, acrescenta uma dimensão de respeito e de escolha.

Quando uma criança derrama leite, a consequência *relacionada* é ter de limpar. Não é respeitoso se você diz: "Como pode você ser tão desajeitado? Essa foi a última vez que eu deixo você servir o leite." Um comentário mais *respeitoso* seria: "Ops, o que você precisa fazer agora?" (É incrível como muitas vezes a criança sabe qual seria a consequência lógica [solução] e quão disposta ela está em praticá-la, quando perguntamos respeitosamente.) Se a criança não sabe o que fazer, pode ser porque você não tirou um tempo para treiná-la – assim essa expectativa ou pedido se torna não razoável. Ao lidar com essas situações *respeitosamente* também demonstramos que os erros são ótimas oportunidades para aprender. Não seria *razoável* se assegurar de que as crianças sofram por seus erros, dizendo: "Para ter certeza de que vai aprender, quero que você esfregue todo o chão." O quarto R, *revelar com antecedência*, não se aplica a esse exemplo.

Na verdade, se os adultos eliminam um dos Quatro R das Consequências Lógicas, fazendo com que as consequências não sejam relacionadas, respeitosas, razoáveis e reveladas com antecedência (quando apropriado), as crianças podem experimentar os Quatro R da Punição, abordados no Capítulo 1. Aqui estão eles novamente para que você possa ver como se relacionam com o uso indevido de consequências.

Os Quatro R da Punição

1. Ressentimento – "Isso não é justo. Eu não posso confiar nos adultos."
2. Retaliação – "Eles estão ganhando agora, mas eu vou me vingar depois."
3. Rebeldia – "Eu vou mostrar a eles que eu posso fazer o que eu quero."
4. Recuo em forma de dissimulação – "Eu não vou ser pego da próxima vez." – ou de diminuição da autoestima: "Eu sou uma pessoa ruim."

Pais e professores não gostam de admitir, mas muitas vezes a principal razão pela qual eles gostam de usar a punição é para demonstrar o seu poder de conquistar a criança, ou para "se vingar" fazendo o filho sofrer. O pensamento subconsciente por trás dessa ideia é "eu sou o adulto e você é a criança", "você vai fazer o que eu digo ou então vai sofrer as consequências". Esse conceito foi capturado em uma charge, que mostrava uma mãe assistindo seu marido perseguir o filho com uma vara. Na legenda, a mãe diz: "Espere, dê-lhe outra chance." O pai responde: "Mas ele pode nunca fazê-lo novamente." Obviamente, é mais importante para esse pai (e para muitos adultos) fazer a criança sofrer por seu mau comportamento do que ajudá-la a mudar esse comportamento.

O sofrimento não é um requisito das consequências lógicas. Por exemplo, uma criança pode se divertir ao limpar sua carteira. (Isso é bom, uma vez que a finalidade de uma consequência lógica é interromper o mau comportamento e encontrar uma solução, e não se vingar causando sofrimento.)

Outro nome para as consequências lógicas é redirecionamento.

Redirecionamento

Uma consequência lógica é eficaz quando redireciona a criança a um comportamento útil (colaborativo).

Mark era muito desrespeitoso e bagunceiro na sala de aula por ficar conversando quando o professor tentava dar a aula. O sr. Smith, seu professor, castigou-o, dizendo-lhe que ele tinha que escrever 30 vezes: "Eu vou ter boas maneiras e não serei desrespeitoso enquanto estiver na sala de aula." Mark, claro, não respondeu favoravelmente pensando: "Ah, legal! Eu realmente mereço, e isso vai me ensinar a não falar mais em classe." Em vez disso, ele ficou rebelde e ressentido, e não escreveu as frases. O sr. Smith é um dos muitos adultos que acha que, se a punição não funcionou, é apenas porque não foi suficientemente severa – então o sr. Smith dobrou a punição para sessenta vezes.

Mark ficou ainda mais ressentido e rebelde e se recusou a fazê-lo. Sua mãe salientou que, se ele não o fizesse, a punição provavelmente seria dobrada novamente (sendo justa ou não) e que ele provavelmente seria suspenso. Mark disse: "Eu não me importo. Eu não vou fazer isso." A punição foi dobrada de novo, para 120, e a mãe de Mark foi chamada para uma reunião. Muitos professores também acreditam que, se a punição não está funcionando, é porque os pais não estão apoiando a punição. Neste caso, o professor estava certo. A mãe de Mark não acreditava na eficácia da punição.

Na reunião, ela esclareceu que certamente concordava que Mark tinha sido desrespeitoso e bagunceiro e que isso deveria ser corrigido. Ela pensava que uma consequência lógica poderia ser mais eficaz, e sugeriu: "Já que Mark tornou seu trabalho desagradável, que tal ele ter de fazer algo para compensá-lo, tornando o seu trabalho mais agradável?"

O sr. Smith disse: "O que, por exemplo?"

Ela sugeriu a limpeza dos quadros, esvaziar a lixeira, ou ensinar parte de uma lição.

Mark estava realmente interessado nessa sugestão e acrescentou: "Sim, eu poderia ensinar sobre verbos transitivos e intransitivos."

O sr. Smith disse: "Sim, você realmente compreendeu essa matéria, e muitos dos alunos ainda não." Ele então olhou para a mãe de Mark e disse: "Mas ele iria *gostar* disso."

O sr. Smith não estava disposto a seguir a sugestão de redirecionar o mau comportamento para um comportamento colaborativo porque tinha medo de que essa atitude significasse premiar o mau comportamento e que inspirasse Mark a continuá-lo.

Esse é um excelente exemplo do equívoco de que, para tornar as crianças melhores, primeiro temos que fazê-las se sentir pior. Pode ser que o sr. Smith também represente aqueles que acham que é mais importante para as crianças pagar pelo que fizeram do que aprender com o que fizeram. Vou dizê-lo novamente: o oposto é o verdadeiro. As crianças fazem melhor quando se sentem melhor. Muitos professores, como você verá nos exemplos adiante, descobriram que redirecionar o mau comportamento para um comportamento colaborativo tem funcionado para encorajar as crianças a interromper ou diminuir significativamente o mau comportamento.

Uma outra razão pela qual as consequências lógicas podem ser difíceis de usar é que elas exigem raciocínio, paciência e autocontrole. Significa agir em vez de reagir. Muitos adultos acham mais fácil pedir autocontrole das crianças do que de si mesmos.

Consequências lógicas e objetivos equivocados de comportamento

Outra orientação importante para o uso de consequências lógicas é considerar o objetivo equivocado do comportamento. As consequências lógicas podem ser eficazes no momento de conflito somente se o objetivo for atenção indevida. Quando o objetivo é poder mal dirigido ou vingança, as consequências lógicas podem ser eficazes durante a sessão de resolução de problemas, *após todos acalmarem-se* e *depois de ganhar a cooperação da criança*. Mais uma vez, essa foi uma das orientações ensinadas por Dreikurs (que foi o primeiro a introduzir e popularizar o conceito de consequências lógicas para encorajar uma melhoria no comportamento). Ele disse: "Consequências lógicas não podem ser aplicadas em uma disputa por poder, exceto com extrema cautela, porque geralmente acabam se tornando atos punitivos de retaliação. Por essa razão, consequências naturais são sempre benéficas, mas consequências lógicas podem sair pela culatra."[2]

Por exemplo, suponha que uma criança não está fazendo uma tarefa em sala de aula. O professor poderia dizer à ela: "Você precisa terminar o trabalho antes do intervalo, ou fará a tarefa durante o intervalo." (Observe como é respeitoso ter uma escolha como parte de uma consequência lógica.) Se o objetivo é a atenção indevida, a criança tende a sorrir e começar a fazer a tarefa. Por outro lado, se o objetivo é poder mal dirigido, a criança pode se recusar a fazer a tarefa para provar que "você não pode me obrigar", a menos que você tenha ganho a cooperação da criança, discutindo esse padrão de comportamento com antecedência e lhe perguntando qual alternativa funcionaria para ela. Se o objetivo é a vingança, a criança pode se recusar a fazer a tarefa a fim de ferir os seus sentimentos, até que os sentimentos feridos dela própria tenham sido tratados. Se o objetivo é inadequação assumida, ela precisa de mais tempo de treinamento, e não de uma consequência lógica.

Em outras palavras, uma compreensão do comportamento das crianças e dos resultados em longo prazo é necessário para um uso efetivo das consequências lógicas.

Lembre-se, as consequências lógicas podem não ser completamente apropriadas, não importa qual seja o objetivo equivocado. Talvez o trabalho solicitado não seja significativo. Talvez o professor não tenha envolvido as crianças no planejamento do trabalho e não tenha encontrado maneiras de torná-lo mais relevante para os alunos. Talvez o professor precise envolver os alunos em uma discussão sobre o quê, como e por que o trabalho precisa ser feito. Nada como envolver os alunos na resolução de problemas para obter seu interesse e cooperação. Consequências lógicas são apenas uma ferramenta, e muitas vezes não é a melhor para a situação.

Uma mudança de atitude pode ser necessária

Quando aprendi sobre esses conceitos, eu estava em meio às aulas de psicologia e acreditava que era importante ser aberta, honesta e espontânea. O problema era que minha reação aberta, honesta e espontânea em relação aos meus filhos malcomportados era ameaçar, gritar e bater. Pensei que não seria honesto ou espontâneo agir com gentileza quando na verdade eu sentia a necessidade de ser firme, já que eu estava irritada com o mau comportamento. Felizmente, logo percebi que não era pedir demais que eu controlasse o meu comportamento, uma vez que esperava que meus filhos controlassem o deles. Foi preciso prática, mas os resultados valeram a pena.

Minha primeira experiência com as consequências lógicas falhou porque eu não tinha compreendido a importância de ser gentil e firme ao mesmo tempo e eu não conhecia os Quatro R das Consequências Lógicas. Eu era firme, mas não gentil, e utilizava humilhação.

Avisei aos meus filhos com antecedência que se eles se atrasassem para o jantar, poderiam ficar sem, que teriam que preparar sua comida e limpar sua própria bagunça. Acrescentei que eu não queria assumir a responsabilidade de ir atrás deles ou de cozinhar e limpar duas vezes (decidir o que eu faria e o que não faria). A primeira vez que eles se atrasaram, em vez de ser gentil e firme ao mesmo tempo e reforçar a minha decisão, eu os repreendi por não se lembrarem e acrescentei vários "eu avisei". Eu transformei em punição o que poderia ter sido uma consequência lógica e, em seguida, ainda me perguntava por que não tinha sido eficaz.

Se eu tivesse entendido como lidar com a situação de forma gentil e firme, teria dito: "Eu sinto muito que vocês perderam o jantar. Qual é a nossa regra sobre o que precisa ser feito quando vocês preparam alguma coisa para comer?" (Isso poderia ser dito apenas se tivéssemos acordado previamente as regras sobre a limpeza da bagunça.) Depois acabei me tornando mais bem-sucedida no uso de consequências lógicas porque apreendi todas as orientações, inclusive envolver meus filhos com antecedência.

Envolver as crianças com antecedência

Durante anos eu reclamei com meus filhos sobre a hora de se vestir pela manhã. Depois de aprender os conceitos sobre consequências lógicas e naturais, tivemos uma reunião de família e juntos decidimos que o café da manhã seria servido das 8h às 8h30 da manhã. Qualquer um que não estivesse vestido e pronto para comer nesse horário teria que esperar até o almoço para comer. Como as crianças tinham sido envolvidas na decisão, elas pareciam ansiosas para cooperar nas primeiras semanas. Kenny, de 7 anos, até decidiu deixar as roupas prontas para vestir para que pudesse se arrumar rapidamente pela manhã.

Kenny também foi o primeiro a testar o plano. Em uma manhã, ele se sentou no sofá, vestindo pijamas e de olho no relógio. Às 8h31, ele entrou na cozinha e exigiu seu café da manhã. Eu disse: "Desculpe, Kenny, mas o horário do café da manhã acabou. Tenho certeza que você consegue aguentar até o almoço." Kenny argumentou que ele não ia esperar e subiu na bancada para pegar um pouco de cereal. Tive que me controlar para permanecer gentil, enquanto eu firmemente o tirava da bancada. Ele chorou e teve um grande ataque de birra, por cerca de 45 minutos, parando de tempos em tempos para tentar se aproximar da bancada. A cada vez eu, gentil e firmemente, o tirava de lá. Ele finalmente saiu da cozinha. Eu não tinha nenhuma certeza de que aquilo funcionara e pensei em como teria sido muito mais fácil punir em vez de passar por aquilo durante 45 minutos, mesmo que eu continuasse punindo pela mesma coisa repetidamente.

Ser gentil e firme nas situações de confronto pareceu ser eficaz. Nas duas semanas seguintes, todo mundo estava vestido e pronto pontualmente para o café da manhã. Então, Kenny decidiu testar a regra mais uma vez. Quando ele chegou à mesa vestindo pijama, às 8h31, repeti o que eu tinha dito da última vez: "Eu lamento que você tenha perdido o café da manhã. Tenho certeza que você consegue aguentar até o almoço." Eu estava pensando: "Oh, não. Acho que não consigo passar mais 45 minutos sendo gentil e firme enquanto ele tem outro ataque de birra."

Para minha alegria, tive que tirá-lo da bancada apenas uma vez antes que ele resmungasse e saísse para brincar, dizendo: "Eu não queria mesmo tomar café da manhã."

Essa foi a última vez que tive problema com as crianças para se vestirem antes do café da manhã. Funcionou! Esse exemplo é uma ilustração de dois outros conceitos discutidos anteriormente:

1. Muitas vezes as coisas pioram antes de melhorar conforme as crianças testam o plano. Apesar de difícil, é eficaz manter-se gentil e firme durante esse período de testes.
2. Punição pode trazer resultados mais rapidamente, mas quando utilizadas de maneira correta as consequências lógicas são um dos muitos métodos não punitivos que ajudam as crianças a desenvolver autodisciplina e cooperação.

Mesmo que consequências lógicas tenham funcionado nesse caso, outros métodos poderiam ter sido ainda melhores. Assim que o entusiasmo pelo plano diminuísse, poderíamos ter discutido isso novamente em outra reunião de família. Como explico no Capítulo 9, sobre reuniões de família, isso funcionou muito bem com a diminuição de interesse pelas tarefas diárias. Eu poderia ter sentado com Kenny e feito perguntas que estimulam a curiosidade e descobrir sua percepção sobre o que estava acontecendo, como ele estava se sentindo sobre isso, e que ideias ele tinha para resolver o problema. Eu poderia ter dado um grande abraço nele e dito que eu realmente precisava de sua ajuda para seguir com o nosso plano, a fim de podermos ter uma manhã tranquila.

Consequências lógicas são muitas vezes usadas quando outro método seria mais eficaz. Uma dica é pensar nos efeitos em longo prazo. Se a resolução de problemas ensinaria seu filho de forma mais eficiente que uma consequência lógica, então use esse método. Por outro lado, simplesmente permitir que o seu filho experimente as consequências de suas escolhas pode ensinar valiosas lições de vida. A seguir, um exemplo em que uma consequência lógica ou uma consequência natural teriam sido eficazes, apesar de nenhuma ter sido usada.

Gina perdeu a luva de softbol. A consequência natural teria sido jogar sem a luva. No entanto, sua mãe é tão supermãe que não pode suportar que sua filha aprenda com as experiências de vida. Supermães querem estar no controle de tudo. A mãe de Gina era adepta da técnica de "dar bronca e, em seguida, compensar". Depois de dar uma lição de moral em Gina (algo que Gina tinha ouvido muitas vezes) sobre como ela deveria cuidar de suas coisas e como deveria simplesmente ficar sem a luva, já que era tão irresponsável (dando bronca), sua mãe cedeu e compensou indo até a loja (como de costume, prometendo que nunca mais faria isso de novo) para comprar outra luva. Não permitir que Gina experimentasse a consequência natural não teria sido tão ruim se a mãe de Gina tivesse usado a consequência lógica de fazer Gina conseguir o dinheiro para comprar uma luva nova. Mas a mãe de Gina é como tantas outras. A sua intervenção não está ligada à lógica. Gina foi "bem treinada" e sabe que ela não tem de ser a responsável, mesmo que a mãe dela faça um grande alarde sobre isso.

Muitos pais e professores usam a frase: "Eu já disse cem vezes pra você!" Eles precisam perceber que não são as crianças que são estúpidas. As crianças sabem o que funciona para elas. Adultos precisam aceitar que dizer cem vezes não é eficaz. As crianças nunca vão aprender a serem responsáveis pelo próprio comportamento enquanto os adultos tomarem essa responsabilidade para si, repetindo lembretes ou resolvendo problemas para elas, em vez de resolvê-los *com* elas.

A sra. Silvester havia dito a seus filhos uma centena de vezes para guardarem seus brinquedos. Depois de aprender esses conceitos, ela gentilmente deixou que seus filhos soubessem que, a partir de então, se eles não guardassem seus brinquedos, ela o faria – novamente, decidindo o que ela faria. Ela acrescentou que se ela os recolhesse, no entanto, não deixaria as crianças brincar com eles até que demonstrassem que cuidariam de seus brinquedos, guardando-os no lugar certo.

Tenha em mente que muitas vezes o problema de os brinquedos serem deixados fora do lugar só é um problema porque os pais compram brinquedos demais. Nesse caso, as crianças não se importam se você recolhê-los e descartá-los permanentemente. Esses pais devem assumir o problema e fazer algo a respeito (parar de comprar muitos brinquedos), em vez de esperar a cooperação de seus filhos.

A sra. Silvester descobriu quais os brinquedos que seus filhos realmente gostavam e quais eram um resultado de seu problema de comprar brinquedos demais. Quando os brinquedos foram deixados fora de lugar, ela disse apenas uma vez: "Você quer pegar seus brinquedos ou quer que eu pegue?" Os filhos pegaram aqueles que mais gostavam. Os que ela pegou passaram a ficar na prateleira de cima e foram esquecidos.

Quando todos os brinquedos que as crianças não queriam foram colocados na prateleira de cima, a sra. Silvester disse que não iria mais avisá-los, e sim que iria simplesmente pegar todos os brinquedos que estivessem espalhados. Ela não teve que recolher muitos brinquedos porque as crianças corriam para pegar antes dela. Quando as crianças pediam pelos brinquedos que foram retirados por ela, a sra. Silvester os devolvia apenas depois de terem recolhido os outros brinquedos por uma semana.

Esse exemplo ilustra uma outra diretriz que é útil para a compreensão de consequências lógicas. As crianças precisam aprender que há uma responsabilidade que acompanha os privilégios. Com esse entendimento, a fórmula é bastante simples.

Privilégio = Responsabilidade
Falta de responsabilidade = Perda de privilégio

Ter brinquedos é um privilégio. A responsabilidade que acompanha esse privilégio é cuidar dos brinquedos. A consequência lógica óbvia de não aceitar a responsabilidade de cuidar dos brinquedos é perder o privilégio de ter os brinquedos. A sra. Silvester também demonstrou a eficácia de decidir o que ela faria, deixando as crianças saberem de forma respeitosa e, em seguida, reforçando-o ao cumprir com o que ela disse que iria fazer.

A sra. Silvester adicionou uma continuação a essa história. Os únicos brinquedos que ela compra agora são os que seus filhos querem tanto que economizam sua mesada até que possam pagar pelo menos a metade do valor. Ela já não tem um problema sério. As crianças parecem se preocupar mais com as coisas nas quais precisaram investir.

Mesmo quando pais e professores se convencem do valor das consequências naturais e lógicas, elas ainda podem ser métodos muito difíceis de usar. Em momentos racionais, os adultos sabem que seu objetivo básico é inspirar as crianças a serem pessoas responsáveis e felizes. No entanto, é muito fácil reagir e entrar em lutas de poder, cedendo à tentação de se impor às crianças, em vez de conquistá-las. Pais e professores não gostam de admitir que a punição pode fazê-los se sentir bem, uma vez que lhes dá aquela sensação de poder que sentem estar sendo tirada quando as crianças se comportam mal. Além disso, eles acreditam que é seu trabalho fazer que as crianças se comportem corretamente. Esquecem-se de que a força não é um fator de motivação eficaz no sentido de desenvolver habilidades de vida para um bom caráter. Eles também se esquecem que o principal objetivo da disciplina é motivar as crianças a fazer melhor.

Isso leva a uma outra diretriz a ser lembrada. Eu já me referi a ela muitas vezes neste capítulo e ao longo do livro: *consequências lógicas não são a melhor maneira de lidar com a maioria dos problemas*. Muitos pais e professores ficam tão animados com as consequências lógicas que tentam encontrar uma consequência para cada mau comportamento. Eu não sei quantas vezes ouvi as pessoas perguntarem: "Qual seria uma consequência lógica para esta situação?" Eu digo a eles: "Se uma consequência lógica (relacionada) não é óbvia, então provavelmente não é apropriado usar uma consequência lógica nessa situação." Existem outros métodos que podem ser mais eficazes, tais como: realizar uma reunião de família, focar em soluções em vez de consequências, criar rotinas, oferecer escolhas limitadas, pedir ajuda, lidar com a crença por trás do comportamento, decidir o que você vai fazer em vez de o que você vai obrigar o seu filho a fazer, resolver conflitos com dignidade e respeito, abraçar, ajudar as crianças a explorar as consequências de suas escolhas em vez de impor consequências, além de muitos outros conceitos discutidos ao longo do livro.

Revisão

Ferramentas da Disciplina Positiva

1. Reflita. As "consequências lógicas" são na verdade punições mal disfarçadas?
2. Esteja atento ao que funciona. Considere os efeitos em longo prazo de seus métodos de disciplina.
3. Evite tirar proveito. Expresse empatia e compreensão em relação ao que a criança está vivenciando.
4. Não imponha consequências naturais, mas permita que as crianças experimentem as consequências naturais de suas escolhas, sem adicionar culpa, vergonha ou dor, e sem "resgatar" as crianças.
5. Decida o que você vai fazer em vez do que você vai obrigar o seu filho a fazer.
6. Ofereça escolhas sempre que possível.
7. Considere os Quatro R das Consequências Lógicas.
8. Considere os Quatro R da Punição para entender os resultados em longo prazo de seus métodos de disciplina.
9. Lembre-se de que é uma ideia absurda pensar que você tem de fazer as crianças se sentirem pior para que possam agir melhor.
10. Crianças fazem melhor quando se sentem melhor.
11. Redirecione mau comportamento para comportamento colaborativo.
12. Se você espera que as crianças controlem o comportamento delas, seja o modelo de autocontrole.
13. Consequências lógicas são inadequadas para a maioria dos objetivos equivocados.
14. Use acompanhamento gentil e firme.
15. Ajude as crianças a explorarem as consequências de suas escolhas por meio de perguntas que estimulem a curiosidade.
16. As consequências lógicas não são a melhor maneira de lidar com a maioria dos problemas.
17. Use a fórmula: Privilégio = Responsabilidade. Falta de responsabilidade = Perda de privilégio.

18. Concentre-se em soluções para melhoria da atmosfera familiar e da sala de aula.

Questões

1. Como pais e professores, por vezes, tentam disfarçar a punição?
2. O que muitas crianças pensam enquanto estão sendo punidas?
3. Quais são os resultados imediatos da punição?
4. Quais são os resultados em longo prazo da punição?
5. Por que às vezes devemos tomar cuidado com o que funciona?
6. Se os adultos insistem em vencer, em qual posição isso deixa as crianças?
7. Qual é a definição de uma consequência natural? Dê alguns exemplos.
8. Qual é o papel dos adultos nas consequências naturais?
9. Qual é a definição de uma consequência lógica?
10. Quais são os Quatro R das Consequências Lógicas?
11. Como uma consequência lógica pode se tornar uma punição se um dos Quatro R estiver faltando? Dê um exemplo.
12. Quando as crianças não experimentam os Quatro R das Consequências Lógicas, quais são os outros Três R que elas podem experimentar?
13. Qual é a crença equivocada dos adultos quando eles usam seu poder para garantir o sofrimento?
14. Por que é importante ser gentil e firme ao mesmo tempo?
15. Por que é difícil ser gentil e firme ao mesmo tempo?
16. Por que fazer nada é, às vezes, a coisa mais eficaz que você pode fazer?
17. Por que as consequências lógicas não são a melhor solução para todos os problemas de mau comportamento?
18. Para qual objetivo equivocado as consequências lógicas geralmente são eficazes, mesmo durante o período de conflito?
19. Quando o objetivo equivocado é poder ou vingança, quais são as duas coisas que devem ocorrer antes que consequências lógicas possam ser utilizadas durante uma sessão de resolução de problemas?

20. Para qual objetivo equivocado não se deveria usar consequências naturais e lógicas?
21. Como você ajuda as crianças a explorar as consequências de suas escolhas em vez de impor consequências a elas?
22. Na maioria dos casos, em que você poderia se concentrar em vez de usar consequências?

Capítulo Seis

Focando em soluções

Mudar o foco para soluções exige pequenos ajustes em atitudes e habilidades, mas a diferença é enorme. Mesmo pequenas mudanças podem ser difíceis quando você está acostumado a pensar de um certo modo, mas assim que a mudança é feita, você se pergunta: "Por que eu não pensei nisso antes?" Parece muito simples.

O foco da disciplina tradicional é ensinar às crianças o que *não* fazer ou o que fazer porque alguém disse que é assim que deve ser feito. O foco da Disciplina Positiva é em ensinar às crianças o que fazer convidando-as a refletir sobre a situação e a usar algumas orientações básicas, tais como respeito e disposição para achar soluções. Elas são participantes ativas no processo, e não receptores passivos (e frequentemente resistentes). As crianças começam a fazer melhores escolhas de comportamento porque isso passa a fazer sentido para elas e porque faz bem ser tratado com respeito e tratar os outros com respeito.

Quando focamos nas soluções, as crianças aprendem a se relacionar com os outros e passam a carregar ferramentas para os próximos desafios. Não, elas não vão fazer tudo certo já na próxima vez (adultos também nem sempre aprendem na primeira vez), mas sim, elas irão aprender. O desafio dos adultos é abrir mão da ideia maluca de que aprende-se melhor quando se sofre antes. Eu sempre volto para essa ideia porque ela está tão arraigada na nossa cultura que precisamos fazer as crianças sofrerem para ensiná-las a diferenciar o certo do errado.

Focar em soluções cria uma atmosfera familiar e de sala de aula muito diferente daquela que focava em punição e mesmo em consequências lógicas. Seu pensamento e comportamento irão mudar, assim como o dos seus filhos ou alunos. Muitos pais e professores relataram consideráveis reduções em lutas de poder quando passaram a focar em soluções.

O tema do foco em soluções é: *Qual é o problema e qual é a solução?* Crianças são excelentes solucionadoras de problemas e podem apresentar muitas ideias criativas para soluções úteis, desde que os adultos invistam tempo em treinamento e criem oportunidades para elas usarem essas habilidades.

Os três R e um U para focar em soluções são muito similares aos Quatro R das Consequências Lógicas apresentados no Capítulo 5. Na verdade, os três primeiros são idênticos. Apenas o U é diferente. No entanto, o foco é muito diferente porque a ênfase está em ajudar as pessoas a aprenderem a resolver o problema em vez de ter de *pagar* (por meio da punição) pelo problema.

Os Três R e um U para Focar em Soluções

1. Relacionadas
2. Respeitosas
3. Razoáveis
4. Úteis

A seguir, um trecho do livro *Positive Discipline in the Classroom*[1] que ilustra a surpreendente diferença nas sugestões pensadas quando os alunos primeiramente focam nas consequências lógicas e depois nas soluções.

Durante uma reunião de classe, foi pedido que os alunos do quinto ano listassem consequências lógicas para dois alunos que não ouviram o sinal do intervalo e se atrasaram para a aula. Eis a lista:

1. *Fazê-los escrever seus nomes no quadro.*
2. *Fazê-los ficar na escola depois da aula o mesmo tempo que se atrasaram.*
3. *Descontar no intervalo do dia seguinte os mesmos minutos que se atrasaram.*
4. *Perderem o intervalo inteiro no dia seguinte.*
5. *Gritar com eles.*

Em seguida, foi pedido aos alunos que esquecessem as consequências e listassem soluções que ajudassem os alunos que se atrasam a retornarem para a sala no horário. Eis a lista:

1. *Todo mundo gritar junto: "Sinal!"*
2. *Os alunos poderiam brincar mais perto do sinal.*
3. *Os alunos poderiam observar os outros para ver quando estão retornando às salas.*
4. *Aumentar o volume do sinal.*
5. *Os alunos poderiam escolher um colega para lembrá-los de que está na hora de retornar.*
6. *Alguém poderia dar um tapinha no ombro do aluno quando o sinal tocasse.*

A diferença entre essas duas listas é enorme. A primeira soa como punição; o foco está no passado e em fazer as crianças pagarem por seus erros. A segunda lista soa como soluções que focam em ajudar os alunos a fazer melhor no futuro. O foco está em olhar para os problemas como oportunidades de aprendizagem. Em outras palavras, a primeira lista foi feita para magoar e a segunda para ajudar.

Jody McVittie, membro da Positive Discipline Association em Everett, Washington, nos contou a seguinte história sobre uma reunião de classe na qual os alunos substituíram, com quase nenhuma preparação, as soluções "que magoam" por soluções "que ajudam".

Como observadora, fui a uma reunião de classe e cheguei depois que eles haviam feito os reconhecimentos e começavam a solução de problemas. O problema em discussão era o caso de um aluno não identificado que tinha pego o lápis do Alex sem pedir. O representante de classe passava para todo o grupo um objeto que funcionava como um "microfone", a fim de que todos pudessem contribuir com ideias para resolver o problema. As primeiras sugestões foram consequências: "Ela deve perder o intervalo", ou "A professora deve mudá-la de lugar".

Logo ficou claro para mim que todos sabiam quem era a infratora, mesmo sem ela ter sido nomeada. Ficou claro também que essa aluna era "reincidente" e que alguns alunos estavam "cansados" de lidar com ela. Ela foi se encolhendo na cadeira.

Perguntei à turma se eles poderiam considerar outra abordagem para o problema, abordagem que eu ofereceria como consultora. Eles ficaram ansiosos para ouvir as ideias. Não acredito que alguém gostasse do processo de fazer o outro se sentir mal. Demonstrei a eles que, mesmo não usando nomes, todos sabiam, in-

clusive eu, de quem estavam falando. Eles concordaram. Perguntei se eles achavam que a Johanna estava se sentindo melhor ou pior depois das sugestões deles. A turma reconheceu que Johanna provavelmente estava se sentindo pior. Lembrei a turma de que eles haviam concordado, nas reuniões de classe, em trabalhar para ajudar e não para magoar, e sugeri que em vez de focar nas consequências, focassem nas soluções. Soluções são um modo de resolver o problema de uma forma útil e, ao fazer sugestões, todos aprendem ideias sobre como prevenir problemas similares. Perguntei à Johanna e à turma se eles gostariam de tentar isso. Eles concordaram e começaram com as sugestões.

Dessa vez, as sugestões incluíam: "Ela poderia pedir o lápis emprestado", "Nós poderíamos criar um estoque de lápis para emprestar na sala", "Ela poderia trocar algo com o Alex enquanto usasse o lápis dele e depois trocariam de volta para que o Alex não se preocupasse em ter seu lápis de volta". Era incrível observar Johanna "crescer" de novo na sua cadeira. Depois que o pequeno pinguim que servia como "microfone" passou por todos e todos tiveram a oportunidade de contribuir, eu sugeri que o representante de classe perguntasse à Johanna e ao Alex quais eram as sugestões com as quais os dois concordavam. O escriba leu a lista de soluções e Alex e Johanna concordaram que pedir pelo lápis funcionaria bem para os dois e que, depois de uma semana, eles contariam para a turma se a solução funcionara.

A solução parecia óbvia, respeitosa e encorajadora. A questão parecia resolvida. O que foi marcante para mim foi observar a Johanna encolher e crescer. Depois, pensei comigo mesma: "O que a turma aprendeu com isso?" Minha sensação era de que essa "reincidente" se sentiu apoiada e bem-vinda no grupo, talvez pela primeira vez. Ela parecia fortalecida pela simples sugestão de pedir antes de pegar emprestado.

Ela teria dificuldades novamente? Provavelmente. Mas agora ela e a turma tinham ferramentas para solucionar os problemas com a mensagem "você é uma de nós", em vez de "você não é uma de nós e precisa ser excluída".

Quando crianças e adultos começam a listar soluções para um problema, você verá que muitas sugestões são punitivas. Às vezes é útil interromper o processo e sugerir que eles foquem em soluções. Outra opção é esperar até que terminem o levantamento de ideias e voltar a listar sugestões pedindo a cada membro do grupo familiar ou da classe que eliminem todas as sugestões que não se enquadram nos Três R e um U para focar em soluções. Às vezes professores e pais também pedem às crianças para eliminar qualquer coisa que seja ofensiva ou impraticável. Por exemplo, uma viagem ao Havaí pode ser útil, mas não é prática. Depois que as sugestões ofensivas e impraticáveis forem eliminadas, as pessoas com os problemas podem escolher a solução que acham mais útil. O sentimento de respeito e responsabilidade é ampliado em grande medida quando as pessoas podem escolher uma solução em vez de ter alguém dizendo a elas o que devem escolher – ou em vez de pedir que a turma vote na solução que o aluno deve experimentar.

Já foi dito muitas vezes que, quando dada a oportunidade, as crianças são melhores que os adultos em resolução de problemas. O caso a seguir é um exemplo.

Em outra escola primária, havia alguns problemas no parquinho usado pelos alunos do primeiro e do segundo ano. As crianças estavam trapaceando e sendo agressivas durante um jogo. Os professores não tiveram nenhuma ideia brilhante de como resolver o problema e os supervisores do parquinho estavam ficando cada vez mais frustrados em relação a como "responsabilizar as crianças". Parecia uma tarefa impossível.

Durante uma reunião de classe, na qual o problema foi discutido, um grupo de alunos do segundo ano ofereceu ideias incomuns. Um dos motivos pelos quais havia trapaça e comportamento agressivo era porque ganhar o jogo era algo muito importante. Quanto mais se ganhava, mais tempo você continuava jogando. Isso levava os alunos a querer ganhar e, quando se perdia, levava um tempão para jogar de novo.

Katie tinha uma ótima solução para o problema: em vez de permitir que o vencedor continuasse, ela sugeriu que ambos os jogadores, vencedor e perdedor, fossem para o fim da fila. Dessa forma, incentivava-se menos o ganhar (ou o trapacear) e mais crianças poderiam brincar durante o intervalo. Os alunos concordaram e propuseram a regra aos colegas das outras salas. Todos concordaram em experimentar essa solução por algumas semanas. Os professores estavam céticos: pensavam que as crianças iriam achar um jeito de fugir dessa regra e que qualquer sucesso duraria pouco.

Eles ficaram surpresos. As crianças gostaram da nova regra. Na verdade, elas se sentiram fortalecidas pelo fato de essa ideia, que funcionava, ter partido de uma delas. A atmosfera do parquinho mudou drasticamente e os alunos se sentiam fortalecidos pelo seu sucesso na resolução do problema. Nas reuniões de classe seguintes, muitas outras turmas buscaram soluções criativas para outros problemas, tais como jogar com a mesma criança o tempo todo quando tivessem em número ímpar no jogo e a formação de "clubes" exclusivos para o ano todo. Além disso, os professores se convenceram do valor das reuniões de classe não apenas para resolver problemas, mas também para ensinar valiosas habilidades de vida.

Quando as crianças decidem (porque você pergunta como podem resolver o problema) pegar uma esponja e toalha para limpar o leite derramado, isso é RRR e U (relacionadas, respeitosas, razoáveis e úteis). Você está ensinando uma habilidade de vida e dando uma oportunidade para elas desenvolverem a percepção de que são capazes.

Quando seu filho adolescente chega em casa após o horário combinado, depois que vocês dois se acalmaram (geralmente no dia seguinte), e você o convida a buscar soluções que sejam respeitosas para todos os envolvidos, isso é RRR e U, você está ensinando responsabilidade e habilidade de resolução de problemas e ainda deixando claro o respeito por suas necessidades.

Quando seu filho ou filha quebra o vidro da janela com uma bola, e juntos vocês decidem que devem consertá-lo (com materiais adquiridos com a mesada dele), você foi RRR e U. Assim que você sair do modo "culpa" e olhar o erro como uma oportunidade para aprender, vocês dois terão praticado habilidades de resolução de problemas e respeito e terão tido um tempo de qualidade juntos.

Uma habilidade de vida valiosa que é inerente ao processo de focar em soluções é ensinar o valor de tirar um tempo para se acalmar. É importante compreender e ensinar às crianças que, na maioria dos casos, um tempo para se acalmar é necessário antes de se buscar uma solução. Uma vez que é difícil focar em soluções quando estamos tristes e usando nossos cérebros primitivos, para o qual as únicas opções são lutar ou fugir, é útil esperar até que tenhamos nos acalmado e possamos acessar nosso cérebro racional. "Dar um tempo positivo" pode ajudar.

"Dar um tempo positivo"

Como você se sentiria, o que pensaria e o que faria se seu cônjuge ou colega lhe encostasse na parede e dissesse: "Eu não gostei do que você fez. Saia daqui e vá pensar nisso."? Você se sentiria agradecido pela ajuda, ou indignado? Você pensaria: "Puxa, isso é tão útil e encorajador!" ou pensaria: "Isso é um insulto. Quem você pensa que é?" Você decidiria trazer todos os seus problemas para essa pessoa porque ele(a) é tão útil, ou você decidiria desistir emocionalmente ou achar outro parceiro?

Como esse tipo de tratamento não é respeitoso ou eficaz com adultos, por que estes pensam que seria eficaz com crianças? Adultos fazem muitas coisas que não são eficientes porque não pensam o suficiente a respeito. Eles não pensam nos resultados em longo prazo. Eles não pensam em como a criança está se sentindo, o que a criança está pensando e o que a criança está decidindo sobre si mesma, sobre os outros e o que fazer no futuro. Eles não pensam no que dizem.

Eu pergunto a pais e professores por que não faz sentido dizer: "E você pense no que fez!". Não faz sentido porque a premissa é que os adultos podem controlar o que a criança pensa. Eles não podem. É improvável que as crianças que são intimadas a "pensar" no que fizeram realmente o façam. É mais provável que pensem no que você fez e no quão desrespeitoso e injusto você é. Muitas crianças podem estar cheias de raiva e mágoa e pensar em como podem se vingar ou como não serem pegas da próxima vez. O mais triste de tudo são as crianças que estão pensando que são "más pessoas" ou que "não são boas o suficiente".

"Dar um tempo positivo" é muito diferente. Tem o objetivo de ajudar as crianças a se sentirem melhor (para que possam acessar seus cérebros racionais), e não de fazê-las se sentirem pior (como um falso motivador) ou de fazê-las "pagar" pelo que fizeram. Não é eficaz focar em soluções até que todos tenham se acalmado o suficiente para acessar seus cérebros racionais. Existem quatro orientações a se seguir quando envolvemos as crianças na criação de um espaço para "dar um tempo positivo":

1. *Dedicar um tempo ao treinamento.* Antes de usar o "dar um tempo positivo", converse sobre como isso pode ser útil. Ensine às crianças o valor de se acalmar e a importância de esperar que todos se sintam melhor antes de tentar resolver conflitos.

   Um ótimo jeito de ensinar às crianças sobre "dar um tempo positivo" e momentos para se recompor é usá-los você mesmo. Os pais podem manter uma cópia de seu livro de humor favorito na gaveta do banheiro e recorrer a ele por alguns minutos, a fim de se recompor. Em uma sala de aula, a área para se recompor é um canto decorado como uma ilha tropical. As crianças podem ir até o "Havaí" por alguns minutos até se recomporem.

A professora normalmente não se levanta e vai até o canto, mas ela tem uma palmeira inflável na gaveta e, quando precisa de um intervalo, ela "vai para o Havaí" colocando a palmeira sobre a mesa. Os alunos sabem que a professora está no "Havaí" e que eles não podem incomodá-la por alguns instantes, até que ela se recomponha e se acalme novamente.

2. *Permita que as crianças criem sua própria área para dar um tempo positivo – uma área que as ajude a se sentir melhor para que possam agir melhor.* É importante que as crianças criem (ou pelo menos ajudem a criar) sua própria área para dar um tempo positivo. Se elas não têm idade suficiente para ajudar a planejá-la, então não têm idade suficiente para usá-la. Explique que o propósito do dar um tempo positivo não é punir ou causar sofrimento. Peça sugestões de coisas que as crianças podem fazer para se sentirem melhor enquanto estiverem nesse local, como: ler, brincar, descansar ou ouvir música.

   A ideia de as crianças terem permissão para fazer algo agradável enquanto dão um tempo positivo é questionável para muitos pais e professores. Eles acreditam que permitir que a criança brinque, leia, descanse ou ouça música seria recompensá-la pelo mau comportamento. Esses adultos estão presos à crença de que as crianças farão melhor se forem punidas (se sentirem mal) e não entenderam o fato de que as crianças agem melhor quando se sentem melhor.

   Uma vez que o "dar um tempo" tem uma reputação de punição, é uma boa ideia deixar as crianças ou alunos renomearem o processo. Uma professora de Educação Infantil compartilhou que ela e seus alunos criaram um lugar chamado Espaço. Eles colocaram um tecido escuro em um canto da parede e penduraram planetas no teto. Esse canto tinha dois pufes, porque às vezes eles convidavam um colega para dar um tempo positivo juntos (colega de Espaço), alguns livros, animais de pelúcia e fones de ouvido para poderem ouvir música. Outra professora de Educação Infantil criou uma vovó de pano bem fofa (recheada de panos macios) para dar um tempo positivo. Ela perguntava às crianças: "Te ajudaria ir sentar no colo da vovó por uns minutinhos?"

Observe as palavras "Te ajudaria...". É muito respeitoso dar duas escolhas à criança: "O que te ajudaria mais agora: ir para o cantinho do dar um tempo ou colocar esse problema na pauta da próxima reunião de família/classe?"

3. *Desenvolva um plano com os filhos (ou alunos) com antecedência.* Explique que vocês dois poderiam achar útil dar um tempo até que se sintam melhor antes de resolver algum problema. Pais e professores frequentemente admitem que eles são os únicos que precisam "dar um tempo" – mesmo que isso signifique respirar profundamente. Permita que as crianças saibam que elas podem escolher o local para dar um tempo positivo se acharem isso útil.

   Quando uma criança se comporta mal, alguns pais dizem: "Te ajudaria ir para o seu 'lugar feliz'?" Se a criança estiver muito irritada e disser não, os pais podem dizer: "Você gostaria que eu fosse com você?" E por que não? Você provavelmente precisa dar um tempo tanto quanto seu filho. Caso contrário, lembre-se de que o propósito é ajudar a criança a se sentir melhor para que ela seja capaz de *fazer* melhor. Se a criança ainda disser não, você pode dizer: "Tá bom. Acho que eu vou, então", a fim de modelar para seu filho que dar um tempo não é algo ruim.

4. *Finalmente, ensine às crianças que quando elas se sentem melhor, elas podem trabalhar em uma solução ou fazer reparos, caso ainda haja um problema.* Adultos que se ofendem com a ideia de permitir que as crianças façam algo agradável enquanto estão dando um tempo geralmente nem sequer ouvem a última orientação.

   Algumas escolas que usam Disciplina Positiva têm um banco no parquinho para o momento de dar um tempo positivo. Os alunos aprendem que podem usá-lo sempre que precisarem se acalmar (ou se sentir melhor) até que estejam prontos para serem respeitosos com os outros ou com os brinquedos do parquinho. É importante que a professora ou o supervisor do parquinho tenham uma atitude de respeito, bondade e firmeza quando perguntarem ao aluno: "Você acha que pode te ajudar sentar naquele banco para dar um tempo até que você se sinta melhor? Ou seria mais útil para você pensar em uma solução agora ou colocar esse problema na pauta da reunião de classe?"

Nem sempre é necessário prosseguir com a questão buscando uma solução. Às vezes, apenas dar um tempo positivo já é suficiente para interromper o problema de comportamento. Apenas se sentir melhor já é suficiente para redirecionar a criança para um comportamento socialmente mais aceitável. Quando parecer adequado buscar uma solução depois de ter dado um tempo, poderá ser útil usar perguntas que estimulem a curiosidade (discutidas nas pp. 15 e 117) a fim de ajudar as crianças a explorarem as consequências das suas escolhas e a usarem o que aprenderam para resolver o problema. Às vezes, a criança pode querer mais ajuda para achar a solução, de modo que é útil colocar o problema na pauta da reunião de família ou de classe.

Martha, uma aluna da minha turma de desenvolvimento infantil, compartilhou que havia mandado o filho para o quarto por causa do mau comportamento. Quando ele saiu do quarto depois de alguns minutos, ela o mandou de volta para lá. Questionada se seu filho ainda estava se comportando mal quando ele saiu do quarto, ela admitiu que não. Ela sorriu quando percebeu que não teria sido necessário mandar ele de volta ao quarto se ela tivesse em mente o objetivo de ajudá-lo a mudar seu comportamento, mais do que o de fazê-lo sofrer. Nós então discutimos que teria sido mais eficaz se ele tivesse escolhido ir para seu "lugar especial", um lugar que ele ajudou a criar, até que se sentisse melhor.

Muitos pais e professores não aprenderam alternativas eficazes à punição. Ajuda quando eles entendem que o período para se acalmar não é "deixar a criança se safar" e não é "permissividade". Métodos positivos gentis e firmes apenas fazem sentido quando os adultos compreendem o comportamento humano e os efeitos em longo prazo dos métodos disciplinares. Também ajuda quando pais e professores sabem que um acompanhamento pode ser necessário depois de concederem um tempo positivo. Uma das melhores formas de acompanhar e focar em soluções é ajudar as crianças a explorar as consequências das suas escolhas por meio de perguntas que estimulem a curiosidade.

Perguntas que estimulam a curiosidade

Ajudar as crianças a *explorar* as consequências de suas escolhas é muito diferente de *impor* consequências a elas. Explorar convida as crianças a participar, pensar por si mesmas e deduzir coisas sozinhas, além de decidir o que é importante para elas e o que elas querem. O resultado final é focar em soluções para o problema, em vez de consequências. Em geral, impor consequências leva a revolta e pensamento defensivo, em vez de pensamento exploratório. A chave para ajudar as crianças a explorar é parar de falar e começar a fazer perguntas que estimulem a curiosidade.

Com muita frequência, os adultos *dizem* às crianças o que aconteceu ou o que está errado, o que levou a isso, como a criança deve se sentir sobre isso, o que a criança deve aprender com isso e o que a criança deve fazer a respeito. É muito mais respeitoso, encorajador e estimulador para o desenvolvimento de habilidades se nós perguntarmos o que aconteceu ou o que está errado, por que ela acha que aquilo aconteceu, como ela se sente sobre isso, o que ela aprendeu com isso, que ideias ela tem para resolver o problema, ou como ela pode usar no futuro aquilo que aprendeu. Esse é o verdadeiro sentido de *educação,* do latim *educare*, que significa "trazer à tona". Muito frequentemente, os adultos tentam "empurrar goela abaixo" em vez de trazer à tona, e depois ficam se perguntando por que as crianças não aprendem.

Perguntas típicas que estimulam a curiosidade

O que você estava tentando fazer?
Como você se sente sobre o que aconteceu?
Por que você acha que isso aconteceu?
O que você aprendeu com isso?
Como você pode usar no futuro o que aprendeu?
Quais são suas ideias para solucionar o problema agora?

Eu chamo essas questões de perguntas típicas que estimulam a curiosidade porque é importante não ter um roteiro. O objetivo é entrar no mundo da criança. Você irá notar que "Por quê?" não é uma das perguntas sugeridas. A razão é que "por que" geralmente soa acusatório e incita a atitude defensiva. Na verdade, todas as perguntas podem ser feitas em tom acusatório. "Por que" funciona quando as crianças sentem que você está realmente interessado no ponto de vista delas. As orientações a seguir o ajudarão a usar as perguntas que estimulam a curiosidade:

1. Não tenham uma pauta pré-definida. Você não vai entrar no mundo da criança se tiver uma pauta de como a criança deveria responder essas perguntas. É por isso que se chamam "perguntas que estimulam a *curiosidade*".
2. Não faça perguntas se um de vocês estiver irritado. Espere até que ambos estejam se sentindo calmos.
3. Faça perguntas que estimulem a curiosidade com sinceridade. Use sua sabedoria para guiá-lo no sentido de entrar no mundo da criança e mostrar empatia e aceitação.

Um dos meus exemplos favoritos é de quando minha filha me contou da intenção de ficar bêbada em uma festa. Eu engoli em seco e disse: "Me fale mais. Por que você está querendo fazer isso?" Ela disse: "Um monte de amigos meus faz isso e parece que eles estão se divertindo." Eu reprimi a tentação de dar um sermão e perguntei: "O que seus amigos dizem de você agora, já que você não bebe?" Ela pensou sobre isso e falou: "Eles sempre me falam o quanto me admiram e o quanto sentem orgulho de mim." Eu continuei: "O que você acha que eles irão pensar ou dizer depois que você ficar bêbada?" Novamente, eu percebi que ela pensou antes de dizer: "Acho que eles vão ficar desapontados." Eu continuei: "Como você acha que vai se sentir sobre si mesma?" Posso dizer que essa pergunta fez ela pensar um pouco mais. Ela parou e disse: "Eu acho que me sentiria uma fracassada." Isso foi seguido de: "Acho que não vou fazer isso."

Se eu não soubesse sobre as perguntas que estimulam curiosidade e a importância de ajudá-la a explorar as consequências de suas escolhas, eu estaria tentada a impor consequências punitivas, como colocá-la de castigo. A probabilidade maior é que isso teria feito ela se esquivar, em vez de confiar que poderia discutir aquele assunto comigo. A maior perda teria sido ela não ter a oportunidade de explorar por si mesma as consequências de suas escolhas e o que ela realmente queria em sua vida.

Revisão

Em resumo, focar em soluções ensina às crianças:

O que fazer para aprender com seus erros. Como nós podemos resolver isso? O que é necessário? Algumas coisas não podem ser completamente resolvidas, mas algo melhor pode ser feito.

Como as crianças podem desenvolver seus pontos fortes. Quando as soluções vêm das crianças ou são levantadas junto com elas, de modo que podem escolher o que será mais útil, elas se sentem encorajadas a usar seu poder pessoal de maneiras construtivas e colaborativas.

Como erros são oportunidades para aprender. Crianças aprendem que erros não são horríveis se você não se martirizar com eles e se você olhar os erros como formas de aprender.

Como desenvolver habilidades de resolução de problemas. Você pode imaginar como o mundo seria se todo mundo tivesse essas habilidades?

Como parar, se acalmar e resolver um problema em vez de reagir. Uma grande habilidade de vida!

Como ser criativo diante de um problema inesperado, em vez de se sentir mal e desistir.

Como desenvolver respostas apropriadas (e socialmente úteis). As crianças aprendem o que fazer em vez do que não fazer. As consequências lógicas mais eficazes são também soluções. (Elas são úteis.)

Pais e professores que estão começando a usar os métodos da Disciplina Positiva devem focar em apenas uma coisa de cada vez e lembrar de ter a coragem de ser imperfeito. Para terminar a guerra disciplinar (a paz no mundo pode começar com a paz nos lares e nas escolas), é fundamental fugir de lutas de poder e criar uma atmosfera na qual efeitos em longo prazo tanto para crianças quanto para adultos são respeito mútuo, responsabilidade, um senso de capacidade, desenvoltura e habilidades de resolução de problemas. É importante ver os erros como oportunidades para aprender. Focar em soluções é uma das melhores formas de atingir esses objetivos.

Ferramentas da Disciplina Positiva

1. Focar nas soluções.
2. Os três R e um U para ajudar a focar em soluções.
3. Identificar o problema e discutir uma solução.
4. Eliminar soluções desrespeitosas antes de pedir que as crianças escolham a solução que elas acham mais útil.
5. Acalmar-se antes de resolver o problema.
6. Dar um tempo positivo.
7. Perguntar às crianças o que as ajudaria – e, quando possível, oferecer pelo menos duas escolhas.
8. Usar reuniões de família e de classe para resolver os problemas.
9. Perguntas que estimulam a curiosidade para ajudar as crianças a explorar as consequências de suas escolhas.

Questões

1. Quais são os três R e um U para focar em soluções?
2. Do que se trata foco em soluções?
3. Qual a diferença entre listas que foram feitas com foco em consequências e listas que focam em soluções?
4. Que perguntas você pode fazer para ajudar as crianças a eliminar as sugestões punitivas?
5. Por que um período para se acalmar é importante antes de buscar soluções?
6. Qual a diferença entre dar um tempo positivo e o uso convencional de dar um tempo?
7. Como adulto, o que você sentiria, pensaria e decidiria fazer se um colega o excluísse, falando para você dar um tempo de forma punitiva?

8. O que você sentiria, pensaria e decidiria se você soubesse que poderia ir para um lugar só seu para dar um tempo positivo sempre que precisasse se sentir melhor?
9. Por que não faz sentido advertir uma criança para ela ir "pensar sobre o que fez"?
10. Quais são as orientações importantes para ensinar as crianças sobre dar um tempo positivo?
11. Qual é um bom processo para usar com as crianças a fim de dar sequência ao "dar um tempo positivo" ou para ajudá-las a explorar as consequências das suas escolhas?
12. Qual é a diferença entre impor uma consequência à criança e ajudar a criança a explorar as consequências de suas escolhas?
13. Por que é importante ser gentil e firme ao mesmo tempo?
14. Por que é difícil para os adultos serem gentis e firmes ao mesmo tempo?
15. Por que é uma boa ideia evitar lidar com um conflito quando você está irritado?
16. O que os adultos temem que aconteça caso não lidem com o conflito imediatamente?
17. Por que é mais eficaz envolver as crianças ao definir os limites?

Capítulo Sete

Usando encorajamento de maneira efetiva

Os seus olhos brilham quando eles entram no quarto?
– Toni Morrison

Se uma criança viesse até você e inocentemente dissesse: "Eu sou uma criança e só quero ser aceita", você ficaria nervoso e a desencorajaria de alguma forma? É claro que não! O que muitos adultos não percebem é que toda criança que se comporta mal está inconscientemente dizendo: "Eu só quero ser aceita e tenho algumas ideias equivocadas sobre como conseguir isso." É claro que essa mensagem é dita em código. Adultos podem ser mais encorajadores com as crianças quando aprendem a entender o "código do mau comportamento".

Como discutido no Capítulo 4, crianças que se comportam mal são crianças desencorajadas. O mau comportamento lhe permite saber que elas não estão sentindo que são aceitas e que são importantes, e que elas têm uma crença equivocada sobre como conseguir isso. Você será mais eficiente em redirecionar o mau comportamento para um comportamento positivo quando se lembrar que existe uma crença desencorajadora e oculta por trás do comportamento.

Dreikurs enfatizava a questão do encorajamento e pensava que era a habilidade mais importante que adultos poderiam aprender para ajudar as crianças. Ele disse muitas vezes: "Crianças precisam de encorajamento, assim como as plantas precisam de água. Elas não podem sobreviver sem isso." Aceitando essa premissa, é óbvio que a melhor maneira de ajudar uma criança malcomportada é por meio de encorajamento. Quando o desencorajamento é removido, a motivação para o mau comportamento também desaparece. Muito embora isso seja verdade, não é fácil agir de forma encorajadora com uma criança que está se comportando mal, e muitos adultos nem sabem como é o encorajamento.

Algumas vezes encorajar não é fácil porque os adultos estão viciados em reagir ao mau comportamento de forma negativa, em vez de lidar com a mensagem por trás do mau comportamento e motivar as crianças a agirem melhor. Outra razão pela qual encorajar não é fácil reside no fato de que muitos adultos têm cristalizada a ideia de que a punição motiva as crianças a melhorarem o comportamento. A maioria dos pais e professores que acreditam que punição funciona não exploraram os resultados negativos em longo prazo. Mesmo aqueles que já experimentaram os resultados da punição em longo prazo, e reconheceram que não é algo bom, ainda ficam tentados.

Pode ser encorajador saber que ficar "tentado" é normal. Todos nós temos "botões", e as crianças sabem como apertá-los. Quando nossos botões são acionados, nós parecemos regredir para nossos cérebros reptilianos primitivos. Nós podemos não "comer" nossos jovens, mas certamente arrancamos um pedaço de seu senso de aceitação e importância quando ficamos irritados e reagimos. Durante um momento de conflito, tanto as crianças quanto os adultos estão aptos a agir irracionalmente. Não é de se admirar que ninguém esteja ouvindo. Essa não é uma boa hora para ensinar nada construtivo, embora muito adultos pensem que têm de lidar com o conflito naquele momento. E, se não o fizerem, estarão "permitindo que a criança se safe". Essa é apenas uma das razões para dar um tempo positivo – assim adultos e crianças podem se acalmar e se sentir melhor (e acessar seus cérebros racionais) antes de tentarem resolver um problema.

Mesmo quando os adultos estão calmos, a ideia de encorajamento pode soar muito agradável, mas ainda assim parecer vaga em sua aplicação quando não se sabe como ela é. Encorajamento é o foco deste livro. Todos os métodos discutidos são elaborados para ajudar crianças e adultos a se sentirem encorajados. O encorajamento oferece oportunidades para as crianças desenvolverem as percepções: "Eu sou capaz, eu posso contribuir e eu posso influenciar o que acontece comigo ou como eu vou responder." Encorajar é ensinar às crianças as habilidades de vida e responsabilidades sociais que elas precisam para ter sucesso na vida e nas relações; pode ser tão simples como um abraço para ajudar as crianças a se sentirem melhor e, assim, agirem melhor.

Muitos anos atrás eu decidi testar essa teoria. Meu filho de 2 anos ficava choramingando e eu estava tão irritada que tinha vontade de bater nele. Em vez disso, lembrando do conceito de encorajamento, eu me ajoelhei, dei um abraço nele e disse a ele o quanto o amava. Ele não apenas parou de gemer e chorar como a minha irritação desapareceu de forma mágica, no momento em que me lembrei da mensagem escondida por trás do comportamento dele e dei um tempo para fazer algo encorajador em vez de punitivo.

Infelizmente, encorajar nem sempre é tão simples quanto no exemplo anterior. Existem três razões principais para isso:

1. Adultos têm dificuldade de se lembrar que uma criança malcomportada na verdade está dizendo: "Eu só quero ser aceita."
2. Embora os adultos sejam geralmente muito habilidosos para punir, eles são inábeis para encorajar.
3. Crianças nem sempre estão preparadas para o encorajamento no momento do conflito.

Momento certo

No exemplo anterior, meu filho respondeu favoravelmente ao encorajamento enquanto choramingava. Algumas vezes, o encorajamento é mais bem recebido após um período para se acalmar. Em um momento de conflito, especialmente se o objetivo equivocado é poder ou vingança, tanto adultos quanto crianças podem se sentir muito irritados para dar ou receber encorajamento. Por essa razão, uma retirada amigável (dar um tempo positivo para você ou para seu filho – ou para ambos) muitas vezes é a coisa mais efetiva a se fazer em um momento de conflito. Se você simplesmente não consegue ignorar o comportamento que causou o conflito até que vocês dois se acalmem, ao menos use o pronome "Eu" para expressar seus sentimentos e intenções, em vez de culpa ou comentários que machuquem.

Adultos podem se retirar do conflito dizendo: "Eu acho que nós estamos muito chateados para discutir isso agora, mas eu gostaria de conversar com você quando nós dois estivermos mais calmos." Isso é especialmente eficiente se você tiver discutido durante uma reunião de classe o conceito de dar um tempo positivo para esfriar a cabeça e se seus alunos tiverem ajudado a criar um espaço dentro da classe para fazê-lo. Se você estiver fazendo reuniões de classe ou de família, você também pode oferecer opções: "Você gostaria de colocar esse problema na pauta da reunião, ou eu devo fazer isso?" Outra escolha pode ser: "O que te ajudaria mais agora –

dar um tempo positivo ou colocar esse problema na pauta para conseguirmos ajuda mais tarde?"

Se você não está tendo sucesso com métodos de encorajamento, pode ser que não esteja aplicando-os no momento certo. Reconhecer a importância de um período para se acalmar vai aumentar suas chances de sucesso.

Respeito mútuo

Respeito mútuo é constituído por atitudes de: (a) fé nas suas habilidades e nas dos outros; (b) interesse no ponto de vista dos outros tanto quanto em seu próprio; (c) vontade de assumir responsabilidade e consciência de sua própria contribuição para o problema. A melhor maneira de ensinar essas atitudes para as crianças é sendo um exemplo para elas. Você verá como os conceitos de momento certo e conseguir cooperação se misturam com o conceito de respeito mútuo.

Jason, aluno da turma do sexto ano do sr. Bradshaw, muitas vezes perdia a paciência durante a aula e expressava em voz alta sua hostilidade com os outros, incluindo o professor. O sr. Bradshaw tentou diversas formas de punição, o que parecia apenas intensificar os ataques do menino. Ele tentou mandá-lo para a sala do diretor, deixá-lo após o horário para escrever quinhentas vezes frases sobre controle de temperamento e, finalmente, experimentou exigir que Jason saísse da sala e sentasse em um banco do lado de fora até que ficasse mais calmo. Ao sair, Jason bateu a porta com força. Algumas vezes ele pulava na frente da janela fazendo caretas. Quando voltou para a sala, seu comportamento foi agressivo e ele logo teria outro ataque de raiva.

O sr. Bradshaw decidiu tentar o encorajamento, tendo em mente os conceitos de perceber o momento certo, conseguir cooperação e respeito mútuo. Ele começou pedindo ao Jason para ficar depois da aula, quando eles poderiam estar sozinhos. Quando Jason veio falar com o sr. Bradshaw depois da escola, ele encontrou um professor muito mais amigável. Em primeiro lugar, o sr. Bradshaw agradeceu a Jason por usar seu valioso tempo para ficar após o horário escolar. Depois ele disse que gostaria muito de elaborar uma solução com a qual ambos se sentissem bem. Ele assumiu a sua parte do problema compartilhando com Jason que, independentemente do quanto ele ficasse chateado quando seus ataques atrapalhavam a aula, ele tinha sido desrespeitoso ao usar punição como uma tentativa equivocada de motivá-lo a agir melhor. O sr. Bradshaw continuou a conversa dizendo que ele não queria mais usar punição e que precisava da ajuda do Jason. Ele perguntou a Jason se ele estava disposto a buscar uma solução em conjunto.

Jason ainda não estava com vontade de cooperar e mostrou sua hostilidade afirmando que não podia evitar o fato de que as crianças o deixassem tão bravo. (Lembre-se de que pode levar um tempo até que as crianças confiem em nós quando mudamos nosso comportamento.) O sr. Bradshaw afirmou que entendia aquele sentimento, porque algumas vezes outras pessoas também o deixavam muito irritado. Isso chamou a atenção de Jason. Ele olhou para o sr. Bradshaw com surpresa e alívio em seus olhos. O sr. Bradshaw compartilhou com Jason que ele tinha consciência de determinadas coisas que aconteciam com o seu corpo quando ele ficava com raiva, como uma pontada no estômago e os ombros enrijecidos. Ele perguntou ao menino se ele percebia o que acontecia com o seu corpo quando ficava com raiva. Jason não conseguiu pensar em nada. O sr. Bradshaw então perguntou se ele gostaria de testar uma experiência e prestar atenção no que acontecia com seu corpo na próxima vez que ficasse com raiva. Jason disse que o faria. Eles concordaram em se encontrar depois da escola da próxima vez que acontecesse, de modo que Jason poderia contar o que descobriu.

Passaram-se cinco dias até que Jason tivesse outro ataque de raiva na classe – um longo tempo para Jason. É possível que ele tenha se sentido aceito e importante simplesmente porque o sr. Bradshaw tinha dedicado tempo para conversar com ele de uma forma amigável e respeitosa. Ele não sentiu necessidade de buscar aceitação por meio do mau comportamento, por um tempo. No entanto, isso não durou para sempre.

Na próxima vez que Jason teve um ataque de birra, o sr. Bradshaw gentilmente colocou a mão em seu ombro e disse: "Jason, você percebeu o que aconteceu com seu corpo agora mesmo?" Essa pergunta interrompeu o ataque de Jason, convidando-o a pensar. O sr. Bradshaw pareceu interessado e animado e disse: "Venha me ver depois da aula e me diga."

Quando Jason deu seu depoimento depois da aula, ele disse ao sr. Bradshaw que percebeu que começou a cerrar os dentes e os punhos quando ficou com raiva. O sr. Bradshaw perguntou se ele estava disposto a observar a si mesmo da próxima vez que ficasse com raiva e a assumir a responsabilidade, saindo da sala para dar um tempo positivo até se acalmar. O sr. Bradshaw disse ainda que Jason não teria de pedir permissão, porque saberia o que ele estaria fazendo e acreditava que ele poderia fazer isso sozinho. O sr. Bradshaw depois perguntou o que Jason poderia fazer para se sentir melhor enquanto estivesse fora da sala.

Jason disse: "Eu não sei."

O sr. Bradshaw disse: "Que tal contar até dez ou até cem ou pensar em coisas alegres ou simplesmente apreciar o lindo dia?"

Jason disse: "Tudo bem."

Novamente, passaram-se cinco ou seis dias até que Jason tivesse outro ataque de birra. Outra vez ele se sentiu encorajado por ter discutido o problema respeitosamente. Outra vez o encorajamento não durou para sempre. Na semana seguinte, Jason saiu da sala três vezes, ficando lá fora de três a cinco minutos antes de voltar para a classe, visivelmente mais calmo. A cada vez que isso acontecia, o sr. Bradshaw levantava o polegar e piscava os olhos em reconhecimento por seu comportamento responsável. O sr. Bradshaw não tinha certeza do que Jason estava fazendo para ajudar a se acalmar, mas estava grato por Jason não estar fazendo caretas pela janela. Jason continuou a assumir responsabilidade por sua raiva e saía da classe quatro ou cinco vezes por semana. Passaram-se três semanas antes de ele perder a paciência e gritar com um colega, esquecendo-se de sair da sala.

O sr. Bradshaw falou com Jason durante o intervalo do almoço e comentou o quanto ele estava indo bem, que todos cometiam erros enquanto aprendem, e depois perguntou se ele tinha vontade de continuar trabalhando para melhorar. Jason concordou. O sr. Bradshaw informou que pelo resto do ano Jason ocasionalmente saía da sala, mas que teve poucas explosões. Quando Jason voltava para a sala após se acalmar, o sr. Bradshaw continuava a piscar e sorrir para ele. Jason não se tornou perfeito, mas melhorou significativamente. O sr. Bradshaw deu o seguinte depoimento durante uma reunião do corpo docente: "Jason costumava perder a paciência algumas vezes ao dia. Agora ele perde o controle uma ou duas vezes ao mês. Para mim está bom." O sr. Bradshaw estava especialmente grato pelo fato de a relação entre eles ter melhorado e se tornado mais agradável.

Melhora, não perfeição

O exemplo anterior ilustra também o conceito de trabalhar para melhorar, em vez de esperar perfeição. Perfeição é uma expectativa totalmente irreal, além de ser muito desanimadora para aqueles que sentem que devem estar à altura dela. Crianças preferem não tentar do que viver o desencorajamento constante, porque elas não estão à altura da expectativa de perfeição por parte do adulto ou delas mesmas. Reconhecimento de melhora é encorajador e as inspira a continuar com seus esforços.

A sra. Bradley se sentia desencorajada porque seu filho Alberto estava tendo problemas na escola. Sua professora o punia fazendo-o escrever cinquenta frases toda vez que ele se comportava mal. Alberto se recusava, e a professora então dobrava o número. A sra. Bradley se preocupava com a possibilidade de Alberto estar se tornando um delinquente, então ela começou a dar sermões e a repreendê-lo. Alberto agora estava sendo punido em casa e na escola. Ele se rebelou ainda mais agindo como se não ligasse e odiasse a escola. A sra. Bradley finalmente pediu uma reunião com a professora. Durante a reunião, ela perguntou qual a porcentagem de comportamento "ruim" de Alberto. A professora disse: "Aproximadamente 15%." A sra. Bradley ficou surpresa ao perceber que a reputação negativa que o filho recebia (e com a qual tinha de conviver) era motivada porque mais atenção era dada aos 15% de mau comportamento do que aos 85% de bom comportamento.

A sra. Bradley estava envolvida em um grupo de estudos de pais e compartilhou algumas coisas que estava aprendendo. A professora de Alberto estava muito interessada em ouvir sobre soluções não punitivas. Elas concordaram em desenvolver um plano de trabalho positivo para Alberto. Durante outra reunião, com a presença de Alberto, todos acordaram que toda vez que ele perturbasse ou fosse desrespeitoso na classe ele iria compensar esse comportamento fazendo algo para contribuir, como fazer tarefas para a professora, orientar outro aluno que precisasse de ajuda ou ensinar uma parte de uma aula. O mau comportamento de Alberto foi redirecionado para um comportamento colaborativo. Ele teve poucos problemas de comportamento depois disso. Sua professora também começou a realizar reuniões de classe, de modo que os problemas que ocorriam eram resolvidos pela classe como um todo.

Punição negativa encoraja rebeldia e é muito desencorajadora para a criança, os pais e o professor. Quando os adultos usam o respeito mútuo, resolução de problemas, encorajamento e foco em soluções, as crianças sentem que são aceitas e desenvolvem um comportamento responsável.

Dar ênfase aos pontos fortes, não aos fracos

Como mostra o gráfico a seguir, seu filho ou aluno pode ter 85% de pontos fortes e 15% de pontos fracos, mas, ainda assim, em que a maioria dos pais e professores focam?

O que você vê é o que você leva

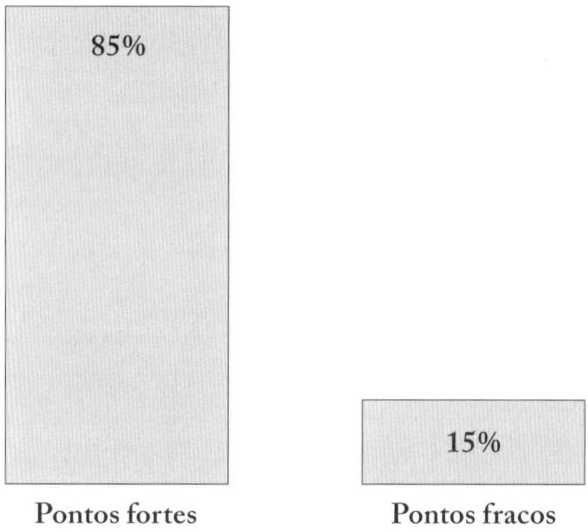

Quando você usa 85% de seu tempo e energia focando nos 15% negativos, os pontos negativos irão aumentar e os positivos logo irão desaparecer. O que você vê é o que você leva. Por outro lado, se você focar 85% de seu tempo e energia reconhecendo e encorajando os aspectos positivos, não demorará muito para os pontos negativos desaparecerem e os positivos aumentarem para 100%, porque é tudo o que você vê. É encorajador para você mesmo e para os outros quando você põe o foco no lado positivo.

Redirecionando o mau comportamento

Procure os pontos fortes em todos os comportamentos da criança. Crianças problemáticas geralmente têm ótimas habilidades de liderança. Quando você consegue enxergar isso, vê que não é tão difícil trabalhar com uma criança e redirecionar seu comportamento em uma direção colaborativa. O programa de aconselhamento de pares descrito no anexo II foi baseado nesse conceito. Professores aconselharam seus alunos que tinham boas habilidades de liderança, mas estavam usando-as de uma maneira problemática. Esses alunos foram treinados para serem conselheiros de seus colegas e usaram suas habilidades de liderança para ajudar outros alunos.

Uma professora de pré-escola dominava o conceito de redirecionar o comportamento e usava-o muitas vezes. Debbie não queria arrumar sua bagunça depois das atividades de arte. A professora colocou a menina no comando e a ensinou como ensinar aos outros alunos exatamente o que fazer. Sean estava sempre derrubando os blocos das outras crianças. A professora então o designou como o líder da patrulha dos blocos. Seu trabalho era ensinar as outras crianças como cooperar quando brincavam com os blocos e ajudá-los na hora de guardar.

Fazendo reparações

Isso é muito parecido com redirecionar o comportamento, mas deixa as crianças mais envolvidas no processo de resolução de problemas. Quando as crianças fizerem algo irresponsável ou desrespeitoso, dê-lhes a oportunidade de consertar fazendo algo que deixe a pessoa ofendida se sentir melhor. Quando Alberto perturbava a classe, ele tornava o trabalho da professora mais difícil. Foi dada a ele a oportunidade de reparar esse problema fazendo algo que tornaria o trabalho da professora mais fácil. Isso não funciona se a atitude do adulto for punitiva. É muito efetivo quando a atitude do adulto é amistosa e respeitosa e quando a criança é envolvida na decisão sobre como fazer reparações.

Judy e Linda atiraram laranjas no carro de um vizinho. A mãe sentou-se com elas e as envolveu em uma discussão fazendo perguntas que estimulam a curiosidade de uma maneira amigável. Em primeiro lugar ela reconheceu: "Deve ter sido uma aventura divertida jogar laranjas no carro do sr. Siebert, mas eu gostaria de dar um palpite. Eu aposto que vocês não pensaram sobre como ele iria se sentir quando visse a bagunça que fizeram no carro dele."

Ambas as meninas pareceram um pouco arrependidas.

A mãe continuou: "Como vocês acham que ele se sentiu?" O que vocês sentiriam se alguém fizesse isso no carro de vocês?"

As meninas admitiram que não gostariam.

A mãe depois perguntou: "O que vocês acham que poderiam fazer para reparar o que fizeram com o sr. Siebert?"

As meninas encolheram os ombros e disseram que não sabiam.

A mãe persistiu: "Meninas, isso não tem a ver com colocar vocês em encrenca. Todos nós cometemos erros. Isso tem a ver com aprender com os erros e fazer o máximo que puder para consertá-los. Vocês são boas em solucionar problemas. O que as faria se sentir melhor se vocês tivessem um carro e alguém jogasse laranjas nele?"

Linda disse: "Eu acho que eu gostaria que a pessoa se desculpasse."

A mãe disse: "Algo mais?"

Judy disse: "Eu gostaria que ela lavasse o meu carro."

A mãe disse: "Parecem ideias excelentes. Vocês estão dispostas a fazer isso pelo sr. Siebert?"

As duas meninas pareceram relutantes, mas concordaram que seria a coisa certa a se fazer.

A mãe disse: "Eu sei que isso é difícil e também sei que vocês se sentirão melhor consigo mesmas depois que fizerem isso. Vocês querem que eu vá com vocês ou vocês mesmas querem falar com o sr. Siebert?"

As meninas concordaram que elas mesmas falariam com ele.

Judy e Linda tiveram sorte de o sr. Siebert ser generoso. Ele reconheceu que foi preciso coragem para elas admitirem o erro e fazer algo em relação a isso. Se ele fosse um resmungão, ainda sim a mãe teria dado apoio para elas fazerem as reparações. Mesmo quando as pessoas não receberem bem a tentativa de reparação, é fácil imaginar que Linda e Judy irão pensar mais sobre as consequências de suas escolhas no futuro.

Cinco meninos de uma escola primária foram pegos estragando as portas das salas de aula. O zelador permitiu que eles fizessem reparações ajudando-o a pintar as portas. A atitude do zelador foi tão respeitosa que ele inspirou esses meninos a terem orgulho de seu trabalho e desencorajou outras crianças a vandalizarem.

Fazer reparações é encorajador porque ensina responsabilidade social. As crianças se sentem melhor sobre si mesmas quando estão ajudando os outros. Fazer reparações é encorajador quando usado de uma maneira não punitiva porque as crianças experimentam a oportunidade de aprender com seus erros e a corrigir qualquer problema decorrente. Fazer reparações é encorajador porque as crianças aprendem que elas podem ser responsáveis por seu comportamento sem medo de sentir culpa, vergonha ou dor.

É triste que alguns adultos achem ser mais importante para crianças sentir culpa, vergonha e dor pelo que fizeram do que fazer reparações e experimentar o tipo de encorajamento que irá motivá-las a interromper o mau comportamento. Na verdade, a maioria desses adultos acredita, de maneira equivocada, que ajudar uma criança a se sentir melhor é igual a recompensar o mau comportamento e que encorajará ainda mais o mau comportamento. É importante perceber que crianças não "escapam" de uma situação decorrente de mau comportamento quando são encorajadas a fazer reparações. Elas aprendem a ser responsáveis com sua dignidade e respeito intactos.

Evite pressão social

Pode ser difícil usar procedimentos efetivos com crianças quando os adultos sentem pressão social. Quando amigos, vizinhos, parentes ou outros professores estão observando a sua interação com crianças malcomportadas, você pode sentir que a sua eficiência como pai ou professor será julgada com base no quão bem você lida com a situação. Diante dessas circunstâncias, é fácil sentir que esses observadores esperam perfeição imediata – então existe a pressão. Você pode se sentir tentado a usar punição para satisfazer os observadores, já que isso parece alcançar resultados mais rápidos.

É necessário bastante coragem para pensar com clareza durante um momento de pressão social e para fazer o que for mais eficiente. Em um verão, fomos acampar com alguns amigos. Nosso filho de 10 anos, Mark, tinha muito espírito esportivo e carregou sua mala ao longo dos 9 km até o desfiladeiro. Quando estávamos nos preparando para a caminhada longa e íngreme de volta, Mark reclamou que sua mochila estava muito desconfortável. Seu pai, brincando, disse: "Você pode levá-la. Você é o filho de um fuzileiro naval."

Mark estava com muita dor para achar isso engraçado, mas começou a escalada de qualquer maneira. Ele não estava muito longe de nós quando ouvimos sua mochila desabar pelo morro em nossa direção. Eu achei que ele tivesse caído e perguntei preocupada o que aconteceu. Mark com raiva chorou: "Nada! Isso dói!" Ele continuou a subir sem a sua mochila. Todos observaram com interesse. Um adulto se ofereceu para carregar a mochila para ele. Eu estava me sentindo muito envergonhada e tinha a pressão social adicional de ter escrito um livro de Disciplina Positiva.

Eu rapidamente superei meu ego e lembrei que a coisa mais importante era resolver o problema de uma maneira que ajudasse Mark a se sentir encorajado e responsável. Em primeiro lugar, pedi para o resto do grupo ir na frente para que eu pudesse resolver o problema com privacidade. Depois nós usamos os Quatro Passos para Conseguir Cooperação descritos no Capítulo 2.

Eu disse a ele: "Eu aposto que você ficou muito irritado por nós não levarmos a sério quando você tentou nos dizer que a sua mochila estava machucando antes mesmo de começarmos a caminhada."

Mark disse: "Sim, eu não vou carregar isso."

Eu disse a ele que não o culpava e que me sentiria exatamente da mesma maneira nessas circunstâncias.

Seu pai disse que sentia muito e pediu outra chance para resolver o problema.

Mark visivelmente deixou de sentir raiva. Ele estava agora pronto para cooperar. Ele e o pai descobriram uma forma de acomodar seu casaco sobre a parte dolorida e amortecer o peso da mochila. Mark carregou a mochila durante o resto do caminho com poucas reclamações.

Quando sob pressão social, saia de perto do público. Saia de cena ou respeitosamente peça que os outros saiam, de modo que você possa resolver o problema com privacidade.

Programe um tempo especial

Uma das coisas mais encorajadoras que os pais podem fazer para seus filhos é dedicar regularmente um tempo especial para passar com eles. Você pode já passar muito tempo com seus filhos, porém existe uma diferença entre "tempo obrigatório", "tempo casual" e "tempo especial programado".

Crianças menores de 2 anos requerem muito tempo e não têm idade suficiente para compreender "tempo especial". Contanto que elas sintam que estão se divertindo, marcar um horário não é necessário. Entre 2 e 6 anos de idade, as crianças precisam de pelo menos dez minutos por dia de tempo especial com o qual possam contar. Mais tempo é melhor, mas você se surpreenderá com o quão mágico pode ser se dez minutos é o que você pode administrar na sua agenda ocupada.

Entre 6 e 12 anos de idade, as crianças podem não necessitar de tempo especial todos os dias (você vai julgar), mas elas gostam de contar com pelo menos meia hora por semana. A quantidade de tempo vai ser diferente para cada família. Poderia ser um momento para compartilhar biscoitos e leite depois da escola ou uma hora todo sábado. A parte importante é que as crianças saibam exatamente quando elas podem contar com um tempo que foi reservado especialmente para elas.

Existem muitas razões pelas quais um tempo especial é tão encorajador:

1. As crianças sentem que são aceitas e que são importantes quando podem contar com um tempo especial com você. Elas sentem que são importantes para você.
2. Tempo especial programado é um lembrete para você sobre por que você teve filhos em primeiro lugar – para curti-los.
3. Quando você está ocupado e seus filhos querem a sua atenção, é mais fácil para eles aceitarem que você não tem tempo quando você diz: "Querido, eu não posso agora, mas estou ansioso pelo nosso tempo especial às 16h30."

Planeje o tempo especial junto com seus filhos. Elaborem uma lista de coisas que vocês gostariam de fazer juntos durante esse período. Quando fizerem a lista pela primeira vez, não avalie ou elimine nada. Mais tarde vocês podem olhar para a lista juntos e categorizar. Se algumas coisas custarem muito dinheiro, coloquem-nas na lista de coisas para as quais é necessário economizar dinheiro. Se a lista contém coisas que exigem mais que os 10 a 30 minutos que você havia programado, coloque-as em uma lista de momentos mais longos de diversão em família.

Eu geralmente sugiro que os pais desliguem o telefone para dar uma ênfase de que esse é um tempo especial, que não pode ser interrompido. No entanto, uma mãe deixava o telefone ligado durante seu tempo especial com a filha de 3 anos. Se o telefone tocasse, ela atendia e dizia: "Desculpe, não posso falar com você agora. Esse é o meu tempo especial com a Lori." Lori sorria por ouvir sua mãe dizer a outras pessoas o quão importante era estar com ela naquele momento.

Professores podem se surpreender com o quão efetivo pode ser usar dois ou três minutos com um aluno após a aula e *não* falar sobre os problemas da criança. Em vez disso, os professores podem fazer perguntas como: "O que você mais gosta de fazer para se divertir?", e depois podem compartilhar o que gostam de fazer para se divertir. Os alunos se sentem muito especiais quando um professor também compartilha coisas que revelam quem ele é como pessoa. Muitos professores relatam que simplesmente dedicar poucos minutos depois da aula a uma criança para um tempo especial ajuda a criança a se sentir encorajada o suficiente para interromper o mau comportamento, ainda que este não seja mencionado durante o tempo especial.

A sra. Petersen estava preocupada com uma criança de sua sala, cujo objetivo equivocado era poder. Debbie sempre se recusava a fazer seu trabalho e abertamente exibia hostilidade com zombaria e olhares carrancudos. Um dia, a sra. Petersen pediu à menina que ficasse depois da aula. Debbie ficou olhando como se estivesse pronta para uma batalha. A sra. Petersen não mencionou nenhum problema de comportamento, em vez disso perguntou a Debbie se ela poderia lhe contar a coisa mais divertida que ela fez na noite anterior. Debbie não respondeu. A sra. Petersen pensou: "Isso não está funcionando", mas continuou: "Bom, eu gostaria de lhe contar o que eu fiz para me divertir na noite passada." Ela então começou a compartilhar algo que tinha feito com a família na noite anterior. Debbie ainda se recusava a responder. A professora disse então a Debbie que ela poderia sair, mas que ela adoraria ouvir, a qualquer momento que ela sentisse vontade de contar o que ela gostava de fazer para se divertir.

A sra. Petersen se sentiu desencorajada, pensando que a conversa não havia ajudado muito. No entanto, no dia seguinte ela percebeu que Debbie não tinha mais aquela atitude e não mostrava mais hostilidade. Depois da escola, a menina mostrou a sra. Petersen um desenho que ela havia feito de si mesma e uma amiga andando de bicicleta. Ela explicou que essa foi a coisa mais divertida que ela havia feito na noite anterior. A sra. Petersen então compartilhou outra coisa divertida que ela havia feito.

Se você analisar essa situação, irá entender porque uma breve conversa pode ter resultados tão significativos. Primeiramente, a criança se sente escolhida para receber uma atenção especial. A criança pode rejeitar essa atenção especial em um primeiro momento por causa da suspeita de que provavelmente será outra sessão de culpa e sermão. Em segundo lugar, a criança experimenta o inesperado quando a professora ignora os problemas de comportamento. Em terceiro lugar, os adultos com frequência mostram interesse pelo que a criança tem a compartilhar, mas não demonstram respeito mútuo compartilhando eles mesmos. As crianças podem se sentir ainda mais aceitas e que são mais importantes quando você compartilha algo sobre si mesmo.

Sugere-se que os professores dediquem alguns minutos de tempo especial com cada aluno de sua classe ao longo do ano. Comece com as crianças que parecem mais desencorajadas, mas continue acompanhando para garantir que você não se esqueça de ninguém. Muitos professores reclamam que não têm espaço em suas agendas para dedicar tempo especial. É verdade que os professores sentem muita pressão para ajudar os alunos a passarem nos exames acadêmicos. No entanto, aqueles que entendem que encorajamento é simplesmente tão importante quanto conhecimento acadêmico, senão mais importante, encontram alguns minutos para tempo especial enquanto as crianças estão sentadas fazendo uma atividade, durante o intervalo ou depois da aula.

Os pais podem aplicar o conceito de tempo especial como parte da rotina de dormir (embora essa rotina não devesse substituir o tempo especial durante o dia). Quando a sra. Bruner colocava as crianças na cama à noite, pedia para compartilharem a coisa mais triste e a coisa mais feliz que tinham acontecido com elas durante o dia. Depois ela também compartilhava os seus eventos mais triste e mais feliz. Em um primeiro momento, as crianças se aproveitaram dessa oportunidade para reclamar sobre coisas tristes e, algumas vezes, terminavam chorando. Ela pacientemente esperava que elas se acalmassem e depois dizia: “Eu fico feliz por vocês compartilharem seus sentimentos comigo. Amanhã, quando vocês não se sentirem tão chateados, falaremos sobre isso um pouco mais para ver se conseguimos descobrir algumas soluções. Agora me digam as coisas mais felizes.” Se a criança não conseguisse pensar em uma coisa feliz, a sra. Bruner compartilharia o seu evento feliz. Depois que as crianças se acostumaram com essa rotina, os eventos tristes eram contados de uma maneira mais prática, seguidos de ideias para solucionar ou evitar problemas semelhantes no futuro. As crianças logo sentiam mais prazer em compartilhar seus eventos felizes do que os eventos tristes.

Encorajamento *versus* elogio

Por muitos anos houve uma grande campanha pelas virtudes dos elogios em ajudar as crianças a obter um autoconceito positivo e a melhorar o seu comportamento. Esse é um outro momento em que temos de estar “atentos àquilo que funciona”. Elogios podem inspirar algumas crianças a se comportarem melhor. O problema é que elas podem se tornar bajuladoras e viciadas em aprovação. Essas crianças (que mais tarde serão adultos) podem desenvolver conceitos pessoais que são totalmente dependentes da opinião dos outros. Outras crianças guardam rancor e se rebelam contra os elogios porque não querem viver de acordo com as expectativas dos outros ou porque têm medo de não conseguirem competir com aqueles que parecem receber elogios tão facilmente. Embora o elogio pareça funcionar, precisamos considerar os efeitos em longo prazo. O efeito em longo prazo do encorajamento é a autoconfiança. O efeito em longo prazo do elogio é a dependência em relação aos outros.

Como discutido anteriormente, outro erro que os adultos vêm cometendo em relação ao elogio é a noção de que eles podem "dar" autoestima a uma criança. Autoestima não pode ser dada ou recebida, ela é desenvolvida por meio de um senso de capacidade e da autoconfiança obtida ao lidar com decepções, resolução de problemas e tendo muitas oportunidades de aprender com os erros. Por parte do adulto, o uso bem-sucedido de encorajamento requer uma atitude de respeito, interesse pelo ponto de vista da criança e um desejo de oferecer oportunidades para que elas desenvolvam habilidades de vida que levarão a uma independência em relação à opinião negativa dos outros (autoconfiança). Algumas características, tanto do elogio quanto do encorajamento, estão listadas a seguir.

As diferenças entre elogio e encorajamento podem ser difíceis de compreender para aqueles que acreditam em elogios e veem seu resultado imediato. Eles veem as crianças responderem ao elogio com as faces radiantes. No entanto, eles não estão pensando nos efeitos em longo prazo da dependência em relação à opinião dos outros. Até aqueles que querem mudar de elogio para encorajamento acham estranho parar e pensar antes de fazer afirmações que já se tornaram habituais.

Pode ser útil manter as perguntas a seguir em mente quando estiver se perguntando se as colocações que você vem fazendo são elogios ou encorajamentos:

- Eu estou inspirando autoavaliação ou dependência da avaliação dos outros?
- Eu estou sendo respeitoso ou paternalista?
- Eu estou vendo do ponto de vista da criança ou apenas do meu próprio?
- Eu faria esse comentário para um amigo?

Descobri que a última pergunta é especialmente útil. Os comentários que fazemos para amigos geralmente se encaixam nos critérios de encorajamento.

Diferenças entre elogio e encorajamento[1]

	Elogio	Encorajamento
Definição do dicionário	1. Expressar julgamento favorável sobre 2. Glorificar, especialmente em virtude da perfeição 3. Expressar aprovação	1. Inspirar com coragem 2. Estimular
Endereçado a	Ao agente: "Boa menina!"	À tarefa: "Bom trabalho."
Reconhece	Apenas o produto perfeito e completo: "Você fez bem."	Esforço e aprimoramento: "Você fez o seu melhor" ou "Como você se sente com o que conseguiu realizar?"
Atitude	Paternalista, manipuladora: "Eu gosto do jeito que Suzy está sentada."	Respeitosa, apreciativa: "Quem consegue mostrar como precisamos nos sentar agora?"
Mensagem focada no "Eu"	Julgamento: "Eu gosto do jeito que você fez isso."	Autodirecionado: "Eu aprecio sua cooperação."
Usado frequentemente com	Crianças: "Você é tão boazinha."	Adultos: "Obrigado pela ajuda."
Exemplos	Rouba o foco na autoria da pessoa sobre sua realização: "Estou orgulhoso pela sua nota A."	Reconhece a autoria e a responsabilidade pelo esforço: "Essa nota A reflete o seu esforço."
Convida	As crianças a mudarem pelos outros: dependência de aprovação	As crianças a mudarem por elas mesmas: autonomia
Lócus de controle	Externo: "O que os outros pensam?"	Interno: "O que eu penso?"
Ensina	O que pensar. Dependência da avaliação dos outros.	Como pensar. Autoavaliação.
Objetivo	Conformidade. "Você fez bem."	Compreensão: "O que você pensou/aprendeu/sentiu?"
Efeito na autoestima	Sente-se valorizado quando tem a aprovação dos outros	Sente-se valorizado mesmo sem a aprovação dos outros
Efeito em longo prazo	Dependência dos outros	Autoconfiança, autonomia

Encorajamento *versus* crítica

É um erro achar que a melhor maneira de ajudar uma criança a agir melhor é criticando o que ela faz de errado. Muitos argumentam que crítica construtiva é útil. Sid Simon tinha uma excelente definição para crítica construtiva: crueza constritiva. Quando você pensa sobre isso, crítica construtiva é uma contradição em termos. *Construtivo* significa desenvolver. *Criticismo* significa derrubar. Isso não significa que você não pode deixar a criança saber que há espaço para aprimoramento. Significa que você não tem que fazê-la se sentir pior a fim de que ela aja melhor. Uma maneira eficiente de discutir áreas que precisam melhorar é perguntando à criança: "Em que áreas você acha que você está indo bem? Em que áreas você acha que precisa melhorar?" As crianças geralmente sabem sem que lhe digam, e é melhor quando o reconhecimento pela necessidade de melhoria parte delas. Pergunte à criança: "Como você gostaria de melhorar? O que você precisa fazer para atingir seus objetivos?" Você pode então se juntar a elas para discutir algumas maneiras que as ajudariam a melhorar. Isso ensina à criança o valor de definir metas e da autoavaliação.

Encorajando a autoavaliação

Cory trouxe sua tarefa de caligrafia da letra *g* para sua professora de terceiro ano, a sra. Tuttle, que olhou para o papel e pediu a ela para apontar a sua favorita. Depois de Cory apontar seu *g* favorito, a sra. Tuttle disse: "Posso apontar o meu favorito agora?" Cory concordou alegremente. A sra. Tuttle apontou para outro *g* executado satisfatoriamente. Em seguida, ela apontou para um *g* com uma cauda dupla e pediu a Cory para lhe falar sobre aquele.

Cory mostrou sua surpresa cobrindo a boca com a mão e disse: "Ops". A sra. Tuttle perguntou se ela poderia consertar sozinha ou se precisava de ajuda. Cory disse que podia consertar sozinha e voltou para sua carteira.

A sra. Tuttle não apontou apenas o erro. Ela focou primeiro nos pontos fortes e depois pediu a Cory para avaliar o erro por conta própria. Se perguntarmos às crianças quais áreas elas precisam trabalhar para melhorar, elas geralmente sabem a resposta sem que lhes digam. Esse exemplo incorpora o conceito de focar nos pontos fortes, não nos fracos. Quando você aponta para o que foi bem feito, as crianças normalmente querem continuar a fazer bem ou ainda melhor.

Como pais e professores, somos responsáveis por ajudar as crianças a aprender e aprimorar habilidades acadêmicas e sociais. No entanto, encorajamento normalmente é a melhor maneira de inspirar uma criança a querer fazer melhor. Se outros métodos forem utilizados (como os listados a seguir) eles serão mais eficientes se, antes, a criança for conquistada com encorajamento, de modo a se tornar mais receptiva.

Dedique tempo para treinamento

Isso não é tão óbvio quanto pode parecer. Os adultos muitas vezes esperam que as crianças cumpram tarefas para as quais não tiveram treinamento suficiente. Isso é mais comum nos lares do que em escolas. Os pais esperam que as crianças limpem seus quartos, mas nunca ensinaram como fazê-lo. Crianças vão para seus quartos bagunçados e se sentem sobrecarregadas. Poderia ajudar se o pai ou a mãe falasse: "Coloque sua roupa limpa na gaveta e a roupa suja no cesto e depois eu vou te falar qual o próximo passo." Em seguida, eles poderiam colocar seus brinquedos nas prateleiras ou na caixa de brinquedos. Para tornar mais divertido, sugira todos os brinquedos com rodas primeiro, depois brinquedos com partes do corpo, depois brinquedos que são animais.

H. Stephen Glenn destacou em suas palestras que os pais frequentemente dizem para as crianças quais expectativas eles têm sem nunca se importar em especificar exatamente como essas expectativas deveriam ser alcançadas. Existe em geral uma grande falha de comunicação. Dedicar tempo para treinamento específico pode acabar com o mal-entendido.

Glenn demonstrou a falha de comunicação com o seguinte diálogo:

Mãe: Jill, limpe o seu quarto!
Jill: Eu já fiz isso. (Significado: eu posso andar nele.)
Mãe: Não, você não fez. (Significado: Ainda está sujo!)

Dedicar tempo para treinamento significa ser bem específico sobre seus termos e expectativas. Uma mãe passou alguns anos ajudando seus filhos a arrumar a cama. Ela lhes dava indicadores, como: "O que aconteceria se você puxasse aqui?" (esticaria uma dobra). Ela comprou colchas com estampas de xadrez ou listras para que seus filhos pudessem aprender a manter linhas retas ao longo das bordas. Aos 6 anos de idade, eles tiveram treinamento suficiente para saber como arrumar as suas camas tão bem que poderiam passar pela inspeção do exército.

Ao pedir às crianças para limpar a cozinha, tenha certeza de que elas sabem o que aquilo significa para você. Para elas, isso pode significar simplesmente colocar a louça na pia. Muitos pais ficam chateados quando os filhos fazem um péssimo trabalho com as tarefas domésticas, ainda que nunca tenham dedicado tempo a treiná-los. Dedicar tempo para treinamento não significa que as crianças vão fazer as coisas tão bem quanto você gostaria. Aprimoramento é um processo que dura a vida inteira. E, lembre-se, as coisas que você quer que eles façam podem não ser uma grande prioridade até que eles se tornem adultos e tenham seus próprios filhos. Todos nós fazemos melhor as coisas de maior prioridade em nossas vidas. Ainda que limpeza e boas maneiras não sejam uma grande prioridade para as crianças, ainda assim elas precisam aprender esses fundamentos. Os adultos, no entanto, precisam lembrar que crianças são crianças.

Uma vez que você sinta que já houve treinamento adequado, confirme perguntando para a criança: "Qual o seu entendimento sobre o que precisa ser feito para que a cozinha seja limpa?" Se a criança disser "colocar a louça na máquina de lavar", pergunte: "E quanto ao chão e o balcão? O que você precisa fazer para ter certeza que estão limpos?" Você pode detectar os olhos da criança girando enquanto ela sarcasticamente responde: "Varrer o chão e limpar o balcão." Deixe isso de lado e reconheça: "Ótimo. Estou feliz por termos o mesmo entendimento."

Tempo para treinamento pode ser divertido. Escolha uma noite por semana para praticar boas maneiras à mesa. Convide todos a exagerar dizendo: "Pooooor favoooor, passe a manteiga" etc. Faça um jogo valendo pontos por pegar os outros colocando os cotovelos em cima da mesa, falando com a boca cheia, interrompendo, reclamando ou se esticando para o outro lado da mesa. Aquele que ganhar mais pontos pode escolher o jogo após o jantar.[2]

Dedicar tempo para treinamento também inclui dizer para seus filhos quando você vai mudar seus métodos. A sra. Roberts me ouviu falar sobre o quão importante é permitir que as crianças se vistam sozinhas. Sua filha, Connie, estava no terceiro ano. A sra. Roberts havia parado de vestir a filha, mas deixava as roupas arrumadas para ela todas as noites. Ela decidiu que pararia de fazer isso e acreditava que Connie poderia lidar bem com isso. No entanto, ela não avisou Connie sobre sua nova decisão. Na manhã seguinte, ela ouviu a menina gritar com uma voz irritada: "Mãe, onde estão as minhas roupas?

A sra. Roberts respondeu com muito respeito: "Elas estão no armário, querida. Tenho certeza que você consegue encontrá-las sozinha."

Connie retrucou: "Mãe, quando você decidir fazer essas coisas você pode fazer o favor de me avisar?"

Connie estava certa. É uma boa ideia discutir as mudanças respeitosamente com os envolvidos antes de implementá-las.

Quadros de rotinas

Quanto mais as crianças fazem por elas mesmas, mais capazes e encorajadas elas se sentem. Uma das melhores maneiras de evitar aborrecimentos na hora de dormir e de manhã é envolver as crianças na elaboração de quadros de rotina e depois deixá-las seguir os quadros em vez de dizer a elas o que devem fazer. Comece pedindo para seu filho fazer uma lista de todas as coisas que ele precisa fazer antes de ir para a cama. A lista pode incluir: recolher brinquedos, lanchar, tomar banho, vestir o pijama, escovar os dentes, escolher a roupa para a manhã seguinte, histórias para dormir, abraços. Copie (ou, se a criança tiver idade suficiente, deixe que ela copie) todos os itens em um quadro. As crianças amam quando você tira fotos delas fazendo as tarefas e elas podem colar as fotos ao lado de cada tarefa. Depois, pendure o quadro onde a criança possa ver. Deixe que o quadro de rotinas seja o chefe. Em vez de dizer para seu filho o que ele deve fazer, pergunte: "Qual o próximo item do seu quadro de rotinas?" Geralmente, você não tem de perguntar. Seu filho irá lhe dizer.

Escolher a roupa na noite anterior é uma tarefa que elimina aborrecimentos na manhã seguinte quando as crianças seguem suas rotinas matinais (para a qual você precisa ter outro quadro). Se elas tiverem definido na noite anterior o que querem vestir, elas não ficarão irritadas tentando encontrar alguma coisa no último minuto. Outra tarefa de rotina na hora de dormir que faz as rotinas matinais serem tranquilas é preparar o lanche da escola na noite anterior.

Lembre-se de que o objetivo é ajudar as crianças a se sentirem capazes e encorajadas. Uma grande vantagem é que você poderá parar de ser ranzinza e irá experimentar noites e manhãs mais tranquilas.

Ensine que erros são oportunidades maravilhosas para aprender

Ainda que as crianças não convivam com culpa, vergonha e dor, elas parecem contrair a autocrítica em algum lugar. Muitas vezes, elas decidem por elas mesmas que "deveriam" ser mais perfeitas. Nós precisamos ensinar repetidamente que erros são oportunidades maravilhosas para aprender. Kathy Schinski participou de um workshop de Disciplina Positiva e compartilhou a seguinte letra de uma música que ela escreveu (*A Little Imperfection*, em inglês). Você pode fazer a sua própria melodia e ensinar a seus filhos ou alunos.

Uma pequena imperfeição
Por Kathy Schinski

Uma pequena imperfeição não é tão ruim.
Uma pequena imperfeição não deveria fazer você se sentir mal.
Mantém você em contato com a realidade
E com todas as pessoas não tão perfeitas
Assim como eu.

Uma pequena imperfeição não é tão ruim
Você precisa de um pouco disso para ser perfeito o bastante.
Coloca os seus pés de volta na terra
E permite que as outras pessoas mantenham
Sua própria autoestima.

Um pouco de imperfeição no lugar perfeito
Pode fazer este mundo não tão perfeito mais fácil de enfrentar.
Mais de nós poderíamos ir na direção certa
Se pudéssemos aprender a enfrentar um pouco de imperfeição.

Um pouco de imperfeição não é tão ruim.
Um pouco de imperfeição não deve fazer você se sentir triste.
Mantém você em contato com a realidade
E com todas as pessoas não tão perfeitas
Assim como eu.

Perguntas que estimulam a curiosidade

Perguntas que estimulam a curiosidade foram discutidas no capítulo anterior para ajudar as crianças a explorar as consequências de suas escolhas. Elas também podem ser usadas como parte do processo de "dedicar tempo para treinamento". Você vai conseguir maior participação e compreensão e criar uma atmosfera mais respeitosa e encorajadora se fizer perguntas que estimulam a curiosidade das crianças em vez de fazer afirmações (geralmente na forma de exigência ou sermão). Perguntas que estimulam a curiosidade são efetivas apenas quando você está realmente interessado nas respostas – não quando você espera que elas deem a resposta que você quer.

Quando as crianças respondem as suas perguntas, elas estão ativamente envolvidas. Quando você faz afirmações, elas estão passivamente envolvidas. Quando elas respondem perguntas, você tem a oportunidade de ouvir se o entendimento delas é ou não o mesmo que o seu. Por exemplo, em vez de dizer para seu filho para limpar a cozinha, pergunte: "O que você vê que precisa ser feito para limpar a cozinha?"

Seu filho pode dizer: "Lavar a louça."

Você pode perguntar em seguida: "E as coisas que estão em cima da mesa?"

Seu filho deve admitir: "Ah, bem, acho que elas precisam ser guardadas."

Você pode responder: "Certo, e as coisas que estão em cima do fogão? E o que você precisa fazer com as superfícies da mesa, dos balcões e do forno depois que tudo for retirado?"

Usando esse método, você também está dando tempo para treinamento, convidando as crianças a pensar e envolvendo-as ativamente em habilidades de resolução de problemas – tudo muito encorajador. Algumas vezes a melhor maneira de encorajar é dando um simples abraço.

Tente um abraço

Em muitos casos, os adultos podem ajudar as crianças a mudar o comportamento quando param de lidar com o mau comportamento e lidam com a causa oculta: o desencorajamento. Um jovem pai estava frustrado e perplexo por causa dos contínuos ataques de birra do filho de 4 anos. Repreensões e punição só aumentavam os ataques. O pai aprendeu em sua aula para pais que uma criança que se comporta mal é uma criança desencorajada, e que encorajamento é a melhor forma de lidar com mau comportamento. A ideia parecia um pouco invertida para o pai – algo como premiar o mau comportamento. Ainda assim, ele estava intrigado com a ideia de que as crianças agem melhor quando se sentem melhor. Ele decidiu então testar a teoria.

Na próxima vez que seu filho começou a ter um ataque de birra, o pai se ajoelhou e gritou, mais alto que o filho: "Eu preciso de um abraço."

Seu filho parou e perguntou entre os soluços: "Quê?"

O pai gritou novamente: "Eu preciso de um abraço."

Seu filho parou de soluçar tempo o suficiente para perguntar incrédulo: "Agora?"

O pai disse: "Sim, agora."

O filho parecia totalmente confuso, mas parou o ataque de birra e disse, um tanto a contragosto: "Tá bom". Então ele rigidamente deu um abraço no pai. Logo a rigidez desapareceu e eles se derreteram nos braços um do outro.

Depois de alguns minutos, o pai disse: "Obrigado, eu precisava de um abraço."

O menino então disse, retorcendo levemente os lábios: "Eu também."

Lembre-se do momento certo. Algumas vezes abraços não funcionam porque a criança está muito irritada para dar ou receber um abraço ou para qualquer tipo de encorajamento. Você pode continuar tentando. Se a criança estiver relutante, você pode dizer: "Tenho certeza que vou querer um abraço quando você estiver pronto", e depois saia do ambiente. Os pais relatam que quando tentam isso, a criança normalmente vem atrás deles em seguida, querendo um abraço.

Algumas pessoas perguntam: "E depois do abraço, o quê? O que fazemos com o mau comportamento?" Geralmente, o encorajamento é suficiente para interromper o mau comportamento e nada mais precisa ser feito. Outras vezes, o abraço pode criar uma atmosfera de encorajamento na qual as crianças estão dispostas e são capazes de aprender. Essa pode ser a oportunidade perfeita para dedicar tempo para treinamento, fazer perguntas que estimulam a curiosidade, oferecer uma escolha limitada, usar distração ou se engajar na resolução de problemas em conjunto.

Outra excelente maneira de encorajar as crianças é ajudá-las a se sentirem úteis por contribuírem. Que jeito maravilhoso de permitir que elas contribuam – fazendo *você* se sentir melhor quando elas lhe dão um abraço. É claro, o maior benefício é que elas também se sentem melhor.

Lembre-se, uma criança que se comporta mal é uma criança desencorajada. Muitas pessoas pensam que as crianças têm de pagar pelo que fizeram na forma de culpa, vergonha ou dor (em outras palavras, punição). Em vez disso, tente um abraço.

Se nenhum dos métodos apresentados for efetivo, você provavelmente está envolvido em uma disputa por poder ou em um ciclo de vingança que aumenta o desencorajamento. Compartilhe seus erros com seu filho e peça ajuda para recomeçar. Admitir os seus erros é uma das coisas mais encorajadoras que você pode fazer.

O ponto de vista da criança

Uma ótima maneira de se lembrar do ponto de vista da criança é relembrando a própria infância. Feche os olhos e relembre sua infância. Lembre-se de algum incidente entre você e um adulto em casa ou na escola quando você se sentiu desencorajado, incompreendido, humilhado, tratado injustamente ou qualquer combinação desses sentimentos. Reviva a experiência. Lembre-se exatamente do que aconteceu e de como você se sentiu. Reviva aquelas emoções.

Com seus olhos ainda fechados, lembre-se de outro incidente entre você e um adulto no qual você se sentiu encorajado, compreendido, apreciado, especial, inspirado a agir melhor ou qualquer combinação desses sentimentos. Reviva essa experiência. Lembre-se exatamente do que aconteceu e de como você se sentiu. Reviva aquelas emoções.

Na ocasião em que você se sentiu desencorajado, você deve ter se sentido incompreendido, humilhado ou tratado injustamente. Você deve ter sentido alguma forma de culpa, vergonha ou dor. Você deve ter se sentido sem valor ou revoltado. É provável que você não tenha se sentido inspirado a melhorar como resultado dessas experiências desencorajadoras, embora geralmente esse seja o objetivo do adulto. Você talvez tenha desistido de tentar melhorar uma habilidade, como piano, leitura, caligrafia ou esportes em função de alguma crítica desencorajadora que recebeu de um adulto.

Já na ocasião em que você se sentiu encorajado, também se sentiu compreendido, apreciado e especial. Essas experiências, possivelmente, o inspiraram a se comportar melhor e a buscar habilidades ou objetivos de valor. A maioria das experiências encorajadoras que você teve quando criança provavelmente exigiu muito pouco tempo do adulto, que oferecia algumas palavras de reconhecimento e apreciação.

Nos dois próximos capítulos, você verá como é importante ter a criança ativamente envolvida no processo de encorajamento por meio de reuniões de classe e de família.

Revisão

Ferramentas da Disciplina Positiva

1. Preste atenção ao momento certo. Espere pelo momento de "não conflito" (possivelmente após você e seu filho terem dado um tempo positivo), quando você estiver pronto para dar encorajamento e seu filho estiver pronto para recebê-lo.
2. Use o pronome "Eu" ao assumir responsabilidade por seus sentimentos.
3. Afaste-se do conflito. (Se possível, dê um tempo positivo.)
4. Marque um horário para se reunirem quando ambos estiverem mais calmos e se sentindo melhor.
5. Incentive a criança a colocar o problema na pauta da reunião de classe ou de família (ou faça-o você mesmo).
6. Escute. Lembre-se de que as crianças escutarão você quando sentirem que foram ouvidas também.
7. Use os Quatro Passos para Conseguir Cooperação.
8. Dê ênfase aos pontos fortes, não aos fracos. Reconheça e encoraje a porcentagem que está indo bem e essa porcentagem vai crescer.
9. Estimule a solução conjunta de problemas para encontrar soluções mutuamente respeitosas em áreas que precisam ser melhoradas.
10. Foque e reconheça o aprimoramento, não a perfeição.
11. Redirecione o mau comportamento. Busque o talento ou a habilidade no mau comportamento e redirecione a criança para usar aquele talento ou habilidade de forma útil e colaborativa.
12. Ajude a criança a fazer reparações por seus erros. Use perguntas que estimulam a curiosidade para ajudar as crianças a decidirem por si mesmas o que elas podem fazer para reparar o erro.

13. Evite pressão social. Algumas vezes é adequado esperar até que se tenha um "momento particular" para engajar a criança em uma discussão amistosa para a solução de problemas, de modo que você possa evitar a pressão social de se preocupar com o julgamento dos outros.
14. Planeje um "tempo especial" programado regularmente com cada um de seus filhos.
15. Quando colocar as crianças na cama, dê tempo para elas compartilharem a hora mais triste e a mais feliz do dia. Depois compartilhe você também os seus momentos.
16. Use encorajamento em vez de elogio.
17. Evite crítica. Pergunte à criança: "Como você gostaria de melhorar? O que você precisa fazer para alcançar seus objetivos?
18. Encoraje a autoavaliação.
19. Dedique tempo para treinamento, de modo que as expectativas fiquem claras.
20. Pergunte: "O que você entendeu sobre o que decidimos?"
21. Deixe que a criança saiba antecipadamente quando você decidir o que vai fazer.
22. Envolva as crianças na elaboração de quadros de rotina.
23. Ensine que erros são oportunidades maravilhosas para aprender.
24. Pare de dizer, dar sermão e exigir, e faça perguntas que estimulem a curiosidade.
25. Tente um abraço.

Questões

1. O que é uma criança malcomportada?
2. Qual é a mensagem escondida por trás do mau comportamento?
3. Para Dreikurs, qual era a habilidade mais importante que os adultos poderiam aprender para ajudar as crianças?
4. Qual a importância do momento certo?
5. Quais são os Quatro Passos para Conseguir Cooperação?
6. Quais são, por parte do adulto, as atitudes necessárias para que os Quatro Passos para Conseguir Cooperação sejam efetivos?

7. Quais são as atitudes dos adultos necessárias para respeito mútuo?
8. Por que o "momento especial" é tão poderoso para encorajar crianças e motivá-las a melhorar seu comportamento?
9. Quais são os perigos do elogio?
10. Quais são os efeitos em longo prazo do encorajamento?
11. Quais são algumas das diferenças entre encorajamento e elogio?
12. Quais são as perguntas que você deveria fazer como uma autoavaliação para determinar se suas afirmações são encorajamentos ou elogios?
13. Quais são os benefícios de envolver as crianças na elaboração do quadro de rotinas?
14. Qual é o objetivo dos erros?
15. Que outras maneiras você pode pensar para encorajar as crianças?

Capítulo Oito

Reuniões de classe

A eficácia da abordagem positiva depende das atitudes, por parte dos adultos, de respeito mútuo e preocupação com os efeitos em longo prazo nas crianças. Foi prometido que as crianças que experimentarem a interação respeitosa apresentada neste livro aprenderão autodisciplina, cooperação, responsabilidade, resiliência, desenvoltura, habilidades de resolução de problemas e outras habilidades de vida e sociais para o desenvolvimento de um bom caráter.

A culminação de todas essas promessas e atitudes é realizada e vivenciada em maior grau durante reuniões de família e de classe regulares. Tais reuniões proporcionam as melhores circunstâncias possíveis para crianças e adultos aprenderem a praticar os procedimentos democráticos de cooperação, respeito mútuo e foco em soluções. Reuniões de classe e de família são as duas melhores maneiras de oferecer às crianças oportunidades de desenvolver força nas Sete Percepções e Habilidades Significativas mencionadas no Capítulo 1. Esses são os objetivos em longo prazo mais benéficos que pais, professores e crianças adquirirão quando implantarem as reuniões de família e de classe. No entanto, alguns pais e professores são motivados pelos benefícios adicionais da eliminação dos problemas de disciplina. Tudo bem, contanto que compreendam que eliminar ou reduzir problemas de disciplina é um benefício adicional (ainda que muito grande), e não o primeiro objetivo dos reuniões de família e de classe. Como uma professora disse: “Eu não entrei no magistério para me tornar policial, juíza, jurada e carrasca. Desde que começamos as reuniões de classe, meus alunos se tornaram mais respeitosos e prestativos. Eles resolvem seus próprios problemas e eu tenho mais tempo para lecionar.”

Para os alunos, aprender e praticar a ser “bons descobridores” (um termo usado por Thomas J. Peters em seu livro *In Search of Excellence*) por meio de reconhecimentos, bem como desenvolver habilidades de resolução de problemas por meio da discussão de soluções respeitosas, são benefícios que lhes servirão para cada empreendimento importante de sua vida. Essas habilidades são tão importantes quanto as acadêmicas e precisam ser praticadas diariamente. Eu sempre pergunto aos professores se eles considerariam expor seus alunos à matemática ou à leitura apenas uma vez por semana. Eles sempre dizem que não. Quando eu pergunto por que, eles respondem que os alunos precisam de exposição diária a matemática e leitura a fim de praticar e reter essas habilidades. Eu então pergunto se eles acham que os alunos podem aprender e reter as habilidades sociais e de vida que precisam para o desenvolvimento de um bom caráter se as praticarem apenas uma vez por semana (e depois ouvirem sermões sobre elas o resto do tempo). É claro que eles compreendem então o ponto crucial.

Sempre que os alunos têm problemas, professores podem sugerir: "Você gostaria de colocar esse problema na pauta da nossa reunião de classe?" Somente isso já é suficiente para uma solução imediata satisfatória, ao mesmo tempo que proporciona um período para se acalmar antes de se tentar resolver o problema. Uma professora contestou que seus alunos especiais precisavam de ajuda imediata quando estavam chateados. Eu sugeri que ela tentasse pedir que eles colocassem seus problemas na pauta para ver o que aconteceria. Ela nos contou que eles iam obviamente chateados até a folha da pauta, escreviam seus problemas e voltavam para seus lugares calmamente. Já era suficiente para eles saberem que seus problemas logo seriam discutidos.

Um período de pelo menos um dia para se acalmar é recomendado antes de se discutir um problema. É desencorajador ter de esperar mais que três dias. Esse é o motivo pelo qual reuniões uma vez por semana podem ser ineficazes. (Um período mais curto para se acalmar é suficiente para crianças pequenas. Nas turmas de Educação Infantil, uma hora é tempo suficiente.) Colocar o problema na pauta pode servir como um breve período para se acalmar.

Os alunos frequentemente são melhores que os professores em resolução de problemas porque estão em maior número e o processo de discussão gera ideias originais. Eles têm muitas ideias excelentes quando têm permissão e são encorajados a expressá-las. Muitos problemas de disciplina acabam sendo eliminados porque os alunos se sentem encorajados quando são ouvidos e levados a sério e quando seus pensamentos e ideias são validados. Eles também se apropriam do processo e ficam motivados a seguir as regras e soluções que ajudaram a criar. Os professores descobriram que as crianças ficam muito mais dispostas a cooperar quando são envolvidas nas decisões, mesmo que a solução final tenha sido sugerida pelo professor, muitas vezes sem sucesso, no passado.

Existem muitos mais benefícios derivados das reuniões que envolvem as crianças. Professores frequentemente ficam surpresos com as habilidades sociais e acadêmicas que as crianças aprendem nas reuniões de classe. Como ficam intensamente envolvidas na resolução dos problemas que são importantes para elas, elas aprendem habilidades de escuta, desenvolvimento da linguagem, ampliação de pensamento, consequências lógicas das suas escolhas, habilidades de memória e habilidades de pensamento objetivo. Elas resolvem problemas relacionados a saúde e segurança. Aprendem e praticam resolução de conflitos, tanto preventiva quanto imediata. O grande valor do momento da resolução de conflitos é envolver todos os alunos e não apenas alguns selecionados. As crianças também ganham apreciação pelo valor e pela mecânica da aprendizagem. Por exemplo, colar na prova estava na pauta de uma certa reunião de classe. As crianças discutiram todos os motivos pelos quais não deveriam colar (incluindo "você não aprende"); os mesmos motivos que entram por um ouvido e saem pelo outro quando os adultos falam.

Atitudes e Orientações para Reuniões de Classe Bem-sucedidas

Algumas atitudes e ações a serem evitadas em reuniões de classe são:

1. Não use as reuniões de classe como mais um fórum para fazer sermões ou moralizar. É essencial que os professores sejam objetivos e não expressem julgamentos. Isso não significa que você não pode ter voz durante as reuniões. Você ainda pode colocar itens na pauta e dar sua opinião.
2. Não use as reuniões de classe como uma forma de continuar o controle excessivo. Crianças enxergam essa abordagem e não vão cooperar.

Reuniões de classe devem ser realizadas todos os dias (ou pelo menos três vezes por semana) nas escolas primárias. Se as reuniões de classe não acontecerem com frequência suficiente, os alunos ficarão desencorajados a colocar itens na pauta porque demorará muito para terem respostas, além de não aprenderem as habilidades por meio da prática diária.

Alunos dos Ensinos Fundamental e Médio podem aprender o processo de reuniões de classe mais rapidamente e reter por mais tempo, de modo que uma vez por semana pode ser suficiente. No entanto, alunos de níveis mais avançados ainda cooperam melhor quando são regularmente ouvidos e respeitados por suas habilidades. Por essa razão, algumas escolas de Ensinos Fundamental e Médio têm um período na sala de aula para as reuniões de classe. Outras têm professores de diferentes disciplinas que conduzem reuniões de classe uma vez por semana. Desse modo, professores de literatura têm reuniões de classe às segundas-feiras, professores de matemática às terças-feiras, professores de história às quartas-feiras, e assim por diante. Professores especialistas, como os de música, podem conduzir uma rápida reunião de classe quando o problema acontecer, se os alunos estiverem familiarizados com o processo.

Na primeira edição de *Disciplina Positiva* foi sugerido que as decisões fossem tomadas por voto majoritário. O voto majoritário é apropriado quando o tópico em discussão é de interesse de toda a turma. Quando esse é o caso, o voto da maioria não causa sentimentos de divisão entre os alunos. Em vez disso, proporciona uma ótima oportunidade para os alunos aprenderem que as pessoas não pensam e sentem da mesma forma. No entanto, alguns professores ainda gostam de continuar o processo da resolução de problemas até que o consenso seja atingido.

Quando o tópico em discussão recai em um ou dois alunos (mesmo que a turma toda esteja preocupada e queira ajudar), os alunos envolvidos devem ter permissão para escolherem a sugestão que eles acham que será mais útil para eles. Isso os encoraja a se sentirem bem por serem responsáveis por seus erros e a apreciar as muitas ideias que podem receber dos outros alunos (ideias focadas em soluções em vez de culpa, vergonha ou dor). Os alunos logo aprendem que suas sugestões são mais úteis quando são respeitosas e práticas, e não punitivas.

É importante notar que as reuniões de classe geralmente não são bem-sucedidas no início. Leva-se tempo até que os alunos (e os professores) aprendam as habilidades. Eu costumava falar para os professores se acostumarem com um mês infernal quando começassem as reuniões de classe, mas que valeriam a pena se eles compreendessem os benefícios em longo prazo. O motivo pelo mês infernal é que os alunos não estão acostumados a ajudar uns aos outros; eles estão mais acostumados com a punição. Eles não estão acostumados a ver erros como oportunidades para aprender e resolver problemas; estão acostumados a evitar responsabilidade por causa do medo da culpa, da vergonha e da dor.

Eu então descobri que o mês infernal pode ser eliminado quando os professores dedicam tempo durante as quatro primeiras reuniões de classe (ou mais) para ensinar aos alunos as habilidades dos Oito Aspectos Fundamentais para Reuniões de Classe Eficazes, descritos no livro *Positive Discipline in the Classroom*, de Jane Nelsen, Lynn Lott, e H. Stephen Glenn[1].

Oito Aspectos Fundamentais para Reuniões de Classe Eficazes

1. Formar uma roda.
2. Praticar reconhecimento e apreciação.
3. Criar uma pauta.
4. Desenvolver habilidades de comunicação.
5. Aprender sobre realidades diferentes.
6. Dramatizações e discussões.
7. Reconhecer os quatro motivos pelos quais as pessoas fazem o que fazem.
8. Focar em soluções não punitivas.

Nós desenvolvemos o *Positive Discipline in the Classroom Teacher's Guide*[2], que contém atividades destinadas a professores e alunos para ajudá-los a aprender e praticar as habilidades de cada um dos aspectos fundamentais. Reuniões de classe são mais eficazes quando os alunos desenvolvem habilidades e uma atitude positiva sobre soluções não punitivas antes de tentar ajudar uns aos outros a resolver "problemas reais". Os propósitos das reuniões de classe devem ser explicados, discutidos e experimentados por meio de atividades experimentais antes de se abordar os verdadeiros itens da pauta.

Propósitos das Reuniões de Classe

1. Fazer reconhecimentos.
2. Ajudar uns aos outros.
3. Resolver problemas.
4. Planejar eventos.

Alguns professores (especialmente nos anos iniciais) começam cada reunião perguntando aos alunos: "Quais são os dois principais propósitos das reuniões de classe?", isso depois de estabelecer que os dois principais propósitos são ajudar uns aos outros e resolver problemas.

Alguns objetivos das reuniões de classe

Ensinar respeito mútuo

Uma maneira de ensinar o significado de respeito mútuo é promover com os alunos uma discussão sobre as seguintes questões:

1. Por que é desrespeitoso quando mais de uma pessoa fala ao mesmo tempo? (Nós não podemos ouvir o que cada um está falando, a pessoa que deveria falar sente que os outros não se importam, etc.)
2. Por que é desrespeitoso incomodar os outros? (Eles não podem se concentrar e aprender com o que está acontecendo.)
3. Por que é importante ouvir quando os outros estão falando? (Para aprendermos uns com os outros, para demonstrar respeito pelos outros e porque nós gostamos quando os outros nos ouvem.)

Fazer reconhecimentos, agradecimentos e apreciações

Alunos do Fundamental 2 e Ensino Médio geralmente preferem usar as palavras *agradecimento* e *apreciação.* Alunos do Fundamental 1 geralmente se dão bem com a palavra *reconhecimento.* Apesar da diferença na terminologia, o conceito é o mesmo.

Dedique algum tempo com os alunos para explorar o significado de reconhecimento ou agradecimento e apreciação usando uma linguagem adequada à idade deles. Isso pode ser feito informalmente durante a primeira reunião. Ajude seus alunos a compreender que reconhecimento, agradecimento e apreciação devem focar no que os outros fazem nas seguintes áreas:

- Realizações.
- Ajuda ao próximo.
- Qualquer coisa que faça alguém se sentir bem.

Faça com que os alunos listem exemplos específicos para cada uma dessas áreas. Então, ensine-os a usar as palavras: "Eu gostaria de reconhecer ou apreciar (o nome da pessoa) por (alguma coisa específica que a pessoa tenha feito)." Usar essas palavras ajuda os alunos a se manterem na tarefa de reconhecer os outros pelo que fazem, em vez de pelo que vestem ou por como aparentam. Eu visitei centenas de salas de aula para observar reuniões de classe em escolas que adotaram esse programa. Em cada sala de aula nas quais não usaram a frase sugerida, os reconhecimentos ou apreciações eram menos específicos e mais superficiais e a discussão parecia divagar em outros assuntos.

Inicialmente, muitas crianças podem dizer: "Eu gostaria de reconhecer Jill por ser minha amiga." Permita que isso aconteça durante o processo de aprendizagem, mas eventualmente o grupo pode discutir como ser específico sobre o que o amigo faz e que ele gostaria de reconhecer e apreciar.

O professor pode começar fazendo vários reconhecimentos (a partir de anotações feitas durante o dia sobre coisas que as crianças fizeram e que mereçam reconhecimento). Muitos professores modelam fazendo reconhecimentos todos os dias, certificando-se de mencionar todas as crianças da turma (algumas por dia).

Durante a primeira reunião, peça a todos que façam pelo menos um reconhecimento para garantir que sabem como fazê-lo. Se alguém tiver dificuldade, peça para a turma ajudar perguntando se eles têm alguma ideia de algo que tenha sido feito ao longo do dia e que possa ser reconhecido por esse aluno, como brincar junto durante o intervalo, ajudar com a lição de casa, emprestar um lápis ou ouvir um problema. Assim que você perceber que os alunos adquiriram essa habilidade, passe o "microfone" (ou algum outro item) pela roda. Quando os alunos têm esse item nas mãos, eles podem fazer um reconhecimento ou passar. Uma parte importante do processo de reconhecimento é ensinar os alunos a dizer obrigado depois de receberem um reconhecimento.

Você pode ter muitas reuniões dedicadas apenas a reconhecimentos enquanto os alunos aprendem esse processo. Muitos professores contaram que os reconhecimentos, por si só, já foram significativos para criar uma atmosfera mais positiva em sala de aula. Depois da estranheza inicial, as crianças adoram buscar, fazer e receber reconhecimentos positivos.

Focar em soluções

Ensine os alunos a focar em soluções antes de tentar resolver qualquer problema. Inicie pedindo que discutam algumas consequências naturais e perguntando o que acontece nas seguintes circunstâncias se ninguém interferir:

- Se você ficar na chuva? (Vai se molhar.)
- Se brincar na estrada? (Pode morrer atropelado.)
- Se não dormir? (Você fica cansado.)
- Se não comer? (Fica com fome.)

Geralmente, a melhor maneira de ajudar as crianças a aprender é permitir que elas experimentem as consequências naturais sem discutir soluções. Se os adultos interferirem de alguma maneira, poderão fazê-lo para mostrar empatia ou para usar perguntas que estimulam a curiosidade, ajudando as crianças a explorarem as consequências de suas escolhas.

Quando é hora de discutir soluções, os alunos parecem tão confusos sobre as consequências lógicas quanto os adultos e geralmente tentam disfarçar uma punição chamando-a de consequência lógica. No entanto, eles compreendem rapidamente quando pedimos que foquem em soluções que sejam relacionadas, respeitosas, razoáveis e úteis. Explique que discutir soluções significa fazer sugestões que os outros possam usar no sentido de se tornarem responsáveis por seu comportamento e de aprender com seus erros. Explique os Três R e um U para focar em soluções (relacionadas, respeitosas, razoáveis e úteis), como explicado no Capítulo 6. É uma boa ideia fazer um pôster com os Três R e um U para os alunos poderem consultar. Peça então que discutam soluções para os seguintes problemas:

- Alguém que escreve na carteira.
- Alguém que atrapalha o jogo.
- Alguém que não faz as tarefas durante a aula.
- Alguém que se atrasa para a escola.

No começo, é melhor dar prática aos alunos trabalhando com situações hipotéticas, para que não haja envolvimento emocional ou culpa. Depois de receber o maior número possível de sugestões, e de escrevê-las, discuta cada uma e ajude as crianças a enxergarem se elas se encaixam nos critérios dos Três R e um U para focar em soluções. Incentive-as a discutir as razões pelas quais elas acham que cada sugestão é ou não relacionada, respeitosa, razoável ou útil. Leve-as a discutir como cada sugestão será útil ou ofensiva para a pessoa. Faça-as decidirem quais sugestões devem ser eliminadas porque não atendem aos critérios dos Três R e um U ou por que de alguma maneira são ofensivas ou impraticáveis.

Para além das consequências lógicas

Embora as consequências lógicas possam ser eficazes para ajudar os alunos a aprender com seus próprios erros e encorajá-los a fazer melhor, como discutido no Capítulo 5, preocupa-me ver o quão frequentemente elas são mal utilizadas. Quando professores tentam disfarçar a punição chamando-a de consequência lógica, os alunos aprendem a fazer o mesmo. Muitas reuniões de classe começaram a parecer pseudotribunais porque os professores e os alunos focavam em consequências lógicas que aos alunos envolvidos pareciam mais ofensivas do que úteis. Os alunos precisam aprender que muitas vezes as consequências lógicas focam mais no passado que no futuro. Aprender com o passado para fazer melhor no futuro é uma boa ideia. No entanto, é contraprodutivo focar no passado para impor culpa, vergonha e dor.

É um erro pensar que encontrar uma consequência lógica é a resposta para todo problema de mau comportamento. Mesmo que a compreensão das consequências lógicas seja útil para professores e alunos, é mais eficaz focar em soluções. Quando tiverem oportunidade, os alunos poderão trazer uma variedade de soluções que não têm nenhuma relação com consequências. Deixe-os praticar a discussão de soluções para diversos problemas hipotéticos.

Como fazer reuniões de classe

Usando a pauta

Apresente a pauta para o grupo. Alguns professores reservam espaço no quadro de avisos. Outros mantêm um caderno acessível aos alunos. A vantagem de um caderno é que todos podem olhar as páginas anteriores e ver como os problemas do passado foram resolvidos. Explique aos alunos que você vai ensiná-los a resolver os problemas em vez de resolvê-los sozinho. Desse ponto em diante, em vez de trazerem problemas para você, eles poderão colocar seu nome na pauta, seguido de algumas palavras para ajudar a lembrar qual é o problema. No início, não inclua o nome de outras crianças envolvidas no problema. Deixe que saibam que só poderão acrescentar nomes de outras pessoas quando tiverem aprendido a ser respeitosos e prestativos. Dessa forma, outros podem se sentir animados em ter seu nome na pauta porque sabem que logo receberão uma ajuda valiosa de seus colegas de classe. Alerte os alunos de que no início eles podem se esquecer e ainda pedir sua ajuda para solucionar os problemas, mas que você os lembrará de colocá-los na pauta. Esses problemas serão resolvidos durante as reuniões de classe.

Quando eu era orientadora de uma escola primária, cada vez que professores ou pais me procuravam para solucionar problemas que estavam tendo com as crianças, minha resposta era sempre colocar isso na pauta. Eu sempre sugeria resolver os problemas durante as reuniões de classe porque as crianças teriam as melhores soluções e estariam dispostas a cooperar se estivessem envolvidas nas decisões.

Quando as soluções parecerem não funcionar, simplesmente coloque o problema de novo na pauta para mais discussões e resolução de problemas. Quando você mesmo colocar itens na pauta, certifique-se de assumir o problema e não instigar culpa. As crianças se sentem bem em poder ajudá-lo com seu problema. Os itens da pauta devem ser tratados na ordem cronológica durante o tempo destinado às reuniões de classe. Qualquer problema que não tenha sido solucionado até o final da reunião poderá ser retomado na próxima. Realmente não importa se todos os problemas são resolvidos imediatamente. É o processo de resolução de problemas que é importante. Com muita frequência, quando um item é colocado para discussão, a pessoa que o escreveu diz que o assunto já foi resolvido. Alguns adultos dizem: "Que bom." E passam para o próximo item. Outros perguntam às crianças se elas gostariam de contar qual foi a solução.

Usando o período para se acalmar

Explique por que problemas não podem ser resolvidos quando as pessoas estão tristes ou irritadas. Os alunos adoram ouvir a analogia com o cérebro reptiliano do Capítulo 7 (quando as pessoas estão irritadas, ficam irracionais e sem disposição para ouvir outros pontos de vista). Com alunos mais velhos, você pode estimular a discussão perguntando por que é tão difícil resolver problemas quando estamos irritados. Com as crianças pequenas, explique que o propósito de esperar algumas horas ou alguns dias antes de resolver os problemas da pauta é dar uma chance de as pessoas esfriarem a cabeça e se acalmarem para que o problema possa ser resolvido respeitosamente.

Reunindo-se em uma roda

É importante que os alunos sentem em roda para as reuniões de classe. Permanecer nas carteiras cria barreiras físicas que interferem no processo, e eu também ainda estou para ver uma reunião de classe em que os alunos conseguem evitar ficar brincando com itens em cima da mesa deles.

Dedique tempo para ensinar aos alunos como mover as carteiras com o mínimo de barulho ou confusão. Algumas turmas levam muitos dias praticando. Eu já vi todos os tipos de carteiras serem movidas de todos os jeitos para que os alunos pudessem se sentar em uma roda olhando uns para os outros. O menor tempo foi 15 segundos. A maioria consegue fazer isso em 30 ou 60 segundos.

O treinamento pode envolver vários passos. Primeiro você pode perguntar aos alunos o que eles acham que precisam fazer para se moverem com o mínimo de barulho e confusão. Eles geralmente apresentam as ideias necessárias para uma transição tranquila. Então pergunte quantas vezes eles acham que precisam praticar antes de implantar suas boas ideias de forma eficaz.

Alguns professores gostam de definir lugares para se sentar. No primeiro dia de aula, eles fazem os alunos moverem suas carteiras aos lugares designados. Outros professores pedem que alguns alunos movam suas carteiras por fileira ou grupo. Se eles forem barulhentos ou bagunceiros, pratique até que resolvam o problema. Assim que aprenderem a fazer isso em silêncio, eles poderão se mover todos ao mesmo tempo.

Estrutura das reuniões de classe

Antes de eu ter aprendido o formato para estruturar as reuniões de classe, algumas reuniões que conduzi falharam. Quando os alunos não ficavam imediatamente impressionados com o que eu estava tentando fazer e se tornavam indisciplinados, eu desistia e lhes dizia: "Estou vendo que vocês não querem uma reunião de classe agora. Vamos tentar depois, quando vocês estiverem prontos." Em outras palavras, não só eu não assumi responsabilidade por não estar pronta, mas cedi à anarquia. O sucesso aumenta quando os alunos aprendem os aspectos fundamentais para reuniões de classe eficazes e então usam o seguinte formato:

1. Comece com os reconhecimentos. Passe um item (como algum objeto que cumpra a função de um "microfone") para todos na roda. Os alunos que quiserem fazer um reconhecimento poderão fazê-lo quando tiverem esse item nas mãos. Passe uma vez ao redor da roda para que todos tenham a oportunidade de fazer um reconhecimento ou passar a vez. Quando passar ao redor do círculo, é importante começar e parar no mesmo lugar. Isso evita acusações de "injustiça" quando o professor chama os alunos de forma aleatória e define quando parar arbitrariamente. Sempre tem um aluno que reclama de não ter sido chamado.
2. Leia o primeiro item da pauta. Pergunte à pessoa que o escreveu se isso ainda é um problema. Se o aluno disser que não, vá para o item seguinte. Se você tiver tempo, pergunte se o aluno gostaria de contar como o problema foi resolvido.
3. Se o problema não foi resolvido, passe um item na roda para comentários e sugestões. Comece com a pessoa que escreveu o item na pauta e termine com a pessoa antes dessa. Sugiro dar a volta inteira duas vezes, já que os alunos sempre pensam em algo a mais para falar ou em mais sugestões depois de ouvir os outros. A segunda vez nunca demora muito.

4. Escreva cada sugestão exatamente como foi dada. Essa tarefa pode ser dos alunos, se tiverem idade suficiente. (Você encontrará sugestões sobre o que fazer se as crianças estiverem sendo mais ofensivas do que prestativas em "Perguntas comuns", ao final deste capítulo.)
5. Leia (ou peça para um aluno ler) todas as sugestões antes de perguntar aos alunos envolvidos quais eles acham que será mais útil. Quando mais de um aluno estiver envolvido, cada um poderá escolher uma solução. Se escolherem soluções diferentes, quando todas são ideias úteis, tudo bem. Quando dois alunos escolherem soluções que parecem conflitantes, convide-os a fazer uma discussão particular para decidirem o que funcionará para ambos sem conflito.
6. Pergunte ao aluno quando ele ou ela pretende fazer o que foi escolhido. Você pode querer oferecer uma escolha limitada, como hoje ou amanhã, ou durante o intervalo ou depois da escola. Há um benefício psicológico em oferecer aos alunos a escolha de quando querem tentar a sugestão. Isso dá a eles uma sensação de responsabilidade e compromisso.

Esse formato oferece um processo que pode ser seguido passo a passo. No entanto, não é tão rígido a ponto de eliminar o espaço para a individualidade e a criatividade do professor.

Sinais com as mãos são uma ótima forma de todas as crianças expressarem sua opinião durante uma reunião de classe sem serem desrespeitosas ou indisciplinadas. Um professor ensinou seus alunos a mover as mãos cruzadas no colo para a frente e para trás quando quisessem expressar desacordo. Quando concordassem com o que estava sendo dito, eles moviam seu punho para cima e para baixo sobre o ombro.

Eu convidei um grupo de pessoas para observar uma reunião de classe na qual a criança escolheu a sugestão de se desculpar na frente da classe por um mau comportamento que tinha sido incluído na pauta. Essa era uma preocupação para um dos observadores. Durante as perguntas, essa pessoa comentou que achava humilhante para a criança se desculpar na frente de todos. Eu pedi que ela perguntasse à criança e aos membros da turma se eles se incomodavam em se desculpar na frente dos outros. A turma concordou de forma unânime que isso não incomodava. A questão é que isso ajuda a entrar no mundo da criança, em vez de projetar seu próprio mundo sobre elas.

Atitudes e habilidades do professor

1. Abra mão do controle e incentive a cooperação

O livro *Positive Discipline in the Classroom Teacher's Guide*[3] inclui atividades que ajudam os professores a vivenciarem a justificativa para utilização da Disciplina Positiva. Durante a atividade chamada "Por favor, fique sentado", os participantes formam trios. Em cada trio, uma pessoa faz o papel de um aluno sentado na cadeira. Os outros dois interpretam dois adultos que ficam de pé atrás da cadeira com suas mãos nos ombros dos alunos. O objetivo é o aluno tentar sair da cadeira, enquanto os adultos o mantêm lá. Quando discutimos a atividade, perguntando a cada pessoa o que estava pensando, sentindo ou decidindo fazer no futuro, todas as questões e resultados do controle em curto e longo prazo são discutidos. Aqueles que fazem o papel dos alunos compartilham sentimentos de raiva, ressentimento ou completo desencorajamento. Também compartilham sua decisão de ficar o tempo todo bolando um jeito para derrotar o adulto controlador, vingar-se ou (ainda pior) desistir e se conformar, com grande perda da autovalorização. Os que atuam como adultos compartilham como se sentiram fora do controle, mesmo quando estavam agindo de forma controladora. Alguns discutem como é fácil entrar em uma disputa por poder sem considerar os resultados em longo prazo. Tudo que eles querem é vencer ou não serem derrotados. Ninguém considera que, mesmo que pudessem vencer, o preço seria o aluno se tornar o perdedor.

2. Modele o que você quer ensinar

Existem muitas habilidades do professor que podem melhorar em grande medida as reuniões de classe. É mais importante modelar o que você espera que as crianças aprendam – habilidades de vida e sociais para o desenvolvimento de um bom caráter. É útil quando os professores modelam expressões de cortesia, tais como: por favor, obrigado, de nada, e outras.

3. Faça perguntas que estimulam a curiosidade (o método socrático)

Perguntas que estimulam a curiosidade, como descrito no Capítulo 6, são um pouco diferentes quando usadas nas reuniões de classe. Uma das habilidades mais importantes, que tanto modela respeito mútuo quanto permite que as crianças desenvolvam sua percepção de capacidades pessoais, é o uso de perguntas abertas. Qualquer afirmação que você queira fazer pode ser colocada na forma de pergunta. Se você quer que as crianças saibam que você acha que estão fazendo muito barulho, pergunte: "Quantos acham que está muito barulho aqui?" É ainda mais eficaz perguntar das duas formas: se você perguntar quantos acham que está tudo bem, também pergunte quantos acham que não está tudo bem. Quanto menos você mostrar sua inclinação, mais você convida as crianças a pensarem por si mesmas. É incrível observar a frequência com que as crianças usam o mesmo tipo de discurso e falas moralizadoras que rejeitam quando são ditas pelos adultos.

Perguntas abertas podem converter uma atmosfera negativa em uma atmosfera positiva, como no exemplo a seguir: um professor pediu a ajuda da orientadora com Stephen, um aluno que estava causando uma série de problemas no parquinho. A orientadora achou que a melhor maneira de lidar com o problema seria em uma reunião de classe. Esse professor ainda não havia conduzido uma reunião de classe, de modo que a orientadora usou essa oportunidade como demonstração para ele.

A orientadora pediu que Stephen saísse da sala e fosse para a biblioteca. A regra geral é que você não discute sobre uma criança que não esteja presente, mas nesse caso ela sabia que uma atmosfera positiva não tinha sido criada e ela não queria arriscar que Stephen ficasse ofendido com os comentários. A reunião de classe começou com a orientadora perguntando quem era o maior bagunceiro da turma. Os alunos responderam em coro: "Stephen." Então ela perguntou que tipo de coisas ele fazia para causar confusão. Eles mencionaram brigas, roubo de bolas, xingamentos, palavrões, etc. A primeira pergunta permitiu que as crianças expressassem o que elas estavam pensando e sentindo.

As próximas perguntas deram às crianças uma oportunidade de pensar e sentir em uma direção positiva. "Por que vocês acham que Stephen faz essas coisas?" As respostas incluíam coisas como "Porque ele é malvado" e "Ele gosta de provocar". Finalmente um aluno disse: "Talvez seja porque ele não tem nenhum amigo." Outro aluno concordou e acrescentou a informação de que os pais de Stephen haviam perdido a guarda do filho. Quando foi perguntado o que significava perder a guarda de um filho, as crianças disseram o quão difícil deve ser ter de deixar sua própria família, mudar tantas vezes, e assim por diante. Eles estavam agora expressando compreensão, e não hostilidade, em relação a Stephen.

Quando questionados: "Quantos de vocês estariam dispostos a ajudar Stephen?", todos os alunos da classe levantaram a mão. Uma lista foi feita no quadro com todas as sugestões do que eles poderiam fazer para ajudar. Isso incluía ir e voltar da escola com Stephen, brincar com ele durante o intervalo, almoçar com ele e mais umas dez outras ideias. Voluntários específicos foram então listados para cada uma das sugestões.

Mais tarde, a orientadora contou a Stephen que a turma tinha discutido os problemas que ele estava enfrentando no intervalo. Quando se perguntou se ele tinha ideia de quantos colegas queriam ajudá-lo, ele olhou para o chão e disse: "Provavelmente nenhum." Quando ele soube que todos os alunos queriam ajudá-lo, arregalou os olhos e perguntou, incrédulo: "Todos?" É óbvio que Stephen se sentiu encorajado com o rumo dos acontecimentos.

Quando a classe toda resolveu ajudar Stephen e seguir com seus compromissos, ele se sentiu tão aceito que seu comportamento melhorou radicalmente.

4. Seja responsável por sua parte na relação (e no problema)

Outra habilidade é estar disposto a assumir responsabilidade por alguns problemas e pedir ajuda. Uma professora do sétimo ano contou sua experiência com mastigação de palitos de dentes. Isso a deixava louca não só porque ela achava isso nojento, mas porque encontrava palitos por todo o chão da classe e da escola. Isso era um problema para ela, mas não para seus alunos. Ela tinha feito sermões e implorado para que os alunos parassem de mascar palitos. Nada aconteceu.

Finalmente ela colocou isso na pauta e admitiu que podia compreender que isso não era um problema para eles, mas que ela apreciaria se eles pudessem ajudá-la com a solução de seu problema. Como eles só tinham 50 minutos de aula, não podiam usar mais do que 10 minutos por dia para a reunião de classe, de modo que frequentemente não conseguiam chegar a uma solução final para um problema por vários dias. No terceiro dia discutindo a questão dos palitos, a professora começou dizendo: "Nós ainda não resolvemos o problema da mastigação dos palitos."

Um dos alunos perguntou se ela tinha visto alguém mascando palitos recentemente. Ela admitiu que não. Esse aluno disse: "Talvez o problema já esteja resolvido."

A professora disse, surpresa: "Talvez já esteja mesmo."

Esse é um excelente exemplo de quantas vezes apenas discutir o problema é suficiente para tornar todos cientes a respeito dele e continuar a trabalhar em busca de soluções fora das reuniões de classe.

5. Seja objetivo e não julgue

Procure julgar o mínimo possível. Quando os alunos sentem que podem discutir qualquer assunto sem serem julgados, eles se abrem muito mais para as discussões e a aprendizagem. Uma professora demonstrou a preocupação de que, se falasse sobre algumas coisas (tais como cuspir no banheiro), poderia dar aos outros alunos ideias nas quais eles não tinham pensado antes. Quando conversamos, ela percebeu que os alunos sabiam o que estava acontecendo e que não falar abertamente sobre o assunto não faria isso parar de acontecer.

Não censure os itens da pauta. Alguns adultos se sentem inclinados a censurar os itens que consideram de "fofoqueiros". O que pode parecer uma fofoca para você é uma preocupação real para a criança. Outros adultos querem eliminar itens se um problema semelhante já foi discutido anteriormente. Novamente, pode ser semelhante para você, mas não para a criança. Lembre-se de que o processo é ainda mais importante que a solução. Mesmo que o item pareça o mesmo para você, as crianças podem resolvê-lo de forma diferente ou mais rápida por causa da experiência anterior.

6. Procure a intenção positiva por trás de cada comportamento

Finalmente, é importante ser capaz de encontrar intenções positivas por trás de cada comportamento. Isso possibilita que as crianças se sintam apoiadas e valorizadas, pré-requisitos essenciais para a mudança de comportamento. Durante uma reunião de classe, os alunos estavam discutindo o problema de colar na prova. Foi explicado o problema de uma menina que tinha olhado as palavras antes da prova de ortografia porque ela queria passar na prova. O sr. Meder perguntou: "Quantos aqui acham que é realmente bom que as pessoas queiram passar nas provas?" A maior parte da turma levantou as mãos. Outro aluno admitiu que tinha sido pego colando e teve que fazer a prova de novo. O sr. Meder perguntou: "Isso te ajudou?" O menino disse que sim. Esses são dois exemplos de procurar o lado positivo em algo que poderia ser visto apenas como negativo. A turma continuou a fazer sugestões para melhorar o comportamento.

Perguntas comuns

Durante um seminário de Disciplina Positiva na sala de aula em uma escola na Carolina do Norte, as seguintes perguntas e respostas foram gravadas e transcritas. Elas representam as preocupações de muitos professores.

Pergunta: As crianças não precisam de soluções imediatas para seus problemas? Eu acho que meus alunos não conseguem esperar três dias para que seus problemas apareçam na pauta.

Resposta: Eu trabalhei com outra professora que também pensava da mesma maneira. Ela fazia as reuniões de classe logo depois do almoço a fim de lidar com todos os problemas que ocorreram durante o intervalo. Eu a encorajei a pedir que seus alunos colocassem os problemas na pauta e esperassem pelo menos um dia para resolvê-los nas reuniões de classe. Ela depois me contou que ficou surpresa com a satisfação que os alunos demonstraram pelo simples ato de escrever seus problemas na pauta. Essa era sua solução imediata. A expressão corporal deles indicava alívio depois de o fazerem. Ela também contou que, depois de um a três dias, a discussão do problema era muito mais racional e útil porque as birras esfriavam consideravelmente.

Pergunta: E se a solução que ficou decidida não funcionar de forma eficaz?

Resposta: A decisão deve ser mantida até que alguém coloque o problema de volta na pauta. Em uma turma o problema era que os alunos se deitavam nas cadeiras. A turma decidiu que quem o fizesse deveria ficar de pé atrás da carteira. Isso não funcionava direito porque muitas crianças gostavam de ficar de pé, e isso atrapalhava as reuniões de classe. A professora colocou esse problema de volta na pauta. Os alunos concordaram que isso atrapalhava e decidiram que quem deitasse deveria sair da reunião de classe, como um lembrete, mas que poderia retornar assim que estivesse pronto para se sentar corretamente.

Pergunta: E se alguém achar que a consequência é injusta?

Resposta: Isso geralmente não é um problema se o aluno escolheu a solução que ele acha mais útil. Esse problema também é evitado quando você coloca o foco nas soluções e não nas consequências.

Pergunta: O que você faz se os alunos sugerem punições em vez de soluções?

Resposta: Escreva todas as sugestões. Quando os alunos estão aprendendo, é útil passar por cada uma das sugestões que foram levantadas e eliminar as que eles acham que não são respeitosas ou úteis. Isso dá mais tempo para os alunos pensarem nos resultados das sugestões em longo prazo. Outra opção é pedir voluntários para dramatizar as sugestões punitivas. Depois da dramatização, pergunte a quem experimentou a punição o que ele(a) estava sentindo, aprendendo e decidindo fazer no futuro. Essa é outra maneira eficaz de ensinar os resultados da punição em longo prazo.

Pergunta: E se os alunos começarem a se unir contra outra criança?

Resposta: Isso realmente acontece algumas vezes, mesmo quando os alunos já aprenderam a ser positivos e prestativos na maior parte do tempo. Durante uma demonstração de reunião de classe conduzida por Frank Meder, discutia-se o problema da aluna nova que tinha usado linguagem inadequada no parquinho. Os alunos estavam se unindo contra ela de forma ofensiva. Frank redirecionou-os por meio de perguntas eficazes. Ele perguntou: "Quantos aqui sabem como é entrar em uma nova escola?" Muitos alunos comentaram sua experiência sobre isso. Então Frank perguntou quantos deles tinham dedicado tempo para ser amigável e contar a ela sobre as regras da escola. Ninguém levantou a mão. Frank se voltou à aluna nova e perguntou se os alunos na escola antiga usavam esse linguajar. Ela disse que sim. Frank perguntou então quantos queriam fazer amizade com ela e explicar a ela as regras da escola. Muitos levantaram as mãos. Então eles voltaram ao formato regular, mas a partir daquele momento a atmosfera era positiva e de cooperação. Os alunos acharam que essa discussão foi suficiente daquela vez porque ela não conhecia as regras.

Em uma reunião de classe de oitavo ano, parecia claro que o aluno em pauta estava se sentindo atacado pelos outros. Eu perguntei aos alunos: "Quantos de vocês se sentiriam ajudados se estivessem na posição do Bill agora?" Ninguém levantou a mão. Então eu perguntei: "Quantos de vocês se sentiriam atacados se estivessem na posição do Bill?" Muitos deles levantaram as mãos. Então perguntei: "Quantos de vocês estão dispostos a se imaginar na posição de outra pessoa quando fizerem comentários e derem sugestões?" Todos aceitaram e admitiram que era engraçado o fato de não terem pensado nisso antes.

Pergunta: E se o problema envolver um aluno de outra turma?

Resposta: Muitas escolas ministram as reuniões de classe ao mesmo tempo, de modo que alunos de outras classes possam ser convidados. Antes de convidar alunos de outra turma para a sua reunião de classe, discuta com os alunos como alguém que foi chamado para outra sala pode se sentir. Discuta com eles o que pode ser feito para garantir que o aluno convidado sinta que o propósito é ajudar e não magoar. Em algumas salas de aula, os alunos listam coisas positivas a respeito do aluno convidado para que possam começar com o reconhecimento.

Stuart foi convidado para a sala de aula da sra. Petersen porque alguns alunos reclamaram que ele tinha destruído seus castelos de areia. Eles começaram reconhecendo suas conquistas esportivas e suas habilidades de liderança. A sra. Petersen, em seguida, perguntou se ele sabia por que tinha destruído os castelos de areia. Ele explicou que uma vez foi acidente e que a outra vez foi porque o sinal já tinha sido dado de qualquer forma. Foi perguntado a Stuart se ele tinha alguma sugestão para resolver o problema. Ele não tinha. Alguém sugeriu que ele se tornasse o patrulheiro dos castelos de areia para garantir que ninguém destruísse os castelos. Stuart e a classe concordaram de forma unânime com a sugestão.

Começar com o reconhecimento reduz as chances de uma postura defensiva e inspira cooperação. Algumas turmas começam todas as sessões de resolução de problemas com reconhecimento das coisas positivas sobre os envolvidos.

Pergunta: Como você impede que fofocas entrem na pauta?

Resposta: Você não o faz. É mais útil mudar sua percepção. Esses frequentemente são os tipos de problemas que são reais para os alunos. Agradeça cada oportunidade que os alunos têm de praticar essas habilidades. Se o professor censurar alguns itens da pauta, os alunos perderão a confiança no processo. Além disso, quando os alunos usam o processo de reuniões de classe, esses problemas perdem sua conotação de fofoca porque os alunos estão tentando resolvê-los de forma respeitosa, e não ofensiva.

Pergunta: O que você faz quando alguns alunos monopolizam a pauta?

Resposta: Coloque isso na pauta e deixe que os alunos resolvam o problema. Uma professora nos contou que ela teve esse problema. Tommy estava colocando uns dez itens por dia na pauta. Sugeri que ela colocasse o problema na pauta, mas a professora percebeu que outro aluno já tinha feito isso. A turma decidiu que cada aluno poderia colocar um item por dia na pauta. A professora admitiu que, se ela tivesse tentado resolver o problema sozinha, teria permitido de três a cinco itens por dia, mas acabou gostando muito mais da solução da turma.

Pergunta: Os alunos podem colocar a professora na pauta se tiverem alguma reclamação?

Resposta: Se os professores entenderam o espírito das reuniões de classe, eles se sentirão confortáveis discutindo seus próprios erros como uma oportunidade de aprender. Esse é um modelo excelente para os alunos.

Frank Meder trouxe seus alunos para uma demonstração de reunião de classe em um workshop de Disciplina Positiva em Sala de Aula. Um dos itens da pauta era que Frank tinha confiscado um saquinho de batata *chips* de um aluno durante o intervalo, por causa da regra escolar de não comer no parquinho. No caminho para a sala dos professores, Frank comeu algumas batatinhas. A solução sugerida (e a que ele escolheu) era que o sr. Meder comprasse outro saquinho de batatas para o aluno, mas que o professor poderia comer metade do saquinho primeiro, afinal o saquinho estava pela metade quando foi confiscado.

Em uma outra oportunidade, um aluno colocou o sr. Meder na pauta porque o professor tinha feito um aluno correr em volta da pista (por mau comportamento durante a aula de educação física). Os alunos decidiram que isso era punição em vez de solução. Eles decidiram que o sr. Meder deveria correr quatro vezes em volta da pista. Frank aceitou essa decisão, mas depois de correr ele colocou na pauta que tinha sido injusto ter de correr quatro vezes quando o aluno teve de correr apenas duas. Ele usou a oportunidade para discutir como é fácil querer vingança quando há punição.

Pergunta: O que você faz quando as crianças não admitem o que foram acusadas de fazer?

Resposta: Quando uma atmosfera de confiança e ajuda está estabelecida, é raro os alunos não se sentirem livres para assumir responsabilidade por suas ações. Antes que essa atmosfera tenha sido estabelecida, você pode perguntar se alguém mais da turma viu o que aconteceu. Alguns professores pedem para os alunos dramatizarem o que aconteceu. A dramatização costuma ser tão bem-humorada que todo mundo ri. Isso às vezes inspira o aluno a contar o que realmente aconteceu.

Você pode aproveitar essa oportunidade para perguntar por que os alunos podem se sentir relutantes em admitir que fizeram alguma coisa: "Quantos de vocês admitiriam que fizeram alguma coisa se achassem que os outros iriam querer ofendê-lo em vez de ajudá-lo?" "Quantos de vocês já foram acusados de algo que não achavam que tinham feito?" Muitos professores acham eficaz perguntar aos alunos se eles estariam dispostos a aceitar a palavra do aluno acusado dessa vez e colocar na pauta se acontecesse de novo.

Pergunta: O que você faz se os alunos usam a pauta como instrumento de vingança? Meus alunos vão até a pauta e, se seus nomes estão lá, eles colocam o nome da pessoa que os acusou.

Resposta: Isso acontece com frequência antes de os alunos aprenderem e acreditarem que o propósito da pauta é ajudar e não incriminar o outro. Muitos professores resolvem esse problema usando uma caixa de sapatos como pauta. Eles pedem para os alunos escreverem os problemas em pequenos pedaços de papel de cores diferentes de acordo com o dia da semana para identificar quais são os mais antigos. Enquanto isso, o professor discute o que pode ser feito para aumentar a confiança no grupo. Outra opção é pedir que os alunos coloquem o problema na pauta, mas sem citar nomes. Dessa forma, os alunos focam em soluções para um problema típico – sem se importar com quem está envolvido. Esse processo ajuda os alunos a se acostumarem com a ideia de focar em soluções. Muitos professores que no começo usam a caixa de sapatos passam a usar a pauta aberta assim que sentem que seus alunos estão prontos para isso. Alguns professores também pedem que os alunos escrevam reconhecimentos por escrito na caixa. Esses reconhecimentos por escrito são lidos antes dos reconhecimentos orais.

Pergunta: O que fazer a respeito dos alunos que ficam em volta da pauta no caminho da sala de aula depois do intervalo?

Resposta: Se os alunos ficam em volta da pauta no caminho da sala de aula, tornando difícil começar a aula, crie uma regra de que a pauta só pode ser usada na saída da sala de aula. Às vezes, só esperar pelo próximo intervalo é suficiente para que o aluno se acalme e decida que seu problema não era tão sério assim para ser colocado na pauta. Alguns professores começam com essa regra e depois, quando os alunos conseguem lidar com isso sem serem indisciplinados, permitem que usem a pauta a qualquer hora.

Pergunta: É realmente necessário fazer reuniões de classe todos os dias? Eu não venho tendo tantos problemas e odeio perder tanto tempo.

Resposta: A principal razão para fazer reuniões de classe todos os dias é ensinar o processo que permite aos alunos a prática de habilidades de vida e sociais para o desenvolvimento do bom caráter. Muitos alunos não aprendem realmente o processo se existe a distância de uma semana entre as reuniões. Muitos professores aprenderam que realizá-las todos os dias pode fazer a diferença entre o sucesso e o fracasso. Um professor com uma turma particularmente difícil estava quase desistindo de fazer reuniões de classe até que começou a realizá-las todos os dias. Ele descobriu que seus alunos aprenderam e confiaram no processo quando feito diariamente. A atmosfera da aula mudou porque os alunos aprenderam habilidades positivas, que continuaram a usar durante o dia todo.

Outra professora disse que não fazia reuniões de classe porque ela tinha uma turma muito cooperativa e não estava tendo problemas. Ela tentou fazer uma reunião de classe quando um grande problema aconteceu e descobriu que a turma não conseguia lidar com isso porque não tinha aprendido o processo. Essa professora não tinha compreendido a importância das reuniões de classe como um processo que ensina às crianças habilidades que capacitam a resolver problemas – e que, o que é ainda mais importante, ensina habilidades que elas podem usar durante toda a sua vida.

Outra professora de escola primária descobriu que o motivo pelo qual seus alunos não estavam colocando itens na pauta é que demorava muito para seus problemas serem discutidos nas reuniões de classe, que aconteciam apenas uma vez por semana.

Na escola primária, é melhor realizar as reuniões de classe diariamente. Se não constarem problemas na pauta, use o tempo depois dos reconhecimentos para planejar ou discutir outros assuntos.

Pergunta: E se o item na pauta envolve um aluno que faltou?

Resposta: Se o aluno que faltou foi quem colocou o item na pauta, descarte-o e vá direto para o próximo item. Se o aluno que faltou está envolvido no problema, pule o item, mas deixe-o na pauta como o primeiro item a ser discutido quando o aluno retornar. Isso reduz a possibilidade de que as faltas sejam decorrentes da pauta. No entanto, se você suspeita que os alunos querem faltar porque seus nomes estão na pauta, isso deve ser discutido em uma reunião de classe para que a turma possa decidir o que eles precisam fazer para que as pessoas saibam que eles querem ajudar, e não magoar uns aos outros.

Pergunta: E se os pais se opuserem?

Resposta: Convide-os para vir e observar. Pouquíssimos pais se opõem depois de observar uma reunião de classe em ação. Alguns alunos podem achar que terão atenção especial de seus pais se reclamarem de terem sido escolhidos em uma reunião de classe. Mesmo quando os alunos tentam descrever as reuniões com precisão, pode soar como um pseudotribunal. Diga aos pais que você compreende a preocupação deles e provavelmente se sentiria da mesma forma se não tivesse visto o processo e os resultados positivos em ação. Alguns pais podem vir. Outros se sentirão mais confiantes por causa da sua compreensão e do convite. (Incluí uma carta aos pais no Anexo III.)

Se os pais ainda forem contra mesmo depois da visita, ou se recusarem-se a visitar, mas mesmo assim insistirem que seu filho não pode participar, cuide para que essa criança fique em outra sala ou na biblioteca durante as reuniões de classe. Uma vez, um aluno reclamou com sua mãe sobre as reuniões, e esta correu para a escola para "superproteger" o filho. Ela insistia que ele não participasse. O aluno reclamou mais tarde que se sentia deixado de lado porque tinha de ir à biblioteca durante as reuniões de classe.

Pergunta: E se os alunos não quiserem participar?

Resposta: Os alunos não devem ter uma escolha em relação a isso, assim como não têm em relação a participar ou não da aula de matemática. Você pode ter uma discussão sobre por que as pessoas podem não querer participar e como melhorar as reuniões de classe para que todos queiram participar.

Pergunta: O que fazer para que as decisões sejam cumpridas?

Resposta: Não é necessário que o professor tome atitudes para que as decisões tomadas por indivíduos ou pelo grupo sejam cumpridas. Os alunos estarão muito conscientes do que acontece e, se outro aluno se "esquecer", ele será lembrado, ou a questão voltará para a pauta.

Pergunta: Quem conduz as reuniões de classe, o professor ou os alunos?

Resposta: Assim que os alunos tiverem idade suficiente, é uma boa ideia deixá-los assumir o máximo de responsabilidade possível. Muitos professores fazem rodízio nas funções de presidente e secretário. Um aluno faz o papel de presidente por uma semana e será responsável pela pauta e pela condução da reunião de classe. O secretário é a pessoa responsável por anotar todas as sugestões e as decisões finais.

Pergunta: Como esse processo funciona com alunos da Educação Infantil e do primeiro ano?

Resposta: Funciona muito bem! Eu visitei muitas turmas nas quais os alunos estavam se saindo tão bem que eu tive que me beliscar para lembrar que eles não eram alunos de sexto ano em miniatura. Eles estavam usando o mesmo vocabulário e as mesmas habilidades de resolução de problemas.

Muitas escolas de Educação Infantil estão envolvendo alunos de 2, 3, 4 e 5 anos de idade em reuniões de classe. No livro *Positive Discipline for Preschoolers*[4] nós contamos a história de uma turma que tentava resolver um problema relativo a lascas de madeira que estavam sendo jogadas no parquinho. As crianças mais velhas estavam dando sugestões excelentes. Quando o "microfone" chegou até Cristina, de 2 anos de idade, ela disse: "Eu coloquei bananas no meu cereal hoje." A professora agradeceu por ela ter compartilhado isso e então passou o "microfone" para a próxima pessoa. Mesmo que Cristina não tenha compreendido o propósito das reuniões de classe, sua participação foi apoiada e ela se sentiu importante. Enquanto isso, ela ia absorvendo e aprendendo com as crianças mais velhas.

Crianças mais novas podem precisar de ajuda para colocar seus problemas na pauta. Algumas professoras primárias ouvem e escrevem o que as crianças pequenas querem colocar na pauta. Outras professoras pedem que elas escrevam seu nome e desenhem algo que as faça lembrar do seu problema. Nos primeiros anos, metade dos problemas é resolvida porque a criança não consegue se lembrar do que aconteceu quando seu nome aparece na pauta. Tudo que ela precisa é um período para se acalmar. As crianças pequenas são rápidas para esquecer e perdoar.

Além disso, as crianças mais novas podem precisar de mais direção e orientação, de modo que o professor pode precisar se envolver mais do que com crianças maiores. No início de cada reunião, a sra. Ater pede que seus alunos recitem os propósitos:

1. Ajudar uns aos outros.
2. Resolver problemas.

Depois recitam as três regras:

1. Não traga nenhum objeto para a roda.
2. Apenas uma pessoa pode falar de cada vez.
3. As seis pernas devem estar no chão (as duas humanas e as quatro da cadeira).

Outras sugestões

Amigo secreto

Alguns professores gostam de usar a reunião de classe de segunda-feira para que cada aluno escreva o nome de um amigo secreto da semana. A reunião de classe de sexta-feira é então usada para que os alunos adivinhem quem é seu amigo secreto compartilhando as coisas gentis que o amigo fez.

Algumas orientações preliminares são importantes para que isso seja eficaz. Primeiro os alunos discutem o que podem fazer por seu amigo secreto, como: escrever bilhetes carinhosos, compartilhar algo, ajudar, brincar juntos, sorrir e dizer "oi" todos os dias, ou deixar um docinho na carteira dele. Depois de muitas ideias terem sido listadas no quadro, faça com que cada criança liste pelo menos cinco coisas que gostaria de fazer. Eles podem colar essa lista em suas carteiras e marcar quando cumprem um item que foi feito. Isso reduz a possibilidade de que alguns alunos sejam ignorados. Esse exercício tem aumentado significativamente os sentimentos positivos de amizade em muitas salas de aula.

Poderia também ser função de cada aluno achar algo para reconhecer ou agradecer sobre seu amigo secreto durante a reunião de classe. Isso garante que cada aluno receba um reconhecimento.

Regras da sala de aula

Existem algumas decisões nas quais os alunos não podem se envolver, tal como currículo escolar (a não ser que você queira encorajá-los a falar com os adultos que tomam as decisões). No entanto, há muitas áreas nas quais eles podem participar das decisões. Quando os alunos são convidados a participar e ajudar nas decisões, eles ficam altamente motivados a cooperar no cumprimento dessas decisões.

Estou encantada em ver quantos professores seguem essa sugestão. A maioria das salas de aula tem regras penduradas em algum lugar da sala. Em salas nas quais os alunos opinaram sobre quais deveriam ser as regras, o cartaz com as regras têm o título "Nós decidimos". As regras são quase idênticas àquelas penduradas pelos professores sem a contribuição das crianças. Professores que tentaram as duas maneiras observaram que a cooperação e o respeito mútuo aumentaram quando os alunos foram envolvidos na discussão das regras.

Muitos professores perceberam que os passeios escolares são mais bem-sucedidos quando discutidos previamente em reuniões de classe. Discuta com os alunos todas as coisas que poderiam dar errado, tornando a experiência ruim, e busquem soluções para esses problemas potenciais. Eles podem então discutir o que precisam fazer para tornar o passeio agradável.

Reuniões de classe também se mostraram eficazes em facilitar o trabalho dos professores substitutos. Sempre uso esse assunto ao introduzir as reuniões de classe aos alunos pela primeira vez. Eu pergunto: "Que tipo de coisas os alunos fazem para perturbar os professores substitutos?" Eles me dão uma lista enorme de coisas que fizeram, como trocar nomes e lugares e planejar uma queda de livros sincronizada. Então eu pergunto como o professor substituto deve se sentir quando é perturbado dessa maneira. É impressionante como muitos alunos sequer consideraram os sentimentos do substituto. A lista deles inclui se sentir magoado, triste ou bravo. Então eu peço sugestões do que poderia ser feito para tornar essa experiência agradável para o substituto. É sempre muito gratificante ouvir como os alunos podem ser atenciosos se tiverem a oportunidade. Pergunto finalmente quantos estão dispostos a ajudar em vez de magoar. Todos eles concordam. Muitos professores substitutos comentaram como era agradável trabalhar em uma sala de aula na qual os alunos participavam de reuniões de classe regulares.

Como terminar uma reunião de classe

Quando as reuniões de classe são eficazes, os alunos geralmente se envolvem tanto que querem continuar além de um horário razoável. Esse problema é eliminado se as reuniões acontecem antes do intervalo ou almoço. É raro que os alunos queiram continuar nessas horas.

As coisas geralmente pioram antes de ficarem melhores

Os alunos muitas vezes não acreditam que os adultos estão realmente dispostos a ouvi-los e levá-los a sério. Pode levar algum tempo para eles se acostumarem com isso. No início eles podem tentar usar esse novo poder para ofender e punir porque esse é o modelo a que estavam acostumados.

Mantenha em mente objetivos em longo prazo e preserve a coragem de ser imperfeito. Existem alunos, não importa em que circunstâncias, que não irão responder ao fato de estarem sendo ouvidos e apoiados por seus pensamentos e ideias? Existem alunos que não irão se beneficiar em aprender a buscar soluções não punitivas para os problemas? Existem alunos que não irão aprender responsabilidade, confiabilidade e responsabilidade social quando sabem que é seguro ser responsável pelos seus erros, já que estes nos dão oportunidade para aprender em vez de sentir culpa, vergonha e dor por meio da punição? Eu acho que não.

Muitos professores ficam tentados a desistir antes de passar pela parte mais difícil. Alguns desistem. Aqueles que "se mantêm firmes" contam o prazer que sentem em relação a todos os benefícios para si mesmos e seus alunos à medida que as coisas ficam mais calmas.

Revisão

Orientações para reuniões de classe

1. Os alunos sentam em roda e o professor senta na roda no mesmo nível. (Em outras palavras, se os alunos estão no chão, o professor também está. Se os alunos estão em cadeiras, o professor também está – em contraposição a ficar de pé e ensinando.)
2. Assim que possível, os alunos conduzem a reunião.
3. Os alunos responsáveis começam os reconhecimentos passando um item qualquer (um objeto que cumpra a função de um "microfone") pela roda para que cada aluno tenha a oportunidade de fazer um reconhecimento, passar ou pedir um reconhecimento.

4. Quem receber o reconhecimento dirá "obrigado".
5. O professor ou aluno responsável conduzirá a pauta e lerá o próximo item a ser discutido.
6. Depois que o item da pauta é lido, o aluno que o incluiu pode escolher (a) compartilhar sentimentos enquanto os outros ouvem, (b) discutir sem resolver ou (c) pedir ajuda para resolver o problema.
7. Se o aluno escolhe a discussão sem resolver ou para ajudar a resolver o problema, o item é passado pela roda novamente para que os alunos discutam sem resolver ou apresentem sugestões. (Comentários breves também são encorajados.)
8. O professor se abstém de comentar as sugestões dos alunos (a não ser para garantir que os alunos deem sugestões – pode ser necessário dizer: "Como você pode tornar isso uma sugestão?"). Quando o item chega ao professor, ele comenta ou sugere, mas só nessa hora.
9. Cada sugestão é escrita em um caderno ou cartaz pelo professor ou, quando possível, pelos alunos.
10. Na maioria dos casos, o item pode rodar duas vezes para dar às crianças a oportunidade de fazer sugestões que elas não tinham pensado antes de ouvir os outros. (Isso não leva tanto tempo quanto alguns pensam.)
11. O aluno que coloca o problema na pauta pode escolher a sugestão que ele acha mais útil. Quando outro aluno está envolvido, o aluno também pode escolher uma solução. Se as soluções forem conflituosas, os dois alunos se reunirão em particular para buscar soluções que funcionem para os dois. Uma votação só será feita se o problema envolver toda a classe.

Seis motivos para a falha das reuniões de classe

1. Não formar uma roda.
2. Não fazer as reuniões com regularidade (três a cinco vezes por semana para o Ensino Fundamental).
3. Censura do professor (julgando problemas como se fossem fofoca).
4. Não dar tempo para os alunos aprenderem habilidades de resolução de problemas não punitivas.

5. Desvalorizar os alunos (falar de cima para baixo) em vez de ter fé nas habilidades deles.
6. Não passar um item (tal como um “microfone”) pela roda que dê a chance de cada aluno falar ou passar.

Capítulo Nove

Reuniões de família

Quando Jim e Betty se casaram, cada um trouxe três filhos para sua nova família mista. As idades das seis crianças variavam entre 6 e 14 anos. Obviamente, havia muitos ajustes a serem feitos. Betty trabalhava fora. Ela realmente tinha prazer com a nova família e ficava ansiosa para chegar em casa após o trabalho – exceto por um problema. A primeira coisa que ela notava quando chegava em casa era a bagunça. As crianças chegavam da escola e deixavam seus livros, casacos e sapatos espalhados pela casa. A isso ainda se somavam biscoitos, copos vazios e brinquedos. Betty começou insistindo e persuadindo. "Por que vocês não podem recolher suas coisas? Vocês sabem que me incomoda. Eu gosto de estar com vocês, mas fico tão brava quando vejo toda essa bagunça que esqueço o prazer." As crianças pegavam as coisas, mas então Betty já estava chateada e descontente com as crianças e com ela mesma.

Betty finalmente colocou o problema na pauta da reunião de família semanal na segunda-feira. Ela admitiu que aquele era um problema dela. Era óbvio que ter a casa desordenada não incomodava as crianças, mas perguntou se elas estavam dispostas a ajudá-la com seu problema. As crianças sentiram que não havia culpa ou acusação e sugeriram um plano sobre um "cofre", que seria uma grande caixa de papelão colocada na garagem. A regra era que tudo o que fosse deixado nos ambientes comuns, como a sala de estar e a cozinha, poderia ser recolhido e colocado no cofre por qualquer um que visse. Eles também decidiram que o item teria que ficar lá por uma semana antes de o dono poder solicitá-lo de volta. O plano funcionou perfeitamente. O problema da desordem foi resolvido e o cofre ficava lotado de coisas. No entanto, isso causou alguns outros problemas, que colocaram o plano à prova. Se eles não ficassem presos às regras, o plano todo seria ineficiente. Por exemplo, David, de 12 anos, perdeu seu tênis de ir para a escola. Ele procurou em todo lugar e depois se lembrou da caixa. Seguramente, acharia o tênis ali.

Ele calçou seu tênis velho e malcheiroso para ir à escola, mas no dia seguinte perdeu esse também. Ele não tinha nenhum outro calçado, mas as crianças insistiram que ele não podia pegá-lo por uma semana. David olhou para sua mãe, que sabiamente falou: "Sinto muito. Eu não sei o que você vai fazer, mas eu tenho que seguir as regras também." Seus irmãos, prestativos, finalmente vieram com a solução: seus chinelos de casa. David não teve uma ideia melhor, então usou seus chinelos na escola por três dias. Depois daquela semana, ele nunca mais deixou seus calçados fora do lugar.

Mais tarde, a irmã de David, Susan, de 8 anos, perdeu seu casaco. Era muito difícil para os pais ficarem de fora desse tipo de situação. Afinal, que tipo de pai deixa seus filhos irem para a escola de chinelos e saírem para a rua sem casaco, quando o clima está frio? Eles decidiram esquecer o que as outras pessoas poderiam pensar e deixaram Susan administrar o problema sozinha, assim como David. Susan vestiu dois agasalhos para ir à escola durante toda a semana.

Jim também "perdeu" algumas gravatas, um moletom e revistas. O mais revelador para Betty foi ver quantas das suas próprias coisas desapareceram e foram parar no cofre. Ela percebeu o quanto era mais fácil enxergar a bagunça dos outros do que a sua própria.

Esse plano funcionou por causa dos seguintes conceitos:

- O problema foi compartilhado em uma reunião de família. As crianças criaram a solução.
- Os pais não assumiram toda a responsabilidade quando surgiram problemas para executar as decisões da família.
- As crianças aplicaram as regras porque a mãe e o pai ficaram fora disso.
- As regras valeram para todos na família, incluindo a mãe e o pai.

Outra família resolveu o mesmo problema quase da mesma maneira. Em uma reunião de família, eles escolheram diferentes regras para o que chamaram de "caixa de objetos desaparecidos". Qualquer um que perdesse um item poderia recuperar a qualquer hora que quisesse, mas teria que colocar uma moeda no "pote de festa". Quando o pote ficasse cheio de moedas, o que acontecia com frequência, eles usariam o dinheiro para fazer uma festa do sorvete ou da pizza em família. Outra família chamou a caixa de "buraco negro", e as pessoas poderiam solicitar seus itens no final das reuniões de família semanais.

Os pais podem evitar muitos aborrecimentos com seus filhos sugerindo que os problemas sejam colocados na pauta das reuniões de família para que sejam resolvidos – depois de um período para se acalmar. Assim como nas reuniões de classe, o fato de envolver as crianças em reuniões elimina muitos aborrecimentos disciplinares e traz benefícios adicionais. O primeiro benefício é que as crianças têm oportunidades de fortalecer as Sete Habilidades e Percepções Significativas (ver p. 3). Elas têm a oportunidade de aprender e praticar suas habilidades de resolver problemas como uma família, semanalmente, e a maioria das famílias percebe que a prática semanal traz impacto durante o restante de toda a semana.

Reuniões de família também podem ser um método bem-sucedido para aumentar a cooperação e a proximidade entre os membros da família. Elas oferecem uma oportunidade para elevar valores e tradições familiares. Seu sucesso, é claro, depende das mesmas atitudes e habilidades do adulto que foram explicadas nos capítulos anteriores.

O Capítulo 8, que aborda reuniões de classe, deveria ser lido pelos pais – muitos dos conceitos importantes para reuniões de classe bem-sucedidas também funcionam para reuniões de família, e o formato de ambos os tipos de reunião é essencialmente o mesmo, exceto por seis diferenças importantes.

Como as reuniões de família se diferenciam das reuniões de classe

1. Reuniões de família devem ser realizadas uma vez por semana, em vez de uma vez por dia. Depois de decidido o horário para uma reunião de família, nada deve interferir. Se amigos ligarem, diga a eles que você retornará a ligação mais tarde. (Nós tiramos o telefone da tomada.) Não pule uma reunião de família porque você está ocupado ou tem outra coisa para fazer. Seus filhos vão seguir o seu exemplo para determinar a importância da reunião de família. Uma vez que a tradição tenha sido efetivamente estabelecida, todos irão esperar pela oportunidade de

estar junto da família – até que eles se tornem adolescentes. (Mais sobre esse assunto depois.)

2. Decisões devem ser tomadas em consenso. Se a família não consegue chegar a uma decisão por consenso sobre algum item da pauta, ele deve ser encaixado na próxima reunião, quando provavelmente um consenso poderá ser alcançado por causa do período adicional para se acalmar e do tempo para pensar em novas ideias. A tomada de decisões por maioria de votos em uma reunião de família acentuaria a divisão familiar. Transmita em sua família uma atitude de fé, de que vocês podem trabalhar juntos para encontrar soluções respeitosas para todos.
3. Reuniões de família devem incluir a revisão das atividades da próxima semana. Isso é especialmente importante à medida que as crianças vão ficando mais velhas e envolvidas em muitas atividades, tais como trabalhos temporários, esportes, encontros, aulas e assim por diante. Coordenar o calendário de uso do carro e conveniência mútua pode ser essencial.
4. Reuniões de família não devem terminar sem que seja planejada uma atividade divertida para a família ao longo da semana seguinte.
5. Terminem a reunião fazendo algo em conjunto, como família. Vocês podem querer jogar, comer pipoca, fazer revezamento para preparar e servir sobremesas. Não assista à TV, a não ser que haja um programa que toda a família queira ver. Se optarem por assistir a um programa, garanta que ao final a TV seja desligada e que seja feita uma discussão em família sobre os valores (ou a falta de) que foram retratados e como isso pode ser aplicado em suas vidas.
6. Estar sentado em uma mesa limpa é adequado para se manter na tarefa da resolução de problemas. A mesa não parece ser uma barreira nas reuniões de família como acontece com as carteiras em sala de aula. Sentar-se informalmente na sala de estar também pode funcionar, mas parece difícil cumprir a tarefa se a reunião de família acontece na hora do jantar.

Componentes da reunião de família

Presidente

Deve haver revezamento para esse trabalho. Crianças amam ser o presidente e podem fazer um excelente trabalho após os 4 ou 5 anos de idade. É responsabilidade do presidente convocar oficialmente o evento, iniciar os reconhecimentos, começar a sessão de resolução de problemas e dar início à passagem do "microfone" ao redor do círculo, de modo que todos tenham a oportunidade de dar suas opiniões ou sugestões.

Secretário

Para essa função também deve haver revezamento entre os membros da família que sabem escrever. O secretário faz as anotações dos problemas discutidos e das decisões tomadas. (Ler as anotações de reuniões de família antigas pode ser tão divertido quanto ver álbuns de fotos.)

Reconhecimentos

Comece toda reunião de família com cada pessoa fazendo um reconhecimento a todos os membros da família. Isso pode ser estranho no começo se as crianças tiverem o hábito de colocar um ao outro para baixo. Se esse for o caso, passe algum tempo discutindo os tipos de coisas que elas poderiam olhar no outro para reconhecer. Os pais podem modelar esse comportamento começando com reconhecimentos sobre cada membro da família. Além disso, se você vê algo bom acontecendo entre as crianças, lembre-as de falar disso nos reconhecimentos. Você ainda pode sugerir que elas escrevam isso na pauta para se lembrarem.

A sra. Stover compartilhou o seguinte incidente que ocorreu quando sua família começou a fazer reconhecimentos nas reuniões de família. Tammy, de 6 anos, se voluntariou para ser a primeira. Ela fez os reconhecimentos para sua mãe e seu pai com alegria e facilidade. Quando chegou a vez de fazer um reconhecimento para seu irmão Marcus, de 9 anos, ela parou e disse: "Isso é muito difícil." O sr. e a sra. Stover a encorajaram a fazê-lo mesmo assim. E ela finalmente pensou em um reconhecimento para Marcus, mas depois adicionou: "Mas ele também é mau comigo."

Seus pais lembraram-na: "Sem 'mas'". Quando chegou a vez de Marcus, ele não estava muito entusiasmado para fazer reconhecimentos a Tammy, mas mesmo assim o fez. A sra. Stove disse que agora eles iriam fazer reconhecimentos um ao outro com facilidade e adicionou: "É maravilhoso ver irmãos dizendo coisas boas um ao outro quando seu padrão não ia além de humilhações."

Em um verão, nossa família ficou tão ocupada que não seguimos o meu conselho de não deixar nada interferir nas reuniões regulares de família. Nós paramos de fazê-las. E essa foi uma ótima lição para nós, pois sentimos a diferença e aprendemos novamente a importância das reuniões de família. Disputas e aborrecimentos disciplinares aumentaram tremendamente. As crianças começaram a insultar umas às outras com mais frequência. Finalmente, me dei conta disso e convoquei uma reunião de família. As crianças haviam sido tão más umas com as outras que achei que teriam dificuldade de fazer reconhecimentos. No entanto, seus anos de treinamento compensaram e elas deram umas às outras reconhecimentos muito gentis. À medida que continuamos com as reuniões de família regulares, os insultos diminuíram significativamente, assim como as disputas e os aborrecimentos disciplinares.

Gratidão

Nós alternamos entre reconhecimentos e coisas pelas quais somos gratos. Se cada membro da família compartilha uma coisa pela qual é grato, isso nos ajuda a relembrar e apreciar as coisas que geralmente não valorizamos.

A pauta

A geladeira parece ser o lugar mais popular para a pauta das reuniões de família; é muito simples usar um imã para prender um pedaço de papel na frente ou na lateral. Eu gostaria de ter guardado todas aquelas folhas de papel, então sugiro que você faça três furos em cada papel e os mantenha em um álbum de reuniões de família.[1]

Discuta os itens da pauta em ordem cronológica, de modo que não se precise decidir qual item é mais importante.

Resolução de problemas

Discuta com as crianças o foco em soluções, como descrito no Capítulo 6. Os Três R e um U do Foco em Soluções podem ser usados para solucionar muitos problemas em reuniões de família, assim como em reuniões de classe. Em reuniões de família, no entanto, as soluções devem ser acordadas em consenso. É importante ir além das consequências também nas reuniões de família. Muitas famílias têm compartilhado que lutas de poder diminuíram significativamente quando pararam de tentar pensar em uma consequência para cada problema e, em vez disso, focaram em soluções.

Planejamento das atividades

Os membros de uma família ficam mais dispostos a cooperar quando participam igualmente no planejamento de eventos dos quais todos irão desfrutar. Atividades semanais e férias têm mais sucesso quando toda a família participa de uma discussão sobre possíveis conflitos e como evitá-los. O arquivo a seguir, escrito pelo meu marido, Barry Nelsen, traz um excelente exemplo.

"Vamos levar as crianças para o Havaí!", disse minha esposa.

"Você está brincando? Eles vão tornar a vida insuportável para todos nós", respondi.

Mal sabia eu que seis semanas depois eu voltaria de um dos passeios em família mais agradáveis em muitos anos. A razão para o sucesso dessa viagem foram as reuniões de família.

Nós temos reuniões todas as noites de domingo. Cada membro da família é tratado com respeito e cada opinião é ouvida e discutida.

Durante uma reunião de família algumas semanas antes da nossa viagem para o Havaí, eu disse para as crianças que mamãe e eu iríamos para o Havaí em breve, e perguntei se eles gostariam de vir com a gente. Aconteceu um pandemônio. Depois de convencê-los a se acalmar, a mãe disse: "Se nós levarmos vocês para o Havaí, terá que ser divertido para mim e para o seu pai também. Se vocês brigarem um com o outro e brigarem sobre cada pequena coisa que pedirmos para vocês fazerem, não será divertido para nós."

As crianças prometeram ser anjos! Eu já tinha ouvido isso antes e sabia que precisava de mais que promessas. Nós decidimos discutir e listar as coisas que fazem a vida insuportável para os pais durante uma viagem com crianças.

"E que tal coisas que tornam a vida insuportável para uma criança?", Mark interrompeu. Eu silenciei meu "Não seja um espertinho" como resposta e todos nós concordamos que era uma pergunta justa. A mãe listou os potenciais problemas em duas colunas: aborrecimentos para pais e aborrecimentos para crianças.

A lista de aborrecimentos dos pais incluía: implorar por dinheiro, não comer nada saudável, brigar um com o outro, discutir conosco, não recolher suas coisas, não carregar sua própria mala, sair sem nos dizer para onde vai, ficar acordado até muito tarde e não querer ir para os lugares que nós queremos ir. A lista de aborrecimentos das crianças incluía: comer em restaurantes chiques, vestir roupas chiques, dormir em dois na mesma cama, não ter dinheiro o suficiente, ter que ouvir o que eles podiam e não podiam comprar, e não ficar com o assento da janela no avião. As soluções acordadas foram: as crianças iriam economizar o máximo de dinheiro que pudessem; nós iríamos adicionar um montante específico (e nada mais); eles iriam dividir o montante total por sete dias e nós daríamos aquele montante todo dia; nós não diríamos a eles como gastar o dinheiro e não daríamos mais quando acabasse; eles concordaram em ser responsáveis por sua própria bagagem e não colocariam na mala mais do que gostariam de carregar; Mark levaria um saco de dormir e dormiria no chão se a única opção fosse dormir em dois em uma só cama; eles iriam comer no McDonald's quando nós fôssemos em restaurantes mais chiques; eles iriam revezar no assento da janela durante o pouso e a decolagem; eles concordaram em não brigar e sempre nos avisar para onde estivessem indo.

"O que vai acontecer se vocês esquecerem e começarem a brigar?", perguntei.

"Que tal nos dar um sinal secreto?", Mark sugeriu.

"Boa ideia", disse a mãe. "Se ouvirmos vocês brigando, vamos dar uma leve puxada em nossa orelha para lhes dar uma lembrança silenciosa de que concordaram em não brigar."

"Isso vale para você também, pai", Mark opinou.

"O que você quer dizer com isso?", perguntei, indignado.

"Quando você começar a perder a paciência comigo ou com a Mary, tudo bem se eu puxar a minha orelha para te dar um sinal?"

Esse menino é espertinho, pensei. Mas em seguida refleti e concordei: "Boa ideia, filho."

Uma semana antes de partirmos e três reuniões depois, nossa lista havia crescido. Havia uma atmosfera de animação e cooperação entre a família. As crianças estavam adiantando os trabalhos escolares e o dinheiro estava sendo economizado diligentemente.

Um dos primeiros conflitos surgiu quando Mark quis levar seu skate. Eu expliquei todos os problemas que isso poderia causar nas ruas lotadas de Waikiki, e a dificuldade que ele teria de carregá-lo junto com a bagagem. Já que um senso de cooperação havia se estabelecido, ele concordou em deixá-lo em casa sem argumentar.

As duas horas de carro para São Francisco, de onde sairia o avião, se transformaram em três horas. Mary começou a se queixar de sede enquanto estávamos presos em um engarrafamento na Bay Bridge. Quando Mark a lembrou de que havíamos conversado sobre esse tipo de aborrecimento, ela rapidamente decidiu que poderia esperar até que chegássemos ao aeroporto. Outra vitória para as reuniões de família!

O quarto do hotel em Honolulu tinha duas camas duplas. Nós ficamos felizes por termos levado o saco de dormir para evitar reclamações.

Graças às reuniões de família, nós tivemos uma viagem maravilhosa! Tivemos alguns aborrecimentos, mas eles foram resolvidos rapidamente com lembretes de nossos acordos. As crianças se perderam uma vez. Nós tivemos uma reunião de família para decidir como evitar essa possibilidade no futuro. Decidimos que iríamos voltar para o último lugar em que estivemos juntos e esperar os outros voltarem e nos encontrarem. As crianças também memorizaram o nome e o endereço do nosso hotel, de modo que dariam essa informação para um policial caso se perdessem novamente.

A proximidade que sentimos como família foi uma experiência ainda melhor do que a viagem para o Havaí. Duas semanas depois de termos voltado para casa, nosso filho mais velho ligou da Flórida para dizer que iria se casar em duas semanas. "Vamos levar as crianças", disse eu.

Planejamento para diversão em família

Planejar a diversão familiar semanal é uma parte importante das reuniões de família, mas é uma área muitas vezes negligenciada. É tão fácil pensar como poderia ser agradável ter uma família feliz e que faz atividades divertidas e animadas junto. O problema é que muitas famílias pensam que isso vai simplesmente acontecer, sem nenhum esforço de sua parte. Não acontece a menos que você faça algo para acontecer. E para fazer acontecer você tem que "planejar e fazer".

Nossa família usava a lista "Atividades divertidas para se fazer" (descrita na p. 199) para planejar e fazer uma atividade em família, como a seguir: nós decidimos que todo sábado à noite seria o dia da reunião. No primeiro sábado Mark e a mãe fizeram algo juntos enquanto Mary e o pai faziam o mesmo. No primeiro sábado do mês seguinte, nós trocamos, então Mary e a mãe passaram seu tempo especial juntas enquanto Mark e o pai tiveram seu momento especial. O segundo e o quarto sábados do mês eram noites para o encontro da mãe e do pai sozinhos. O terceiro sábado nós todos fazíamos algo em família.

Discussão de tarefas

Discuta tarefas no reunião de família de modo que as crianças possam ajudar a resolver os problemas para cumpri-las. Elas cooperam mais quando podem expressar seus sentimentos e fazer parte do planejamento e das escolhas.

Em uma reunião de família, nós listamos todas as tarefas feitas pela mãe e pelo pai (incluindo emprego em tempo integral), como um esforço para eliminar questionamentos do tipo "por que eu tenho que fazer tudo?" a qualquer momento que pedíssemos para nossos filhos fazerem alguma coisa. Depois nós pedimos a eles para discutir e elaborar uma lista de todas as tarefas que poderiam ser feitas por crianças; nós opinamos sobre todas que pudemos pensar e que eles esqueceram. Ainda assim, sua lista não chegava nem perto de ser tão longa quanto a nossa. Quando eles compararam o que nós pedíamos deles com o que nós, os pais, fazíamos, eles ficaram impressionados. Depois, nós colocamos as tarefas que eles podiam fazer em tiras de papel que seriam tiradas de um pote toda semana. Cada criança tirava quatro tarefas toda semana. Havia um novo sorteio toda semana para que uma criança não ficasse presa a uma mesma tarefa, tal como tirar o lixo todas as vezes.

Isso não é uma solução mágica. Nós descobrimos que o problema de cumprir as tarefas era colocado na nossa pauta pelo menos uma vez por mês. Eu chamo isso de a "síndrome das três semanas". Na primeira semana, as crianças, entusiasmadas, geralmente cumprem o plano das tarefas que elas ajudaram a criar. Na segunda semana elas também cumprem as tarefas, mas com menos entusiasmo. Na terceira semana elas começam a reclamar. Esse é o sinal para que as tarefas entrem novamente na pauta da reunião de família.

Após uma de minhas palestras, uma mulher me disse: "Nós tentamos fazer uma reunião de família uma vez e as crianças cumpriram suas tarefas por aproximadamente uma semana. Mas depois elas pararam, então eu achei que não funcionou muito bem."

Eu perguntei: "Você já descobriu alguma outra coisa que motive seus filhos a fazer as tarefas por uma semana inteira?"

Ela disse: "Bem, não."

Eu disse: "Isso soa como um sucesso para mim. Eu sugiro que você continue fazendo isso." Então eu disse a ela sobre a síndrome das três semanas. Ainda que precisemos continuar trabalhando nisso, sentimos que temos muito mais cooperação lidando com o problema por meio das reuniões de família do que de qualquer outra maneira. Nós conseguimos um grande senso de responsabilidade por um tempo; quando ele começa a afrouxar, incluímos na pauta.

Muitas vezes, as crianças sugerem um novo plano. Por um tempo elas gostam de usar uma roda de tarefas que elas fazem com um círculo de papelão com fotos das tarefas em torno da borda e uma tachinha no meio para prender a algo que gire. Elas giram a roda para sortear algumas tarefas a cada semana. Depois, as crianças talvez gostem de fazer um quadro das tarefas com bolsos na parte superior para tarefas "não feitas", e bolsos na parte inferior para as tarefas "concluídas". Elas parecem ter uma sensação de dever cumprido quando podem colocar um cartão de tarefas na linha das "concluídas".

Lidar com o problema das tarefas a cada três ou quatro semanas é preferível a se aborrecer com isso todos os dias. Meus últimos dois (de sete) filhos sugeriram um plano de tarefas que funcionou ao longo de seis meses em vez de apenas três semanas. Quando eles começaram a reclamar depois do período de seis meses, encontraram uma solução que funcionou por mais de um ano.

Eles decidiram que eu deveria colocar duas grandes tarefas para cada um deles no quadro branco perto do telefone. Durante a negociação, eu queria uma regra de que eles deveriam realizar as tarefas assim que chegassem da escola. Eles queriam a liberdade de escolher a hora de cumpri-las desde que o fizessem antes de irem para a cama. Eu perguntei: "E o que acontece se vocês não fizerem antes de irem para a cama?" Eles concordaram que seria uma consequência razoável eu circular o nome no quadro branco e depois eles teriam que fazer todas as quatro tarefas no dia seguinte assim que chegassem da escola. Por seis meses isso funcionou muito bem. De vez em quando eu circulava um nome e eles então cumpriam todas as quatro tarefas no dia seguinte assim que chegavam da escola.

Depois de seis meses, no entanto, ambos começaram a reclamar, perguntando: "Como ele(a) pode ficar com todas as tarefas fáceis?" Eu passei muito tempo tentando ser justa e revezar as tarefas, mas não sob o ponto de vista deles. Eu estava tão orgulhosa de mim mesma que, em vez de dar sermão sobre a minha imparcialidade, simplesmente coloquei o problema na pauta. A solução deles foi tão simples e profunda, que não sei por que não tinha pensado naquilo antes. Teria me poupado muito trabalho. Mark disse: "Por que você simplesmente não coloca quatro tarefas no quadro e quem chegar primeiro escolhe primeiro?" Novamente fui relembrada de como as crianças podem sugerir grandes soluções quando lhes damos a chance.

Na primeira semana eles programaram seus alarmes para tentar chegar antes do outro, a fim de escolher o que eles achavam que eram as tarefas mais fáceis. No entanto, isso não durou muito. Logo eles decidiram que dormir era mais importante do que pegar as tarefas mais fáceis, de modo que aquele que chegava no quadro por último aceitava seu destino com bom humor.

Alguns desafios especiais

Crianças pequenas

Algumas famílias acham que crianças abaixo de 4 anos atrapalham o momento de solução de problemas nas reuniões de família. Na minha própria família, costumávamos esperar até que os bebês ou crianças pequenas estivessem na cama para realizar as reuniões.

À medida que as crianças cresciam, nós as incluíamos em algumas partes das reuniões de família. Crianças de 3 anos amam participar de brincadeiras como passa-anel e esconde-esconde antes da sobremesa. Elas podem até aprender a fazer os reconhecimentos. Aos 4 anos, as crianças são incrivelmente criativas na solução de problemas e estão prontas para participar integralmente.

Adolescentes

Lutas de poder e ciclos de vingança, muitas vezes, já ficaram bem estabelecidos quando as crianças se tornam adolescentes. Reuniões de família podem mudar radicalmente esse padrão, mas é necessário um plano especial para estabilizá-lo. O primeiro requisito é humildade suficiente por parte dos pais, no sentido de admitir que o que eles vêm fazendo (sendo controladores demais ou permissivos demais) não tem funcionado. O segundo passo é admitir isso para os adolescentes.

O sr. Lyon compartilhou como ele conquistou os seus filhos adolescentes. Ele lhes disse: "Eu realmente tenho ido pelo caminho errado com vocês. Eu tenho gritado com vocês sobre cooperação quando o que eu queria dizer, de verdade, era 'façam do meu jeito'. Não me admira que vocês não quisessem fazer. Eu admiro a capacidade de percepção de vocês por não cair nessa. Eu realmente gostaria de recomeçar e preciso da ajuda de vocês. Eu ouvi sobre a efetividade de reuniões de família, em que as famílias sentam-se juntas e resolvem problemas com respeito mútuo pela validação da opinião de todos. Eu vou precisar da ajuda de vocês para me relembrar quando eu começar com os meus velhos hábitos controladores."

Os filhos adolescentes do sr. Lyon estavam atordoados e sem palavras com esse novo comportamento por parte do pai. O sr. Lyon foi esperto o suficiente para acrescentar rapidamente: "Eu sei que isso é muito novo para vocês. Por que vocês não pensam e me avisam amanhã se vocês estariam dispostos a trabalhar comigo nisso?"

O sr. Lyon compartilhou de forma encantadora com seu grupo de estudos de pais: "Como eles poderiam resistir?" Eles não podiam. O sr. Lyon continuou a compartilhar muitas experiências maravilhosas que ele teve nas suas reuniões de família e o quanto ele passou a aproveitar os momentos com seus filhos adolescentes – incluindo os aborrecimentos.

É interessante o quão frequentemente as crianças parecem querer o oposto do que elas têm. Os filhos do sr. Lyon estavam felizes por começar as reuniões de família, como uma novidade. Quando meus filhos se tornaram adolescentes, eles começaram a reclamar das reuniões de família.

Reuniões de família eram notícias velhas para eles. Nós colocamos suas reclamações na pauta, por exemplo, que as reuniões duravam muito tempo. Nós concordamos em não demorar mais do que quinze minutos.

Um dia Mary, a reclamante mais frequente, chegou em casa de um pernoite na casa de uma amiga e disse: "Uau, aquela família tem problemas. Eles deveriam ter reuniões de família." E quando Mary foi para a faculdade, ela tinha "reuniões de família" com suas colegas de quarto.

Muito embora eu tenha ensinado desenvolvimento infantil em uma faculdade comunitária durante dez anos, esqueci-me do processo de individuação (rebeldia), que é tão normal e saudável para os adolescentes. De que outra maneira eles vão descobrir o que eles querem ser, senão testando todos os valores de seus pais? Esqueci-me desse período normal de teste porque meus últimos dois filhos (que foram criados com base na Disciplina Positiva) foram maravilhosos antes de se tornarem adolescentes. Eles desenvolveram autodisciplina, responsabilidade e habilidade de resolver problemas. Eles não eram perfeitos (eu também não era), mas estavam muito dispostos a cooperar enquanto aprendíamos com os nossos erros.

Quando meu filho mais novo começou seu processo de individuação, entrei em pânico. (Devo mencionar que crianças que aprenderam a ter confiança e autossuficiência geralmente se sentem livres para exibir sua rebeldia em vez de dissimulá-la.) Devo admitir que me preocupei com o que as pessoas iriam pensar de mim. Eu estava pronta para atirar a Disciplina Positiva pela janela e voltar ao método de controle e punição. Na verdade, tentei isso por um curto período e acabei criando uma verdadeira bagunça de disputa por poder e sentimentos feridos. Felizmente, voltei aos meus sentidos e percebi que meus filhos eram mais importantes do que o meu ego. Eu me juntei a Lynn Lott e comecei a trabalhar no livro *Positive Discipline for Teenagers*[2]. Isso me trouxe de volta ao caminho para encontrar formas de trabalhar de modo gentil, firme e respeitoso com meus filhos adolescentes, e encontrar maneiras de fortalecer a eles e a mim mesma nesse processo.

Pais e mães solteiros

É um mito que as crianças são carentes quando não têm pai e mãe. Muitas pessoas ótimas foram criadas por pai ou mãe solteiros. Famílias de pais solteiros simplesmente oferecem oportunidades diferentes. Em nosso livro *Positive Discipline for Single Parents*[3], fazemos um apelo às pessoas para pararem de se referir aos lares de pais solteiros como "lares desfeitos". Eles não são desfeitos, são apenas diferentes.

A atitude do pai ou da mãe é muito importante. Se você se sente culpado por seus filhos terem apenas um pai ou mãe solteiro(a) em tempo integral, eles vão sentir que uma tragédia está acontecendo e vão agir de acordo. Se você aceitar o fato de que está fazendo o melhor que você pode diante das circunstâncias e que está se movimentando em direção ao sucesso e não ao fracasso, as crianças sentirão isso e agirão de acordo.

O processo da reunião de família é igualmente eficiente para famílias com pais solteiros. Uma família pode ser constituída de um pai ou mãe e um filho ou apenas um pai ou mãe e muitos filhos. Reuniões de família são boas maneiras de transmitir sentimentos positivos para os filhos e envolvê-los em soluções em vez de manipulações.

A sra. Doherty e a sra. Latimer são mães solteiras de um filho cada, e todos vivem juntos. Elas compartilharam que não teriam sobrevivido sem suas reuniões de família semanais. Uma vez por semana, elas eram capazes de discutir e solucionar todos os problemas típicos entre colegas de quarto, assim como aqueles entre pais e filhos e irmãos.

Animando as reuniões de família[4]

Para muitas famílias, reuniões semanais são uma tradição que oferece à criança um sentimento de bem-estar, autoconfiança, importância e aceitação. Elas também promovem diversão em família, respeito mútuo, experiência com resolução de problemas e memórias felizes.

Sua família pode desfrutar de algumas das atividades a seguir para adicionar variedade e tempero às suas reuniões. Crie um álbum da reunião de família usando um fichário de três furos com uma capa plástica clara para inserir uma foto da família. Esse álbum é um lugar em que você pode colocar as pautas das reuniões, as listas de sugestões discutidas e as soluções escolhidas, além das folhas das atividades a seguir.

Lemas da família

Sua família pode ficar mais próxima e ter um ótimo momento discutindo seus lemas. Vocês podem querer escolher um lema diferente todo mês e fazê-los mais significativos por meio das atividades a seguir. Incluí vários exemplos. Você pode querer usar um deles ou criar os seus próprios.

Exemplos de lemas

1. Um por todos e todos por um.
2. Nós amamos e apoiamos uns aos outros.
3. Qualquer coisa que valha a pena fazer, vale a pena pela diversão.
4. Se ajudar uma única pessoa, vale a pena fazer.
5. Erros são oportunidades maravilhosas para aprender.
6. Somos bons "descobridores".
7. Somos solucionadores de problemas.
8. Nós buscamos soluções em vez de culpa.
9. Nós temos uma atitude de gratidão.
10. Nós contamos nossas bênçãos todos os dias.

Atividades sobre lemas nas reuniões de família

1. A família inteira deve escolher um lema para o mês.
2. Semana um: dê para cada membro da família uma folha. Peça a todos para pensar sobre o lema durante a semana e escrever seus pensamentos sobre o que isso significa para eles. (Reserve tempo especial para tomar o ditado de crianças que são jovens demais para escrever.)
3. Semana dois: reserve tempo durante a reunião de família para que todos os membros compartilhem o que escreveram. Coloque todas essas folhas no fichário da reunião. Distribua outra folha branca e convide cada um a encontrar algum tempo durante a semana para desenhar uma figura que represente o que o lema significa para ele. Você pode querer planejar um tempo especial para todos fazerem isso juntos.
4. Semana três: reserve tempo durante a reunião de família para que cada membro compartilhe sua figura e fale sobre isso. Pendure as figuras na geladeira ou em algum outro lugar no qual todos possam apreciá-las. Peça a todos para perceberem como eles aplicam o lema da família durante a semana seguinte.

5. Semana quatro: reserve tempo durante a reunião para todos os membros da família compartilharem um exemplo de como colocaram o lema em ação. Convide todos a pensarem em um novo lema para o mês seguinte.
6. Semana um do mês seguinte: coloque todos os desenhos do último lema no fichário. Escolha outro lema e repita o processo descrito.

Páginas de gratidão

Uma atitude de gratidão não vem naturalmente. Precisa ser aprendida. Praticar e compartilhar com regularidade vai ajudar todos os membros da família a desenvolverem uma atitude de gratidão.

Atividade de gratidão na reunião de família

1. No final de cada reunião, distribua uma "página de gratidão" em branco. Encoraje os membros da família a colocar a página em um lugar de fácil acesso e escrever as coisas pelas quais são gratos.
2. Reserve um tempo durante as reuniões de família (ou refeições) para as pessoas compartilharem coisas pelas quais são gratos.
3. Durante cada reunião, recolha as páginas de gratidão e coloque-as no álbum das reuniões de família.

Páginas de reconhecimentos

Você pode criar uma atmosfera positiva na sua família quando todos aprendem a ver o lado bom uns dos outros e a verbalizar reconhecimentos positivos. Mas, por favor, não espere perfeição. Algumas disputas entre irmãos são normais. No entanto, quando as crianças (e os pais) aprendem a fazer e receber reconhecimentos, tensões negativas são reduzidas consideravelmente. É claro que a atmosfera positiva aumenta ainda mais quando as famílias fazem reuniões regulares a fim de buscar soluções para os problemas.

Atividade de reconhecimento nas reuniões de família

1. Coloque a folha de reconhecimentos em um lugar (p. ex., a geladeira) em que todos possam escrever reconhecimentos para os outros a cada dia. (Crianças pequenas podem ditá-los para os membros mais velhos da família.)
2. Ao ver que alguém merece um reconhecimento, escreva ou peça a uma criança que também tenha observado algo que o outro fez: "Você gostaria de escrever isso na nossa folha de reconhecimentos?" Uma vez que as crianças desenvolvam o hábito de notar os reconhecimentos, elas não precisarão de lembretes.
3. No começo de cada reunião, os membros da família podem ler seus reconhecimentos.
4. Pergunte por qualquer reconhecimento verbal que não tenha sido escrito.
5. Tenha certeza de que todos os membros da família receberam ao menos um reconhecimento.
6. Coloque a folha de reconhecimentos no fichário da reunião de família e coloque outra folha em branco na geladeira para ser preenchida ao longo da semana.

Páginas de diversão em família

Muitas famílias não passam tempo suficiente fazendo coisas divertidas juntos. Geralmente nós temos boas intenções, mas não reservamos tempo para planejar e agendar eventos em um calendário.

O primeiro passo do planejamento é dar para cada membro da família uma folha de papel com os tópicos listados no exemplo da página ao lado.

Atividades divertidas para se fazer

1. Durante uma reunião de família, use a folha "Atividades divertidas para se fazer" para uma sessão de discussão com toda a família sobre a coluna "Juntos em família". Veja quantas ideias podem surgir para a família fazer – sejam gratuitas ou pagas.

Atividades divertidas para se fazer

	Juntos em família	Marido e mulher	Sozinho
Gratuitas	______	______	______
	______	______	______
	______	______	______
	______	______	______
Pagas	______	______	______
	______	______	______
	______	______	______
	______	______	______

2. Dê uma folha para cada membro da família, de modo que cada um possa continuar a listar coisas ao longo da semana, não apenas para toda a família, mas também para se fazer sozinho. Marido e mulher também podem trabalhar em sua lista. Todos os membros da família devem trabalhar em suas listas por pelo menos uma semana, de modo a se ter bastante tempo para incluir todas as ideias.
3. Se você tiver um monte de revistas, permita que os membros da família cortem figuras para colar em suas folhas de atividades divertidas para se fazer.
4. Durante a reunião de família, use suas listas para que todos possam escolher algo a ser colocado no calendário. Decida quais dias ou noites você pode reservar para a diversão em família. Decida quando e quanto você pode gastar e quando você deve planejar as atividades gratuitas. Depois, trabalhe para chegar a um consenso sobre quais das atividades vocês querem fazer nos dias ou noites designados para os próximos três meses. Escreva cada decisão no calendário.
5. Siga seu calendário planejado.

Atividade "erros e o que aprendi com eles"

Ensine às crianças que erros são oportunidades maravilhosas para aprender. Periodicamente, dê a cada membro da família uma folha de "erros e o que aprendi com eles". Peça a cada pessoa para usar a folha a fim de registrar um erro e o que foi aprendido com ele, e esteja pronto para ler na próxima reunião. (Você pode tomar o ditado de crianças de 4 anos ou mais, que ainda não saibam escrever. Crianças com menos de 4 anos são muito novas para essa atividade.) Configure a folha "erros e o que aprendi com eles" da seguinte forma:

Erros e o que aprendi com eles

Erro	O que eu aprendi	O que irei fazer no futuro

Assegure-se de guardar essas folhas no álbum das reuniões de família. Imagine o quanto seus filhos irão se divertir ao lerem isso quando forem adultos!

Planejamento da refeição em família

A refeição em família oferece uma excelente oportunidade para ensinar cooperação e contribuição. Até mesmo crianças pequenas podem ter a sua vez cozinhando uma refeição simples, como sopa e sanduíche de queijo quente, um legume, salada de alface e gelatina.

Atividade de planejamento da refeição

1. Traga para a reunião de família revistas de receitas. Deixe que as crianças (e os pais) escolham novas receitas que gostariam de experimentar. (Pode ser divertido fazer um livro de receitas da

família cortando as receitas e as fotos e colocando-as em um fichário. Os membros da família podem primeiro selecionar as receitas, para testá-las, e guardar apenas aquelas que receberam uma classificação alta.)

2. Use cartões ou folhas de fichário para as receitas. Atrás das receitas escreva todos os ingredientes necessários (guarde esses cartões em uma caixa de modo que possam ser usados diversas vezes).
3. Durante a reunião de família, use uma página de "planejamento da refeição familiar" para que todos os membros da família se envolvam nesse planejamento, como a seguir:

Planejamento da refeição em família

	Cozinheiro	**Prato principal**	**Legume**	**Salada**	**Sobremesa**
Segunda-feira					
Terça-feira					
Quarta-feira					
Quinta-feira					
Sexta-feira					
Sábado					
Domingo					

Na coluna "cozinheiro", escreva o nome da pessoa que irá cozinhar em cada dia da semana. Essa pessoa vai escolher o prato principal, o legume, a salada e a sobremesa. (É claro que você pode alterar esse quadro da maneira que sirva melhor para a sua família.)

4. No dia das compras, leve toda a família ao mercado. Crianças maiores o suficiente podem pegar uma cesta e encontrar todos os ingredientes de uma ou duas receitas. Crianças mais novas podem ajudar um irmão mais velho ou os pais a encontrar os ingredientes de outra receita.

Revisão

Realizar reuniões de família regulares é uma das coisas mais valiosas que vocês podem fazer como família. Por quê? Elas oferecem uma oportunidade de ensinar às crianças valiosas habilidades sociais e de vida para o desenvolvimento de um bom caráter. Seus filhos irão aprender:

- Habilidades de escuta.
- Habilidades de proposição de ideias.
- Habilidades de resolução de problemas.
- Respeito mútuo.
- O valor de se acalmar antes de resolver um problema.
- Preocupação pelos outros.
- Cooperação.
- Responsabilidade em um ambiente seguro.
- Como escolher soluções respeitosas para todos os envolvidos.
- Um senso de aceitação e importância.
- Responsabilidade social.
- Que erros são maravilhosas oportunidades para aprender.

Reuniões de família oferecem uma oportunidade para os pais:

- Evitarem lutas de poder por meio de um controle compartilhado e com respeito.
- Evitarem microgerenciamento dos filhos, de forma que eles possam aprender autodisciplina.
- Ouvirem de forma que incentive os filhos a fazer o mesmo.
- Compartilharem responsabilidade com respeito.
- Criarem boas lembranças por meio de tradições familiares.
- Modelarem todas as habilidades que eles querem que seus filhos aprendam.

Se os pais realmente entendem o valor das reuniões de família, essa deve ser a sua ferramenta mais valiosa – e eles devem fazer todo o esforço para agendar de 15 a 30 minutos por semana para essas reuniões.

Ferramentas da Disciplina Positiva

1. Reuniões de família.
2. Foco nas soluções.
3. O "cofre" da desordem.
4. Envolver as crianças na elaboração de soluções e regras da família.
5. Seguir as regras. Evitar proteger.
6. Confiar que seus filhos podem lidar com problemas.
7. Chegar a um consenso para soluções familiares.
8. Agendar momentos divertidos no calendário.
9. Encontrar, junto com as crianças e com antecedência, soluções para problemas típicos.
10. Quando as soluções não funcionarem, colocar o problema novamente na pauta.
11. Usar uma variedade de planos de tarefas para motivar as crianças.
12. Confiar nos adolescentes enquanto estiverem passando pelo processo de individuação.
13. Ferramentas para animar as reuniões de família.
14. Compartilhar com regularidade os erros e aquilo que os membros da família aprenderam com eles.
15. Planejar e compartilhar as responsabilidades de cozinhar e limpar.

Questões

1. Quais são alguns dos conceitos básicos e atitudes importantes dos adultos para que as reuniões de família tenham sucesso?
2. Quais são algumas das habilidades que as crianças irão aprender ao participar das reuniões de família?
3. Quais são as seis diferenças entre reuniões de família e reuniões de classe, e por que elas devem ser diferentes?
4. Qual é a importância de cada pessoa fazer reconhecimentos a cada um dos outros membros da família?
5. Qual é a importância das crianças compartilharem coisas pelas quais são gratas?

6. Quais são os quatro conceitos que contribuíram para o sucesso do plano do cofre?
7. Como sua família pode conseguir férias livres de aborrecimentos?
8. Qual é o melhor jeito de ensinar às crianças responsabilidade e cooperação em relação a tarefas?
9. Por que também é tão importante para pais ou mães solteiros fazerem reuniões de família?
10. Quais são alguns dos benefícios que você pode perceber ao tentar realizar a atividade "Atividades divertidas para se fazer"? Discuta.
11. Quais são as atividades que animam as reuniões de família? Qual delas você achou mais interessante? Quais benefícios para sua família você vê em cada uma?
12. Como as reuniões de família ajudam crianças e adultos a alcançar os itens listados na página 202?

Capítulo Dez

Personalidade: como a sua afeta a deles

No Capítulo 4, você aprendeu sobre os objetivos equivocados das crianças. Os adultos também têm objetivos equivocados. Eles são chamados de prioridades do estilo de vida. Assim como as crianças não estão conscientes de seus objetivos equivocados, os adultos podem não estar cientes de suas prioridades do estilo de vida. Essas prioridades escondidas podem levar a um comportamento inadequado de adultos, o que tem um impacto sobre as crianças. Antes de entrar em mais detalhes sobre as prioridades de estilo de vida dos adultos, vamos dar uma olhada em algumas casas para ver como elas são na vida real, e como afetam as crianças.

É hora de dormir na casa da família Jasper. Rotinas para a hora de dormir são um grande incômodo para a sra. Jasper, que prioriza o conforto no seu estilo de vida; ela prefere esperar até que as crianças durmam no chão e levá-las para a cama do que ficar argumentando e se estressar. Ela prefere evitar a dor emocional e o estresse, e acha que evitar o conflito na hora de dormir é uma maneira de manter as coisas confortáveis.

O sr. Jasper, no entanto, não concorda. Ele prioriza o controle no seu estilo de vida; ele acredita que é importante que as crianças tenham um horário e está disposto a assumir a responsabilidade por isso. Quando ele está no comando, ele faz com que as crianças sigam cada passo de sua rotina, certificando-se de que elas estejam de pijama, com os dentes cuidadosamente escovados e na cama às 19h30. Ele acredita que estar no controle de si mesmo, das situações ou em relação aos outros é uma forma de evitar humilhação e crítica.

A família Jasper age de forma diferente em situações potencialmente desafiadoras. Seus estilos diferentes confundem os filhos, e muitas vezes motivam as crianças a testá-los e a se comportarem mal. Pais que priorizam o conforto como estilo de vida querem evitar dor e estresse. Ao fazer isso, porém, esses pais podem não estar ajudando os filhos a aprender limites e organização. Os filhos podem acabar desenvolvendo a crença de que sempre podem fazer as coisas do seu jeito e que não precisam respeitar nenhuma regra de responsabilidade social. Pais que priorizam o controle como estilo de vida acreditam que podem evitar crítica e humilhação ao "assumir o controle" (às vezes de situações, às vezes de si mesmos e às vezes dos outros). Eles podem ser muito rígidos e não dedicar um tempo para envolver seus filhos na criação de limites. Algumas crianças se sentem frustradas e decidem se rebelar. Outras crianças podem ceder e decidir que precisam sempre agradar aos outros para conseguir amor.

O que é uma prioridade de estilo de vida? De onde ela surge? Qual a relação dela com estilos parentais e qual o impacto que exercem sobre as crianças? Antes de responder a essas perguntas, vamos conhecer a família Sanchez e ver mais duas prioridades de estilo de vida.

Também é hora de dormir na casa da família Sanchez. A sra. Sanchez acredita que é bom para as crianças ir para a cama na hora certa e tenta convencê-las fazendo um sermão sobre a responsabilidade de se fazer o "certo". Ela fica constantemente frustrada por seus filhos não levarem sua sabedoria (sermões) a sério. Eles mal a ouvem enquanto ela fala. Que insulto! A sra. Sanchez prioriza a superioridade em seu estilo de vida. Insignificância é a única coisa na vida que ela quer evitar, e acredita que fazer as coisas "certas" é uma maneira de tornar a vida significativa.

O sr. Sanchez tem uma abordagem muito diferente. Ele só quer que seus filhos sejam felizes e que a hora de dormir seja fácil. Ele prioriza a satisfação em seu estilo de vida e, para tornar as coisas agradáveis, tenta persuadir carinhosamente seus filhos a ir para a cama. Ele faz jogos com eles para conseguir que vistam o pijama e escovem os dentes, lê histórias, vai buscar copos de água e termina com infinitos "últimos" abraços. Ele acredita que pode conquistar o amor de seus filhos e evitar a rejeição tornando a hora de dormir divertida e fazendo o que ele acha que vai agradar as crianças.

O sr. e a sra. Sanchez também são muito diferentes e costumam estimular seus filhos a testá-los. Pais que priorizam a superioridade em suas vidas não percebem que a sua necessidade de estar certo, de modo a evitar insignificância e irrelevância, convida os filhos a se sentirem inadequados. Como os filhos podem atender às altas expectativas dos pais? Essas crianças podem se tornar depressivas e desistir, ou podem decidir se destacar pagando um alto preço para se sentirem amadas incondicionalmente. Pais que priorizam a satisfação querem evitar a rejeição. No entanto, seus esforços para agradar podem convidar seus filhos a tirar vantagem e decidirem: "Eu sou aceito apenas quando os outros estão cuidando de mim e me dando o que eu quero."

Esses são exemplos extremos. No entanto, a maioria dos pais pode reconhecer algumas de suas tendências que ilustram o conceito de prioridades de estilo de vida. Pode ser um grande desafio desvendar todas as ações e interações dos membros de uma família que apresente personalidades, crenças e lógicas muito diferentes. Conhecimento e consciência podem ajudar.

Nos capítulos anteriores, passamos muito tempo observando as decisões que moldam o comportamento das crianças. Neste capítulo, vamos nos concentrar em como elas são afetadas pelas decisões e comportamentos dos adultos, o que foi originalmente definido por uma teoria chamada prioridade de estilo de vida, desenvolvida pela psicóloga adleriana Nira Kefir, de Israel. É importante que pais e professores saibam como as escolhas sobre seu estilo de vida influenciam seus estilos parentais e de ensino e, portanto, as escolhas de estilo de vida de seus filhos.

Cada estilo possui pontos fortes e pontos fracos, os quais afetam o modo como interagimos com nossos filhos. Com o entendimento, podemos aprender a nos apoiar sobre os pontos fortes e evitar ficar "viciado" nos pontos fracos do nosso estilo (pelo menos por algum tempo). Porém, o primeiro passo é compreender.

O que são prioridades de estilo de vida?

Você acumulou uma grande quantidade de decisões subconscientes da infância que formam a prioridade do seu estilo de vida. Agora, seus filhos estão desenvolvendo a prioridade deles. As prioridades de estilo de vida não descrevem quem você é; mas elas certamente representam as decisões que você tomou por toda a sua vida e que afetam a maneira como você tenta se sentir aceito e importante.

Na verdade, os adultos formam uma prioridade de estilo de vida tanto primária como secundária. As informações contidas neste capítulo irão ajudá-lo a identificar a sua prioridade principal (o que você pode fazer quando se sente inseguro ou ameaçado em relação a seu sentimento de aceitação e importância no mundo) e sua prioridade secundária (seus comportamentos habituais quando você se sente seguro).

A maioria das pessoas quer reivindicar os pontos fortes de cada prioridade e rejeitar os pontos fracos. Por exemplo, a maioria das pessoas gosta de ter algum controle sobre suas vidas e não gosta de críticas e humilhações. No entanto, críticas e humilhações são mais difíceis de suportar para uma pessoa que prioriza controle do que para alguém com outras prioridades. É uma questão de graduação. Uma pessoa que prioriza o controle acredita que a melhor maneira de evitar humilhação é manter o controle. Lembre-se de que essa é uma crença pessoal, e não a realidade. Outra pessoa pode rir de uma situação que parece humilhante para alguém que prioriza um estilo de vida de controle. É uma questão de percepção. É importante notar que controlar os outros geralmente não é o foco das pessoas que priorizam o controle em seu estilo de vida. Elas querem ter o controle de si mesmas e da situação para se sentirem seguras. No entanto, é fácil para as crianças interpretarem isso como controle sobre elas, o que pode estimular a rebeldia. Durante um workshop de Disciplina Positiva, um pai colocou a mão na testa e disse: "Agora eu vejo o que meus filhos estavam tentando me dizer e por que eles são tão 'provocadores'."

Muitas pessoas querem superioridade (sob a forma de excelência) e se sentiriam desconfortáveis com a falta de significado e de importância. No entanto, para uma pessoa que prioriza a superioridade no estilo de vida, a falta de significado e de importância deve ser evitada a qualquer custo. Outra observação importante: as pessoas que priorizam a superioridade raramente querem ser superiores aos outros. Elas simplesmente têm uma crença equivocada de que não são boas o suficiente, a menos que sejam superiores, o que muitas vezes leva as crianças a se sentirem inadequadas. Um outro pai teve um *insight* durante um workshop e disse: "Meu Deus! Nunca entendi por que o meu filho se sentia tão inadequado. Eu vivia dizendo que ele poderia fazer melhor se ele simplesmente tentasse. Tudo o que fiz foi fazê-lo se sentir mais inadequado. Quero aprender tudo o que puder para sair do caminho dele e encorajá-lo em vez de desanimá-lo."

Quase todo mundo quer conforto em sua vida e quer evitar a dor e o estresse físicos e emocionais. No entanto, tentar evitar a dor e o estresse pode ser a principal preocupação a motivar o comportamento de uma pessoa que prioriza o conforto. Pessoas com outras prioridades logicamente não ficam entusiasmadas com a dor e o estresse, mas elas não baseiam sua

Tabela 10.1 – As quatro prioridades de estilo de vida: conforto, controle, satisfação e superioridade

Prioridade	Maior medo	Acredita que a forma de evitar o maior medo é:	Pontos fortes	Pontos fracos	Incita nos outros, sem querer	Cria e depois reclama de
Conforto	Dor e estresse emocionais e físicos; expectativas dos outros; ser encurralado pelos outros.	Buscar conforto, pedir atenção especial, fazer os outros se sentirem confortáveis, escolher o caminho mais fácil.	Descontraído; poucas exigências; não interfere nas questões dos outros; pacificador; doce; empático; previsível.	Não desenvolve talentos; limita produtividade; evita crescimento pessoal.	Aborrecimento; irritação; tédio; impaciência.	Menos produtividade; impaciência; falta de desenvolvimento pessoal.
Controle	Humilhação, crítica, o inesperado.	Controlar a si mesmo e/ou outros e/ou situações.	Líder; organizado; produtivo; persistente; assertivo; segue as regras.	Rigidez, não desenvolve criatividade, espontaneidade ou proximidade social.	Revolta; resistência; desafio; frustração.	Falta de amigos e proximidade; se sente muito rígido.
Satisfação	Rejeição, abandono, conflitos.	Agradar aos outros; Ativo – exigir aprovação. Passivo – provocar pena.	Amigável; atencioso; comprometido; gentil; voluntarioso.	Não verifica com os outros o que lhes agrada; não se cuida.	Prazer em um primeiro momento e depois exigências de aprovação e reciprocidade.	Falta de respeito por si mesmo e pelos outros; ressentimento.
Superioridade	Insignificância e irrelevância.	Fazer mais, ser melhor que os outros; estar certo; ser mais útil; ser mais competente.	Versado; idealista; persistente; demonstra interesse social; realizador.	Viciado em trabalho; sobrecarregado; excessivamente responsável; excessivamente comprometido.	Sentimento de inadequação e culpa; "Como posso alcançar esse padrão?"; mentir para evitar julgamento.	Ficar sobrecarregado; falta de tempo; "Eu tenho que fazer tudo!"

vida na tentativa de evitá-los. Esse estilo pode levar as crianças a serem mimadas e exigentes. Como uma mãe disse: "Meu Deus! Agora posso ver por que estou sempre estressada. Não ensinei meus filhos a cuidarem de si mesmos e a contribuir de forma útil. Fiz tudo ao contrário."

Poucas pessoas gostam de rejeição e de se sentirem "deixadas de lado". No entanto, tentar evitar a rejeição é um tema fundamental e a base do comportamento das pessoas que priorizam ser agradáveis quando se sentem inseguras. Isso pode levar outras pessoas a tirar proveito ou a se irritar com a energia de insegurança. Como um pai disse: "Não é de admirar que meus filhos não apreciassem tudo o que eu fazia por eles. Eu não me preocupava em pedir a opinião deles. Eu apenas achava que eles eram ingratos e desatentos. Posso ver que eu era o único que estava sendo desatento por não ter verificado com eles e descoberto quem eles eram e o que eles queriam."

Uma reviravolta interessante é que o comportamento motivado por determinada prioridade muitas vezes cria o oposto do que o indivíduo pretende. Por exemplo, um adulto que tenta agradar às crianças pode falhar porque se esqueceu de verificar se esse comportamento era mesmo o melhor para elas. O adulto que quer conforto pode criar mais estresse evitando os passos que parecem desconfortáveis no momento, mas que poderiam criar maior desconforto e estresse no futuro, quando as crianças aprenderem a fazer exigências em vez de cooperar. Os adultos que acham que devem ter o controle muitas vezes convidam seus filhos à crítica e à humilhação quando eles se rebelam. Adultos que tentam evitar se sentir insignificantes usando a superioridade podem criar o pior tipo de insignificância quando descobrem que seus filhos desenvolveram sentimentos de inadequação, ou que seguem os passos de seus pais e passam a vida tentando desesperadamente provar quem são.

O principal ponto de todas as prioridades de estilo de vida é que a motivação primária é encontrar aceitação e importância. No entanto, assim como as crianças que escolhem um objetivo equivocado em sua tentativa "equivocada" de alcançar aceitação e importância, adultos escolhem caminhos "equivocados" e acabam alcançando exatamente o oposto. Nós nos "comportamos mal" e criamos distância em nossos relacionamentos, em vez de aceitação e importância. Conscientização e humor podem nos ajudar a superar nossas crenças e comportamentos autodestrutivos. Podemos, então, ser mais eficazes com os nossos filhos e em nossas vidas.

Descobrindo sua prioridade primária

As prioridades de personalidade são desenvolvidas quando as crianças percebem seu mundo, tomam decisões sobre ele e chegam a algumas conclusões básicas que incluem uma crença de "Portanto, eu devo..." Os exemplos a seguir ilustram as diferentes decisões que as crianças podem tomar com base nas mesmas circunstâncias.

- "Eu sou pequeno, e os outros são grandes. Portanto, eu preciso fazer os outros cuidarem de mim." (Conforto)
- "Eu sou pequeno, e os outros são grandes. Portanto, eu preciso manter controle de mim mesmo e das situações para que eu não me sinta humilhado." (Controle)
- "Eu sou pequeno, e os outros são grandes. Portanto, eu preciso agradar aos outros para ser amado." (Satisfação)
- "Eu sou pequeno, e os outros são grandes. Portanto, eu preciso me esforçar para alcançá-los e fazer ainda melhor." (Superioridade)

Os resultados dessas decisões feitas na infância aparecem no futuro. Você não acha assustador pensar que o modelo para o seu comportamento na vida foi criado quando você tinha 3 anos de idade?

Seu projeto de vida

Você contrataria uma criança de 3 anos para fazer a planta da sua casa dos sonhos? Você deve estar rindo do quão ridículo isso parece. No entanto, sua vida é baseada em um projeto de vida criado por você mesmo quando era uma criança pequena. Na verdade, você começou a criar seu projeto no momento em que nasceu, mas, como a maioria das pessoas, você não se lembra das decisões que tomou quando bebê ou criança. No entanto, aquelas primeiras decisões foram confirmadas por você (ainda que subconscientemente) aos seus 3, 4 e 5 anos de idade. Então você, dos 6 aos 10 anos de idade, inconscientemente acrescentou alguns conselhos, continuando a criação de seu projeto de vida. E, apenas por diversão, foi como adolescente (com hormônios furiosos e tudo) que você incluiu algumas decisões, pensamentos, sentimentos e atitudes para completar o quadro. É de se admirar que o seu projeto de vida tenha algumas falhas? O que mais você poderia esperar de uma criança pequena, ou mesmo de um adolescente, sem treinamento na criação de projetos de vida e sem experiência de vida para interpretá-la com a objetividade que, às vezes, chega com a idade?

Compreender o seu projeto de vida (a sua prioridade de estilo de vida) lhe dá a oportunidade de fazer algumas revisões. Também irá ajudá-lo a reconhecer quais modelos seus filhos estão começando a usar e a compreender melhor as reações deles quando estão se sentindo inseguros. Se você ainda está com dificuldade para decidir qual a sua prioridade no estilo de vida, escolha a afirmação na qual você se encaixa melhor:

- "Eu me sinto melhor comigo mesmo quando eu e as pessoas que me rodeiam estão confortáveis. Eu me sinto pior comigo mesmo quando há tensão, dor e estresse." (Conforto)
- "Eu me sinto melhor comigo mesmo quando as coisas estão em ordem e organizadas e eu estou no controle de mim mesmo e da situação. Eu me sinto pior comigo mesmo quando me sinto envergonhado e humilhado ou sou criticado sobre algo que eu achava que deveria saber ou fazer." (Controle)
- "Eu me sinto melhor comigo mesmo quando eu posso agradar às outras pessoas e evitar conflitos para que a vida seja divertida, e não difícil. Eu me sinto pior comigo mesmo quando me sinto rejeitado, deixado de lado, ou desvalorizado." (Satisfação)
- "Eu me sinto melhor comigo mesmo quando alcanço sucesso e estou fazendo uma contribuição significativa. Eu me sinto pior comigo mesmo quando me sinto inútil, sem importância e estúpido." (Superioridade)

A afirmação que é mais verdadeira em momentos de estresse (ou insegurança) é a sua prioridade primária. "Em momentos de estresse" é um fator importante para compreender as prioridades de estilo de vida. Quando não estamos sob estresse, não estamos preocupados com humilhação, rejeição, falta de importância ou dor. Durante tempos de paz em nossas vidas, não nos prendemos a decisões, padrões de comportamento e crenças vindos da infância. É só quando percebemos estresse ou insegurança que somos levados aos aspectos negativos dos nossos comportamentos de prioridade de vida. Esses comportamentos estão muitas vezes na raiz da nossa disputa por poder com as crianças.

Digo "percebemos" estresse, porque é isso que o estresse é. O que é estressante para uma pessoa pode não ser estressante para outra – somente nosso pensamento o faz de um ou outro jeito. Adler disse: "Seus pensamentos não têm nenhum significado exceto o significado que você lhes dá." (Você pode encontrar mais informações sobre esse importante conceito em *Serenity: Eliminating Stress and Finding Joy and Peace in Life and Relationships*[1].)

Descobrindo sua prioridade secundária

Você pode dizer: "Bem, eu certamente quero evitar humilhação e vergonha, mas não acho que tento controlar as outras pessoas ou as situações. Na verdade, eu me esforço para agradar aos outros." Se esse é o caso, você acabou de identificar sua prioridade secundária. Seu método usual de operação, ou "estilo", é satisfazer as pessoas. Essa é a sua prioridade secundária porque é o que você costuma fazer quando se sente seguro. Apenas quando você se sentir inseguro ou pressionado é que poderá cair nas suas crenças do tipo "tenho que". Então você desistirá de agradar e passará a usar seus métodos de controle para evitar humilhação percebida.

Escolhemos uma prioridade como método de operação (ou prioridade secundária) para ser usado no dia a dia, quando nos sentimos seguros. Quando nos sentimos estressados, inseguros ou ameaçados, tendemos a voltar para nossa prioridade primária. Em outras palavras, sob condições e situações diferentes, escolhemos comportamentos a partir de diferentes prioridades, mas sempre com a finalidade de manter nossa prioridade do tipo "tenho que". Por exemplo, uma pessoa que prioriza o controle em sua vida pode agradar aos outros para obter o controle, buscar a excelência para obter o controle, ou tornar as pessoas ou situações confortáveis para obter uma sensação de controle.

Prioridades de estilo de vida e estilos de ensino

Os muitos pontos fortes e fracos de cada prioridade afetam a forma como você se comporta como pai. O propósito de compreender as prioridades de estilo de vida não é criar estereótipos, e sim aumentar o conhecimento que irá ajudá-lo a fazer escolhas conscientes, em vez de ser uma vítima cega das percepções que você teve e das decisões que tomou quando criança e posteriormente "esqueceu". Quando você compreende os possíveis pontos fracos das suas prioridades de vida, você pode desenvolver estratégias para superá-los. Você pode assumir mais responsabilidade pelo que você cria com suas escolhas e comportamentos em vez de agir como vítima, incluindo os casos de desafio que você enfrenta com as crianças.

Conforto

Em relação aos pontos fortes, os adultos que priorizam o conforto em seu estilo de vida podem modelar para as crianças os benefícios de ser descontraído, diplomático e previsível. Seus filhos ou alunos podem aprender a apreciar os pequenos prazeres da vida. As habilidades da Disciplina Positiva podem ajudar esses adultos a compreender sua tendência em ser demasiadamente permissivos com as crianças, porque parece mais fácil no momento. Adultos em busca de conforto muitas vezes escolhem um estilo permissivo, o que pode trazer uma tendência de criar crianças "mimadas", ou caos na sala de aula. Adultos que priorizam o conforto podem se tornar mais eficazes quando conseguem envolver seus filhos em estabelecimento de limites, criação de rotinas, definição de objetivos e resolução conjunta de problemas, durante as reuniões de família ou de classe.

A prioridade da sra. Carter é o conforto. Ela muitas vezes deixa as decisões para seus filhos e rapidamente cede às suas exigências porque parece ser "mais fácil". Mas, por incrível que pareça, escolher o caminho mais fácil nem sempre torna a vida mais fácil. Ela começou a sofrer uma grande dose de estresse e desconforto, assim como seus filhos, porque a única maneira pela qual sabiam conviver era com a tirania emocional (choramingar ou fazer birra até sua mãe ceder). Em vez de torná-los confortáveis, a sra. Carter tinha involuntariamente criado um ambiente familiar de grande tensão. Ela estava animada para aprender como a compreensão das prioridades poderia ajudá-la a enfatizar seus pontos fortes em vez dos pontos fracos. Ela começou a dedicar tempo para ensinar sobre respeito mútuo e habilidades de vida a seus filhos e proporcionou oportunidades para que eles praticassem. Ela lhes deu mesadas, discutiu poupança e gastos, e depois os deixou experimentar as consequências de suas escolhas.

Tabela 10.2 – Como as prioridades de estilo de vida podem influenciar as formas de educar (de pais e professores)

Prioridade	Possíveis pontos fortes para os pais	Possíveis pontos fracos para os pais	Podem precisar praticar
Conforto	Modelam para as crianças os benefícios de serem descontraídos, diplomáticos, previsíveis e de apreciarem pequenos prazeres.	Permissividade, que pode levar as crianças a serem mimadas e exigentes; maior interesse no conforto do que nas necessidades da situação.	Criar rotinas, estabelecer objetivos, resolver problemas juntos; ensinar habilidades de vida; permitir que as crianças experimentem as consequências naturais de suas escolhas; reuniões de família.
Controle	Podem ensinar às crianças habilidades de organização e de liderança, persistência produtiva, assertividade, respeito pela lei e ordem e habilidades de gestão do tempo.	Rígido, controlador, pode levar a rebeldia e resistência ou bajulação inadequada.	Abrir mão; oferecer escolhas; fazer perguntas que estimulam a curiosidade; envolver as crianças nas decisões; reuniões de família.
Satisfação	As crianças podem aprender a ser amigáveis, a ter consideração pelos outros e a não serem agressivas; a serem pacificadores, comprometidas e voluntariosas; heróis dos desfavorecidos.	Capachos, mantêm registro da pontuação ("agora você me deve"). Podem levar a ressentimento, depressão ou vingança.	Confiar que a criança pode resolver seus próprios problemas; resolver problemas em conjunto; honestidade emocional; aprender a dar e receber; reuniões de família.
Superioridade	Modela sucesso e conquistas, ensina as crianças a avaliar qualidades e motiva a excelência.	Faz sermões, tem muitas expectativas; leva a sentimentos de inadequação e fracasso para alcançar os padrões; vê as coisas em termos de certo ou errado em vez de possibilidades.	Abrir mão da necessidade de estar certo; entrar no mundo da criança e apoiar suas necessidades e desejos; amor incondicional; curtir o processo e desenvolver senso de humor; fazer reuniões de família nas quais todas as ideias sejam valorizadas.

Adaptado de *Positive Discipline for Preschoolers Facilitator's Guide*, de Jane Nelsen, Cheryl Erwin e Roslyn Duffy (disponível em Empowering People Books, Tapes and Videos: www.empoweringpeople.com – em inglês).

Quando seus filhos faziam exigências, ela colocava os pedidos na pauta da reunião de família para serem discutidos posteriormente. Durante as reuniões de família, ela convidava à discussão e à troca de ideias para que as crianças pudessem conseguir o que queriam por meio de seus próprios esforços. Eles criaram rotinas para as manhãs e para a hora de dormir, combinaram planos para realizar as tarefas, e planejaram passeios em família. A sra. Carter aprendeu que precisava tomar muitas decisões, como: escolher uma pré-escola adequada, determinar questões de segurança e estabelecer limites e expectativas claros e consistentes para o comportamento. Não era apropriado perguntar a seus filhos se estaria bem para eles se ela escolhesse a pista mais rápida da rodovia em vez da pista mais lenta, se queriam banhos à noite, ou se ela poderia se oferecer como babá para o primo deles no fim de semana. Essas decisões eram de sua responsabilidade. Uma vez que ela parou de sobrecarregá-las com essas escolhas, as crianças se sentiram mais seguras. Expectativas claras dão às crianças uma sensação de segurança, enquanto o comportamento anterior da sra. Carter levava à ansiedade, o contrário do conforto que ela procurava. A sra. Carter ficou grata em perceber que ela estava mais confortável, havia menos tensão na casa e as crianças estavam mais confortáveis, já que tinham aprendido habilidades para atenderem a suas necessidades.

Controle

Em relação aos pontos fortes, pais e professores que priorizam o controle podem ser muito bons ajudando seus filhos a aprender habilidades de organização e de liderança, persistência produtiva, assertividade e respeito pela lei e ordem. As habilidades da Disciplina Positiva podem ajudar os pais que priorizam o controle a conter sua tendência de serem demasiadamente rígidos e controladores com seus filhos. O controle excessivo leva à rebeldia ou resistência, em vez de encorajar as crianças a aprenderem as habilidades que seus pais querem lhes ensinar. Adultos que priorizam o controle podem ser mais eficazes se fizerem um esforço para reconhecer sua necessidade de controle excessivo e se praticarem as habilidades de desapegar, oferecer escolhas, fazer perguntas que estimulem curiosidade e conseguir um envolvimento maior das crianças nas tomadas de decisões.

A prioridade de estilo de vida da sra. Jones é o controle. Ela costumava dizer às crianças o que fazer, como fazer e quando fazer, e ela certamente não permitia qualquer argumento por parte deles. Ela realmente acreditava que isso era o que pais responsáveis deveriam fazer. Seu comportamento controlador era na verdade contraproducente em relação ao seu objetivo de ajudar seus filhos a aprender autodisciplina, responsabilidade, cooperação e habilidade para resolver problemas. Dois de seus três filhos estavam constantemente revoltados, fazendo o mínimo que podiam e sempre testando os limites, até que fossem punidos. Isso fazia que a sra. Jones se sentisse fora de controle, exatamente o que ela estava tentando evitar. Ela estava em uma luta eterna de poder com essas duas crianças.

Seu outro filho estava se tornando um "bajulador". Ele tentava atender às expectativas da mãe e ganhar sua aprovação agradando-a. No entanto, em vez de desenvolver as habilidades de vida que precisava para ser um cidadão do mundo feliz e bem-sucedido, ele estava perdendo a noção do que lhe agradava e vivia com medo de que nunca seria capaz de fazer as pessoas felizes o suficiente. Ele estava se tornando um viciado em aprovação.

Aprender sobre as prioridades ajudou a sra. Jones a enfatizar os pontos fortes em vez dos pontos fracos. Ela começou a fazer reuniões de família com os filhos para envolvê-los na resolução de problemas. Ela aprendeu a arriscar fazer perguntas que estimulam a curiosidade para ajudar a si mesma e seus filhos a descobrirem as consequências de suas decisões e a aprenderem com seus erros em uma atmosfera de amor incondicional. Ela não precisava mais estar no comando de tudo e promovia discussões para resolver os problemas. Ela ficou grata quando percebeu que, ao abrir mão do controle, ela e seus filhos estavam se sentindo mais no controle.

Satisfação

O ponto forte dos pais e professores que priorizam a satisfação é ajudar seus filhos a aprender comportamentos simpáticos, atenciosos e não agressivos. Eles são muitas vezes pacificadores, por causa de seu desejo de fazer todos felizes. Eles são bons com compromisso e geralmente se oferecem para ajudar os outros. Eles são os heróis dos desfavorecidos. Infelizmente, agradar em excesso pode levar a ressentimento e depressão quando adultos que têm essa prioridade se esforçam muito para agradar a crianças ou parceiros que não se comportam da mesma maneira. E os beneficiários dos agrados podem se sentir ressentidos por causa das expectativas colocadas neles, de que devem apreciar o que foi feito e retornar a gentileza.

As habilidades da Disciplina Positiva podem ajudar esses adultos a conter sua tendência de tentar fazer todo mundo feliz.

Pais e professores que priorizam a satisfação podem ser mais eficazes quando param de se concentrar exclusivamente nas necessidades dos outros e passam a cuidar de suas próprias necessidades, a fim de que tenham mais para dar. Eles precisam acreditar na capacidade de seus filhos para agradarem a si mesmos e ensinar-lhes as habilidades de honestidade emocional e de resolução de problemas em conjunto. Tanto o adulto como a criança irão se beneficiar de aprender a expressar o que pensam, sentem e querem, sem esperar que ninguém mais pense o mesmo, sinta o mesmo ou dê a eles o que eles querem – fácil de dizer, mas não tão fácil de fazer! Aprender a valorizar as necessidades de todos, incluindo as suas próprias, é crucial para promover respeito mútuo.

O sr. Smith prioriza a satisfação. Ele gastava uma enorme quantidade de energia e esforço tentando fazer seus filhos serem bons uns com os outros, com os vizinhos, os avós, os membros da igreja e os professores. Ele estava mais preocupado em como eles tratavam os outros do que em ajudá-los com seus próprios sentimentos. Outras vezes, ele lhes concedia favores especiais em excesso quando reclamavam ou choravam. Por exemplo, ele tentava agradá-los quando exigiam lanches ou mais histórias antes de deitar. Então ele ficava com raiva quando os lanches e as histórias não os satisfaziam o suficiente para fazê-los irem para a cama com alegria. Muitas vezes, todos iam dormir chateados. Ninguém estava satisfeito!

Também era importante para o sr. Smith que seus filhos gostassem dele e o aprovassem como pai. Parecia lógico para ele que seus filhos também iriam querer agradá-lo. Ele não conseguia entender quando seus filhos se queixavam de que ele não se importava com seus sentimentos. Era um ciclo vicioso; ele tinha certeza de que eles não se preocupavam com seus sentimentos, mesmo depois de "tudo o que ele havia feito por eles".

O sr. Smith não tinha certeza se deveria ou não acreditar nas informações sobre as prioridades de estilo de vida. Mas quando começou a usar reuniões de família com seus filhos para envolvê-los nas resoluções de problemas, ele não pôde deixar de notar a mudança de atmosfera em sua família. O sr. Smith e seus filhos aprenderam a usar honestidade emocional para expressar seus sentimentos. Eles discutiram a ideia de "realidades distintas" e o fato de que as pessoas percebem as situações de maneiras diferentes (nenhuma é necessariamente errada), que coisas diferentes agradam a pessoas diferentes, e que é respeitoso perguntar em vez de pressupor.

Ele descobriu que era importante levar suas próprias necessidades em consideração, assim como as necessidades da situação. Aprendeu a responder às exigências dos filhos na hora de dormir dizendo de forma gentil e firme: "É hora de dormir agora. Qual é o próximo item no seu quadro de rotinas da hora de dormir?" No começo, ele teve que repetir essa frase várias vezes. No entanto, uma vez que seus filhos aprenderam que ele falava a sério, desistiram de tentar manipulá-lo.

O sr. Smith finalmente percebeu que, quando tentava agradar aos filhos sem antes descobrir o que lhes agradava, ele na verdade não estava agradando a ninguém. Essa família começou a ouvir uns aos outros, a pedir o que eles queriam e a serem honestos sobre se iriam ou não iriam realizar o desejo do outro. Quando o sr. Smith aprendeu sobre as prioridades e sobre as habilidades da Disciplina Positiva, seus filhos começaram a gostar de ser seus filhos e o sr. Smith começou a apreciar verdadeiramente ser um pai. Todos estavam satisfeitos – pelo menos, na maior parte do tempo.

Superioridade

Pais e professores que priorizam a superioridade como estilo de vida podem ser muito bons em modelar sucesso e realização. Eles muitas vezes são capazes de avaliar e encorajar a qualidade e parecem ter um talento especial para "motivar a excelência". Os seus filhos, no entanto, às vezes, veem isso como "exigência de perfeição" e se sentem inadequados para atender às altas expectativas de seus pais (ou professores).

As habilidades da Disciplina Positiva podem ajudar esses adultos a controlar sua tendência de esperar demais de seus filhos. A superioridade excessiva frequentemente inspira sentimentos de inadequação, em vez do desejo de realização que esses adultos querem inspirar. Os adultos que priorizam a superioridade serão mais eficazes se fizerem um esforço para abrir mão da necessidade de que as coisas sejam "certas" e "melhores" (de acordo com seus próprios padrões, é claro) e praticar a habilidade de entrar no mundo de seus filhos para descobrir o que é importante para eles, lembrando-se que há mais de uma maneira "certa" de fazer as coisas, e se certificando de que a mensagem de amor incondicional fique clara.

Eles também podem aprender a modelar e ensinar que os erros são oportunidades maravilhosas para aprender, e também a ouvir e aceitar ideias dos filhos para resolver problemas. Às vezes, os adultos que priorizam a superioridade estão tão focados no objetivo final que perdem completamente a alegria do processo.

A prioridade do estilo de vida do sr. Lyndol é a superioridade. Ele costumava dizer aos filhos sobre todas as suas maravilhosas realizações, bem como o que esperava deles. Ele acreditava que isso iria inspirá-los e motivá-los a seguir seus passos, e investiu muito de sua autoestima na expectativa de que eles iriam ultrapassá-lo. Além disso, ele era viciado em trabalho e muitas vezes negligenciava a família para que pudesse "oferecer o melhor para eles". Ele não sabia que o que as crianças mais desejavam era passar tempo com ele (sem lhes fazer exigências).

A personalidade de superioridade desse pai era na verdade contrária ao objetivo de ajudar seus filhos a alcançar a excelência. Um deles tornou-se um encrenqueiro na escola. (Se ele não podia ser o melhor dos melhores e atingir as altas expectativas do pai, ele poderia pelo menos ser o melhor dos piores.) Essa criança também havia desenvolvido um estilo de vida de superioridade, mas estava exercendo-o em oposição ao pai. Seu outro filho tornou-se um perfeccionista que não conseguia aceitar o fracasso e não conseguia relaxar e desfrutar de suas realizações mesmo quando ganhava, porque estava constantemente com medo do constrangimento e da humilhação do fracasso.

O sr. Lyndol estava motivado a enfatizar os pontos fortes de sua superioridade, em vez dos pontos fracos, e ser o tipo de pai que ele sempre tinha pretendido ser. Ele e sua família trabalharam para cultivar um senso de humor quando se discutiam os erros e começaram projetos nos quais podiam trabalhar juntos. Às vezes, eles até se arriscavam a cometer erros juntos, apenas para confirmar que estava tudo bem com isso. O sr. Lyndol aprendeu a usar as reuniões de família para melhorar a comunicação com os filhos. Eles trabalharam no sentido de apreciar e cooperar durante o processo e não apenas a enfatizar a excelência do produto acabado.

O sr. Lyndol parou de dar sermões e estimulou discussões sobre as diferenças de opiniões. Ele e seus filhos, em conjunto, decidiram trabalhar em um projeto de serviço comunitário. O sr. Lyndol descobriu que era capaz de se comunicar com seus filhos de uma maneira mais eficaz e sentiu-se animado com o que estava aprendendo deles e com eles. As crianças começaram a apresentar sinais de que também estavam encorajadas: elas estavam entusiasmadas e voluntariamente colaboravam tanto em casa quanto na escola.

O sr. Lyndol também se voluntariou como treinador de uma equipe de futebol infantil. No início, ele queria apenas as crianças que tinham fortes habilidades e que queriam treinar com afinco; ele queria principalmente aquelas que queriam ganhar. As novas perspectivas do sr. Lyndol o ajudaram a ver que todas as crianças tinham potencial se ele as encorajasse. Ele começou a trabalhar com essas crianças, para aprimorar seus chutes, corridas e passes. Ele lhes ensinou que era mais importante fazer o melhor do que ganhar um jogo – uma lição que ele também estava aprendendo.

Eles ganharam muitos jogos (e perderam alguns), mas o sr. Lyndol encontrou o seu maior prazer na atitude que sua equipe exibia. Eles trabalhavam juntos e gostavam do trabalho.

Prioridades conflitantes de estilo de vida

Nós discutimos o que acontece quando pais e professores aprendem sobre prioridades de estilo de vida e habilidades de Disciplina Positiva. Uma compreensão de estilos de prioridades aliada a habilidades de Disciplina Positiva também pode ajudar os adultos e as crianças a viverem e trabalharem em conjunto com menos conflitos. Você se lembra dos dois casais que apresentamos no início deste capítulo? Como Alfred Adler disse muitas vezes: "Os opostos se atraem, mas têm dificuldade de viver juntos." Cada um é atraído pelo outro em virtude das qualidades que ele ou ela não tem. Mas às vezes o que antes parecia bonito e adorável torna-se absolutamente irritante depois do casamento. Tomemos o caso do sr. e da sra. Johnson.

David e Suzanne Johnson se conheceram nas pistas de esqui. Houve uma atração imediata entre os dois, e a relação se desenvolveu rapidamente. Suzanne foi atraída por David porque ele era relaxado, descontraído e parecia estar realmente à vontade. Mesmo ao esquiar, ele parecia deslizar facilmente montanha abaixo.

Da sua parte, David se sentia atraído por Suzanne porque ela era brilhante, atraente, articulada, criativa e uma das mulheres mais bem-sucedidas e talentosas que ele já tinha conhecido. Eles tinham muito em comum. E ambos amavam esquiar. Mal sabiam que os altos e baixos da pista de esqui se tornariam uma metáfora para seu relacionamento e para seus estilos parentais com a chegada do primeiro filho.

A prioridade de David era o conforto, enquanto a de Suzanne era a superioridade. Muitas vezes somos atraídos por alguém que parece ter aquilo que acreditamos nos faltar. David nunca se opôs às muitas atividades de Suzanne; na verdade, ele encorajava suas realizações. Afinal, a ambição e foco de Suzanne tornavam a vida mais fácil para ele. Os encantos e a forma descontraída de David eram um contraponto perfeito para os objetivos elevados e o empenho excessivo de Suzanne.

Então o primeiro filho do casal chegou. Em pouco tempo (antes de os dois terem qualquer conhecimento sobre prioridades de estilo de vida), o bebê parecia ter uma misteriosa habilidade de causar desconforto a David e de fazer Suzanne não se sentir a melhor. O bebê também tinha a capacidade de fazê-los discutir sobre competências e estilos de criação de filhos. Papai era fácil demais, e mamãe difícil demais. Ou, pelo menos, é o que David e Suzanne tinham a dizer um do outro.

Quando uma alma caridosa eventualmente explicou-lhes sobre prioridades de estilo de vida, as coisas começaram a mudar para o casal. Eles participaram de um curso para pais e fizeram um esforço para educar o filho como uma equipe. Eles se concentraram em valorizar os pontos fortes das suas prioridades (que, afinal, é o que os havia aproximado no princípio). Concordaram que cada um deles iria trabalhar seus próprios pontos fracos e que cada um iria oferecer ao outro apoio e compreensão em vez de críticas. Eles ficaram especialmente satisfeitos por descobrir que suas novas competências de Disciplina Positiva para a criação de filhos se encaixavam em ambos os seus estilos e os ajudavam a conseguir construir o que mais queriam: uma família feliz.

O crescimento acontece quando aprendemos a transformar nossos pontos fracos em pontos fortes. À medida que ganhamos introspecção e consciência, o crescimento pode ser emocionante e gratificante. Compreender a nossa própria prioridade de estilo de vida e como ela influencia as relações com nossos filhos pode nos ajudar a aprender, com tempo e paciência, a ser os melhores pais e pessoas que pudermos ser.

Revisão

Neste capítulo, no lugar das ferramentas e questões, use a seguinte atividade para ajudá-lo a compreender a sua prioridade de estilo de vida. É mais educativo fazê-la em grupo. Dessa forma, vocês podem se dividir em pequenos grupos que representam cada estilo de vida e discutir sobre:

1. Seus pontos fortes (o que a maioria dos membros do grupo vê que têm em comum).
2. Seus pontos fracos (o que a maioria dos membros do grupo vê que têm em comum).
3. O que esse estilo pode gerar nas crianças.
4. Passos específicos de aprimoramento que irão melhorar a sua vida e a sua relação com as crianças.

Atividade de prioridade de estilo de vida

Insignificância e irrelevância	Crítica e humilhação	Rejeição e abandono	Estresse e dor
☐	☐	☐	☐

1. Classifique de 1 a 4 as combinações nas caixas, sendo o número 1 a combinação que você menos gosta. Da esquerda para a direita, as caixas representam: superioridade, controle, satisfação e conforto.
2. A minha prioridade de vida primária é __________________
(a caixa classificada com o número 1)
3. A minha prioridade de vida secundária é ________________
(a caixa classificada com o número 2)
4. Um lema para a minha prioridade de estilo de vida poderia ser:

____

____

5. Os meus maiores pontos fortes são:

____

____

6. Os meus maiores pontos fracos são:

____

____

7. O que a minha prioridade de estilo de vida pode incentivar nas crianças:

____

____

8. Passos específicos para melhoria:

____

____

Capítulo Onze

Juntando tudo

A maioria dos princípios descritos neste livro requer a compreensão e aplicação de conceitos básicos e atitudes dos adultos. Quando colocamos todos eles juntos, temos uma excelente caixa de ferramentas para ajudar as crianças a desenvolver as características que irão servi-las bem ao longo da vida. Não existe uma ferramenta que funciona para todas as crianças e situações, de modo que é vantajoso ter várias opções. Muitas das ferramentas apresentadas neste capítulo foram discutidas nos capítulos anteriores. Aqui você encontrará novos exemplos de interações entre adultos e crianças em relação a desafios disciplinares e o valor de usar diversas ferramentas em conjunto.

A técnica do banheiro

O valor de dar um tempo positivo para se acalmar foi mencionado algumas vezes. Lembre-se de que o propósito de se acalmar é esperar até que você possa acessar seu "cérebro racional", em vez de tentar resolver um conflito enquanto está acessando seu cérebro "reptiliano", de modo que algumas formas de afastamento são úteis. Em vez de pensar em maneiras pelas quais as crianças podem dar um tempo, pode ser útil para os pais se eles mesmos se afastarem.

Antes de se retirar, explique a seu filho o que você planeja fazer e por quê. (Crianças mais novas irão aprender com as suas ações, não com suas palavras.) A explicação pode acontecer durante uma reunião de família ou de forma individual. Você pode dizer a eles: "Quando estou chateado eu vou para algum lugar me acalmar até que me sinta melhor e nós poderemos trabalhar juntos para encontrar uma solução respeitosa." Isso é um grande exemplo para as crianças.

Um bom lugar para os pais se retirarem é o banheiro. Dreikurs é conhecido pela "técnica do banheiro". Ele sugeriu o banheiro porque, em muitas casas, é o único lugar com uma tranca na porta. Se você sentir a necessidade de ter bastante tempo para se acalmar no banheiro, você pode querer torná-lo o mais confortável possível, com livros, revistas e até um aparelho de som. Estou exagerando, mas você entendeu o objetivo.

Alguns pais preferem entrar no chuveiro, dar uma caminhada ou fazer compras, desde que tenham um amigo ou parceiro com quem possam deixar os filhos. Algumas vezes um sinal pré-combinado entre você e seu filho pode ajudar – uma puxada no cabelo, bater os braços para mostrar que está ficando maluco ou fazer o sinal de paz.

Uma atitude de respeito é importante ao usar qualquer maneira de se acalmar. Você pode dizer: "Eu preciso dar um tempo para cuidar de mim. Eu sei que vou agir melhor quando estiver me sentindo melhor." Tranquilize a criança no sentido de que você não está saindo para ficar longe dela, e sim para cuidar de si mesmo porque sabe que, quando todos se sentem melhor, o problema pode ser resolvido com respeito e cooperação.

A técnica do romance

Já que professores não podem deixar os alunos sozinhos na sala de aula, para eles uma forma de se afastarem é sentar e ler um romance durante o momento de conflito. (Professores que tentaram isso acharam muito eficiente, mas muitos não se sentem confortáveis com essa técnica. Tente se adequar ao seu estilo.)

O primeiro passo é dizer o seu plano para as crianças. Deixa-as saber que seu trabalho é ensinar – e o delas é aprender. Se elas não estão dispostas a fazer o trabalho delas, você não poderá fazer o seu; assim, a partir de então, sempre que elas não colaborarem e você não puder ensinar, você irá sentar e ler o seu romance e elas poderão avisar quando estiverem prontas para "trabalhar", e deixar você fazer o mesmo.

A razão pela qual alguns professores não gostam desse método é o fato de não aguentarem o período de teste, quando as coisas ficam piores antes de melhorarem. As crianças geralmente vão ficar bastante agitadas enquanto estiverem testando a nova liberdade. No entanto, em pouco tempo elas vão sossegar e avisar à professora que estão prontas para aprender. Em muitas classes, as crianças não testam sua liberdade. Elas simplesmente não estão cientes de que estão sendo desrespeitosas até verem que a professora ou professor está lendo um livro. Tão logo as crianças percebem essa dica não verbal, silenciam imediatamente.

Esse método é efetivo apenas para professores que conquistaram a admiração e respeito dos alunos porque são bem preparados e eficientes. É também mais efetivo com crianças das séries de Ensino Fundamental. Poderia ser desastroso com adolescentes, que estão mais preocupados com a aprovação dos colegas que com a dos adultos.

O sr. Rasmussen, um professor de educação especial de alunos de quarto, quinto e sexto anos, recebeu permissão de seu diretor para sair da sala quando seus alunos estivessem perturbando. Ele primeiro explicou aos alunos que sairia da sala enquanto eles não estivessem prontos para aprender. Eles foram instruídos a ir buscá-lo na sala dos professores quando estivessem prontos. Naquele mesmo dia os alunos estavam tão barulhentos que não podiam ouvi-lo a menos que ele levantasse a voz. Ele e seu assistente pegaram seus copos de café e saíram da sala.

O sr. Rasmussen ficou muito nervoso enquanto estava sentado na sala dos professores. Eles não tinha a menor certeza de que aquilo funcionaria. Sua imaginação foi à loucura quando considerou as coisas que as crianças poderiam estar fazendo na sala. Quando, após trinta minutos, eles não vieram buscá-lo, ele começou a se perguntar se perderia seu contrato de professor.

Depois de 45 minutos, um dos alunos veio à sala dos professores para dizer ao sr. Rasmussen que eles estavam prontos para deixarem o professor fazer seu trabalho. Ele ficou admirado pelo quanto as crianças cooperaram nos dias seguintes.

Na próxima vez que as crianças começaram a perturbar, o sr. Rasmussen e seu assistente pegaram seus copos da prateleira. Imediatamente os alunos se acalmaram e disseram que estavam prontos. É importante notar que esses alunos realmente gostavam do sr. Rasmussen. Ele conquistou seu respeito e estava agora demonstrando como respeitaria a si mesmo.

Após ouvir essa história, outra professora de educação especial tentou esse método. Ela relatou que seus alunos vieram até ela em vinte minutos com uma petição assinada declarando que estavam prontos para cooperar.

Outra professora esqueceu de dizer aos alunos onde eles poderiam encontrá-la. Eles foram à secretaria e a chamaram pelo interfone quando estavam prontos.

Eu não estou defendendo que você tente esse método se houver normas estritas contra isso na sua escola. Alguns diretores darão permissão para esse risco.

Dar um tempo positivo

Um período para esfriar a cabeça pode ser eficiente para crianças desencorajadas se a razão é explicada com antecedência, se a criança ajuda a criar um lugar que vai ajudá-la a se sentir melhor e quando pais ou professores perguntam: "Ajudaria se você fosse para o lugar de dar um tempo positivo?" (ou como quer que eles tenham decidido chamar o lugar).

As técnicas do banheiro e do romance algumas vezes são melhores, porque você está decidindo o que você vai fazer em vez do que você está pedindo para a criança fazer. Mas muitos pais e professores gostam de usar o tempo positivo em vez da técnica do banheiro porque acham muito inconveniente se retirar para o banheiro quando estão ocupados com alguma tarefa, como preparando o jantar ou dando uma aula. (No entanto, algumas vezes um curto período de inconveniência é um preço pequeno a se pagar para encorajar e fortalecer as crianças a aprenderem responsabilidade e cooperação.)

Um conceito importante para se rever é: de onde tiramos a ideia absurda de que, para levar uma criança a se comportar melhor, antes precisamos fazê-la se sentir pior? Muitos adultos têm a ideia equivocada de que o grande objetivo de se mandar uma criança para o quarto é fazê-la sofrer. "Você vai para o seu quarto pensar no que fez." O tom de voz geralmente indica: "E sofra." Um pai até reclamou: "Não é nada bom mandar o meu filho para o quarto dele. Ele adora isso."

Eu disse: "Ótimo. Isso vai produzir melhores resultados." De fato, eu sugiro aos pais que ensinem seus filhos sobre o tempo positivo (como discutido no Capítulo 6) durante um momento calmo e feliz. "Quando você se sentir chateado ou irritado pode ser que ajude ir para o seu quarto e fazer alguma coisa para se sentir melhor. Você pode ler um livro, brincar com seus brinquedos, ouvir música ou tirar uma soneca. Depois, quando estiver se sentindo melhor venha para fora e nós vamos buscar uma solução." Para pais que se preocupam quanto a estar premiando o mau comportamento, isso pode ser verdade se eles não derem sequência com a solução de problemas quando todos estiverem se sentindo melhor. Por favor, consulte *Posi-*

tive Time-Out and Over 50 Ways to Avoid Power Struggles in Homes and Classrooms[1] para mais detalhes sobre como envolver as crianças na criação de áreas pessoais para se dar um tempo, áreas que elas podem "escolher" em vez de áreas para as quais "são mandadas".

Crianças abaixo de 3 anos, geralmente, são muito novas para serem mandadas (ou escolherem) dar um tempo – até mesmo um tempo positivo. No entanto, você poderia dar um tempo junto a elas. Provavelmente vocês dois precisam disso. A sra. James começou a levar Ann para o seu quarto por causa do mau comportamento quando ela tinha 14 meses. Ela colocava Ann em seu colo e lia alguma história para ela por alguns minutos antes de trazê-la de volta para fora. Se Ann tivesse um ataque de birra, a mãe calmamente se sentava na cama da menina e deixava que ela o fizesse. Quando Ann finalmente se acalmava, a sra. James dizia: "Você já está pronta para um abraço?"

Lembre-se de que isso não é premiar o mau comportamento. É modelar uma maneira respeitosa para Ann lidar com seus sentimentos quando estiver chateada – de que não há problema em sentir o que quer que ela sinta, mas que não poderia fazer o que bem quisesse. Esse método é baseado no conceito básico de encorajamento como o motivador mais poderoso para melhorar o comportamento. É também baseado em sólidos princípios de desenvolvimento da criança – se uma criança de 14 meses não entende causa e efeito, em um nível sofisticado de controle no qual ela poderia controlar seu comportamento sem supervisão, então por que puni-la?

Quando Ann se empenhava em um "comportamento desencorajador", como fazer manha, ou em um "comportamento teste", como pular na mobília, a sra. James de forma gentil e firme a levava para o quarto e se sentava com ela. Algumas vezes, a sra. James envolvia Ann pedindo que ela encontrasse o cronômetro e ajustasse para o número de minutos que ela achava que levaria para se sentir melhor (distração). Algumas vezes, ela lhe dava a opção: "Você gostaria de ir para o seu quarto sozinha ou gostaria que eu ficasse em sua companhia até se sentir melhor?"

Quando Ann tinha 4 anos, ela estava muito familiarizada com essa rotina. Quando ela precisava de tempo para se acalmar e se sentir melhor, ela ia para o quarto sozinha ou pedia à mãe que fosse com ela. Algumas vezes ela chorava ou fazia cara feia por um tempo (porque aprendeu que sentimentos são sempre certos) antes de indicar que se acalmou e que se sentia melhor. Outras vezes ela simplesmente brincava em seu quarto por um tempo ou caía no sono. Quando ela saía, já estava pronta para mudar de comportamento – ou para buscar uma solução respeitosa. Ann era capaz de praticar autocontrole dando um tempo positivo porque não sentia que tinha que se "revoltar" por ter sido obrigada a dar um tempo.

A sra. James aprendeu a efetividade da técnica do banheiro (dando um tempo ela mesma) quando fez uma cirurgia e não tinha forças para ir ao quarto com Ann quando ela se comportava mal. Um dia, Ann estava choramingando, então a sra. James foi mancando pelo corredor até o banheiro. Ann a seguiu e começou a bater na porta gritando: "Eu quero que você saia." Depois de alguns minutos, a mãe ouviu a menina tentando controlar alguns soluços involuntários antes de dizer com uma voz feliz: "Estou pronta para que você saia."

Ao sair do banheiro, a sra. James disse: "Estou tão feliz por você estar pronta. Eu amo passar tempo com você. Por que não colocamos 'choramingar' na pauta da reunião de família para usarmos nossas boas ideias e chegar a algumas soluções?"

Decida o que você vai fazer, não o que você vai obrigar as crianças a fazerem

O perigo em potencial ao dizer para as crianças irem para os seus quartos (ou qualquer outro pedido) é que você pode estar incentivando uma disputa por poder, se elas se recusarem, ou um ciclo de vingança, se elas perceberem isso como punição e se sentirem magoadas. Isso é especialmente verdadeiro com crianças mais velhas. A possibilidade é eliminada quando você permite que elas aprendam pelas consequências naturais e lógicas do que você decidiu fazer, em vez de o que você está tentando obrigar elas a fazer.

Bonnie se casou com um viúvo que tinha seis filhos. O mais velho tinha 8 anos e os mais novos eram gêmeos de 2 anos. A mãe dessas crianças morreu no parto quando os gêmeos nasceram. Você pode imaginar como foi difícil encontrar uma babá para seis crianças, incluindo bebês gêmeos. Até quem estivesse desesperado por um emprego não ficava muito tempo, pois as crianças não tinham a estabilidade de uma disciplina consistente antes de Bonnie se tornar sua nova mãe. Isso ficou especialmente evidente durante as refeições, que era uma terrível provação porque as crianças brigavam, reclamavam e atiravam comida uns nos outros.

Bonnie havia ensinado os princípios da Disciplina Positiva antes de ter a chance de praticá-los. Agora ela tinha essa chance. A primeira coisa que Bonnie fez foi realizar uma reunião de família. Ela nem mesmo mencionou o comportamento da hora da refeição. Ela simplesmente pediu para eles decidirem quanto tempo precisavam para comer depois que estivessem na mesa. Eles conversaram e decidiram que quinze minutos era tempo de sobra. (Esqueceram-se de considerar quanto tempo se gasta para brigar, reclamar e atirar comida.) Eles todos concordaram prontamente com uma regra familiar de que o jantar seria servido às 18h em ponto e a mesa estaria limpa às 18h15.

Na noite seguinte, Bonnie e seu marido ignoraram as brigas enquanto comiam suas refeições. Às 18h15, Bonnie limpou a mesa. As crianças protestaram que ainda estavam com fome e não tinham terminado de comer. Bonnie, gentil e firmemente, respondeu: "Eu estou apenas seguindo a regra que fizemos. Eu tenho certeza que vocês conseguem aguentar até o café da manhã." Ela então se sentou na frente da geladeira com um livro e fones de ouvido pelo resto da noite.

A noite seguinte foi uma repetição da anterior, já que as crianças estavam testando para ver se o que a sua nova mãe falava era "pra valer". Na terceira noite, elas sabiam que era pra valer e estavam tão ocupados comendo que não tiveram tempo para brigar, reclamar ou atirar comida.

Essa história tem uma sequência encantadora. Seis anos depois eu tive a oportunidade de ficar com essas crianças enquanto seus pais tiraram um final de semana para viajar. Elas eram tão responsáveis e capazes que eu não tive de mexer um dedo durante todo o final de semana.

As crianças prepararam todas as refeições e fizeram suas tarefas sem nenhuma interferência de minha parte. Elas me mostraram seu planejamento de refeições e tarefas. Planejavam todos os cardápios do mês durante a primeira reunião de família do mês. Todos tinham uma noite em que eram responsáveis por cozinhar, exceto Bonnie (que fazia todas as compras) e o menino mais velho (que tinha treino de futebol).

Eu perguntei a elas se as coisas sempre foram tão calmas. Elas me garantiram: "Nem sempre." Uma das meninas me disse que eles costumavam ter uma regra de que quem cozinhava não limpava a cozinha. Isso causou problemas porque aqueles que tinham a tarefa da limpeza sempre reclamavam dos cozinheiros bagunceiros. Eles decidiram mudar a regra de modo que o cozinheiro também tinha de limpar a cozinha. Isso acabou com as reclamações e deu a todos um intervalo mais longo antes da próxima tarefa.

Esse exemplo ilustra alguns pontos importantes para que o método seja bem-sucedido:

- Deixe que as crianças saibam, com antecedência, o que você vai fazer. Se possível, consiga sua concordância sobre o que vai ser feito em determinadas circunstâncias.
- Use ações gentis e firmes, e não palavras. Quando crianças testam seu novo plano, quanto menos palavras você usar, melhor. Mantenha sua boca fechada e aja.
- As poucas palavras que você usar devem ser ditas de uma maneira gentil e firme.
- Ignore a tentação de se envolver em uma disputa por poder ou um ciclo de vingança. Crianças farão o máximo para testá-lo e sugá-lo para sua resposta comportamental habitual.
- Quando estiver seguindo o seu plano, pode parecer que você está deixando a criança "escapar de alguma coisa" enquanto você ignora o mau comportamento. É verdade que a punição traria resultados mais imediatos, mas esse método ajuda as crianças a desenvolver responsabilidade e outras habilidades de vida para o futuro (resultados em longo prazo).
- As coisas podem ficar piores antes de melhorarem. Seja consistente com seu novo plano de ação e as crianças irão aprender uma nova habilidade de resposta/responsabilidade.

A seguir estão alguns outros exemplos com relação a decidir o que você vai fazer em vez de o que você vai obrigar as crianças a fazerem:

- Não tente fazer que as crianças coloquem as roupas sujas no cesto. Simplesmente decida que você vai lavar apenas as roupas que estiverem no cesto. As crianças logo irão aprender a partir da consequência natural de não ter as roupas quando elas querem.
- Não fique resmungando para as crianças limparem a cozinha. Simplesmente recuse-se a cozinhar até que a cozinha esteja limpa. Pense no quão divertido pode ser ler um bom romance

enquanto espera. No começo as crianças podem até pensar que é ótimo poder preparar seu próprio sanduíche sempre que estiverem com fome. Mas isso perde a graça depois de algum tempo e as crianças logo veem que cooperação é uma via de mão dupla, se elas querem aproveitar as refeições mais saborosas da vida.

- Não distorça esse método para uma disputa por poder ou um ciclo de vingança. Alguns pais não entendem esse conceito e tentam usá-lo para intimidar ou culpar as crianças no sentido de obrigá-las a fazer o que eles querem ou para "se vingar" delas por não fazerem o que deveriam. A ideia é ficar despreocupado com o que as crianças fazem nessas situações. Em outras palavras, não se preocupe se a criança escolher vestir roupas sujas em vez de ter a responsabilidade de colocá-las no cesto, ou comer sanduíches em vez de limpar a cozinha para que você possa cozinhar. Aproveite as férias da cozinha.

Ficar despreocupado é extremamente efetivo para aqueles pais e professores que se sentem confortáveis fazendo isso. Eles acompanham com outros métodos como realizar reuniões de classe e de família para trabalhar em soluções de problemas, dedicar tempo para treinamento, fazer perguntas que estimulam a curiosidade e usar encorajamento. Aqueles que não conseguem ficar despreocupados podem usar outros métodos. Nunca há apenas uma forma de lidar com um problema. Quanto mais ferramentas tivermos em nossa caixa de ferramentas para pais, mais eficientes seremos. Em nosso livro *"Positive Discipline A-Z"*[2], apresentamos mais de mil soluções e métodos não punitivos para prevenir futuros problemas relacionados a desafios específicos de comportamento. O livro *"Positive Discipline: A Teacher's A-Z Guide"*[3] faz a mesma coisa com uma longa lista de comportamentos desafiadores para professores. Pais e professores podem escolher as sugestões com as quais se sentem mais confortáveis ou aquelas que pensam que funcionariam melhor com seus filhos ou alunos. Alguns pais e professores pedem um tempo positivo e leem com as crianças as sugestões relativas a um desafio comportamental específico, de modo a poderem decidir, juntos, quais eles acham que funcionariam melhor.

Distanciamento emocional

O propósito de um período para esfriar a cabeça é se retirar da situação até que o conflito emocional tenha acabado, em vez de entrar em lutas de poder ou ciclos de vingança. Assim você pode resolver os problemas de maneira racional. A técnica do banheiro ou a de dar um tempo positivo são sugeridas porque a maioria dos adultos e crianças tem dificuldade em se acalmar até que saiam da zona de conflito. Não seria necessário sair dessa área se fôssemos capazes de nos distanciar emocionalmente e evitar nos envolver em uma disputa por poder.

Bonnie e seu marido (mencionados anteriormente) tinham de se distanciar emocionalmente para serem capazes de ignorar o mau comportamento das crianças na mesa de jantar enquanto seguiam seu plano de ação.

A sra. Valdez, uma professora de terceiro ano, convidou-me para observar sua reunião de classe. Eu cheguei cedo e tive a oportunidade de testemunhar o quão efetivamente ela usava o distanciamento emocional. Era o momento de mudar de uma atividade de matemática para uma leitura. As crianças estavam ficando barulhentas e agitadas. Vi a sra. Valdez olhar fixamente para a parede, como se estivesse entrando em transe. As crianças também notaram e começaram a sussurrar: "Ela está contando." A mensagem foi transmitida e, rapidamente, as crianças estavam sentadas em silêncio e prestando atenção.

Mais tarde, na sala dos professores, perguntei à sra. Valdez: "Até quanto você conta e o que você faz quando chega lá?"

Ela disse: "Eu não estou realmente contando. Eu apenas decidi que não consigo ensinar até as crianças ficarem em silêncio, de modo que também devo fazer uma pausa. Já que eu olho fixamente para a parede enquanto estou esperando, as crianças presumem que estou olhando para o relógio e contando. Elas nunca pareciam me ouvir quando eu as importunava para se acalmarem, mas ficam em silêncio bem rápido desde que eu decidi não ensinar até que estejam prontas."

Distanciamento emocional não significa retirar amor da criança. Significa, sim, retirar-se de uma situação que produz conflito. Todos os métodos de distanciamento devem ser seguidos por encorajamento, treinamento, redirecionamento ou atividades de resolução de problemas, depois do período para se acalmar.

Como evitar aborrecimentos matinais

A história a seguir ilustra alguns conceitos, atitudes e métodos previamente discutidos, bem como a importância de estabelecer rotinas.

As manhãs na casa de Dani são geralmente muito agitadas. Ela acha essa uma excelente hora para manter a mãe ocupada com ela. A cena, normalmente, se passa mais ou menos assim: "Dani, você vai, por favor, se levantar!... Essa é a última vez que eu vou te chamar!... Como eu vou saber onde estão seus livros? Onde você os largou?... Você ainda não está vestida e o ônibus vai estar aqui em cinco minutos!... Dani, eu estou falando sério, essa é definitivamente a última vez que eu vou te levar quando você perder o ônibus. Você tem de aprender a ser mais responsável."

Se isso soa familiar e você acredita no velho provérbio "A miséria adora companhia", vai encontrar algum consolo em saber que essa cena é repetida em milhões de lares todas as manhãs. Essa não é a última vez que a mãe vai levar Dani para escola quando ela perder o ônibus, um fato do qual Dani está bem ciente. Ela ouviu essa ameaça muitas vezes e sabe que é insignificante.

Sua mãe está certa: Dani deveria aprender a ser mais responsável. Mas por meio de cenas matinais como essa, a mãe na verdade está treinando Dani para ser mais e mais irresponsável. Em vez de dar a ela práticas em responsabilidade, ela está dando prática em manipulação calculada. Sua mãe é a única que está sendo responsável quando constantemente relembra a menina de tudo o que ela precisa fazer. Dani vai aprender comportamento responsável quando sua mãe sair do caminho e permitir que ela experimente as consequências de se atrasar. Ela pode ter de caminhar para a escola se perder o ônibus, ou sua professora pode fazê-la compensar o tempo que perdeu. Além disso, é mais provável que Dani seja mais responsável se ela criar seu próprio quadro de rotinas matinais.

Quadros de rotina

Aborrecimentos matinais podem ser evitados ao se dedicar tempo para treinamento, ao envolver as crianças no estabelecimento de rotinas e na resolução de problemas e ao seguir o planejamento com gentileza e firmeza, como descrito no Capítulo 7.

Aulas com rotinas estabelecidas se passam muito mais tranquilamente do que aulas sem rotinas. As rotinas são especialmente eficientes quando as crianças ajudaram a planejá-las. Os alunos podem fazer cartazes listando as rotinas e pendurando-os na sala. As rotinas, então, viram os chefes. Quando os alunos saem da linha, a professora pode perguntar: "Quem pode me dizer o que nós deveríamos estar fazendo agora?" Alguém vai checar o cartaz com as rotinas e lembrar a classe sobre o que eles deveriam estar fazendo. Esse é um jeito simples de permitir que as crianças tenham um controle que incentive a cooperação em vez de a professora tentar estar no controle de formas que convidem a resistência.

Como evitar aborrecimentos na hora de dormir

A história a seguir demonstra o quanto evitar aborrecimentos matinais também depende de algumas rotinas que acontecem na noite anterior, como parte da rotina que ajuda a evitar aborrecimentos na hora de dormir. Além disso, demonstra a necessidade de se usar conceitos como dedicar tempo para treinamento e dar continuidade com dignidade e respeito.

A sra. Felix dedicou tempo para treinar Matthew a se vestir quando ele tinha 2 anos. Ela escolheu roupas fáceis de colocar e de tirar. Então, ela repassou o procedimento com Matthew várias vezes. Assim que teve a certeza de que ele já sabia, ela nunca mais permitiu que o filho a convencesse de o fazer por ele.

Desde que Matthew entrou na pré-escola no período matutino, a sra. Felix acordava ele cedo o suficiente para que tivesse bastante tempo para se vestir e comer, de modo que o sr. Felix podia levá-lo para a escola no seu caminho para o trabalho. Ela explicou para Matthew que, se ele não se vestisse na hora, ela colocaria suas roupas em uma sacola e ele poderia se vestir no carro antes de ir para a escola – uma excelente consequência lógica.

Eles estabeleceram as seguintes rotinas que começam na noite anterior à escola. Às sete em ponto Matthew coloca seu pijama antes do jantar. Em seguida vem a rotina do banheiro. A família de Matthew gosta da rotina (tradição) de pegar as escovas de dentes e colocar pasta em todas elas. Matthew ama subir no seu banco e apertar a pasta de dentes nas escovas de todos – mesmo que muita pasta transborde sobre o balcão. À medida que cada membro da família ia ao banheiro e descobria que a pasta já estava na escova, diziam: "Obrigado!" Em seguida a mãe ou o pai levam Matthew para seu quarto e ele escolhe as roupas que quer vestir no dia seguinte, assim ele pode ter tudo pronto para a manhã. (Essa rotina evita o aborrecimento de tentar decidir o que vestir de manhã quando a pressão do tempo incentiva a criança a exigir algo que não consegue encontrar ou que está no cesto de roupa suja. À medida que ele ficar mais velho, também vai aprender a pegar seus livros, casaco e tudo o que vai precisar pela manhã). A mãe ou o pai falam com ele sobre seu dia, leem uma história e levam ele para a cama com um beijo de boa noite.

Matthew tem seu próprio despertador que o acorda de manhã. Ele gosta de se aconchegar na cama de seus pais por alguns minutos – um jeito gostoso de acordarem. Quando todos se levantam, Matthew vai para o seu quarto, se veste e vai para a cozinha ajudar com o café da manhã. (Na família Felix, todos têm uma tarefa a cumprir no café da manhã. As tarefas de cada um mudam toda semana na reunião de família.) A tarefa favorita de Matthew é mexer os ovos – uma tarefa que uma criança de 2 anos faz muito bem depois de um tempo de treinamento. Se Matthew termina sua rotina antes da hora de sair, ele pode brincar com seus brinquedos.

Em um dia frio e chuvoso, Matthew demorou e não estava pronto na hora de sair. O pai pegou o menino pelado em um dos braços, suas roupas em uma sacola no outro braço, e saiu na chuva no mesmo momento que um vizinho saiu para pegar o jornal (algumas vezes você não pode se preocupar com o que os outros pensam quando está ensinando responsabilidade para seu filho).

Matthew chorou todo o caminho para a escola. Seu pai disse, gentilmente: "Eu vou estacionar e você pode se vestir, se quiser." No entanto, Matthew estava testando, então se vestir não seria nada divertido. Quando o menino chegou na escola, seu professor (que também acreditava nesses princípios) gentilmente disse a ele: "Olá Matthew. Vejo que você ainda não está vestido. Leve sua roupas para a minha sala e saia assim que estiver vestido." E ele fez isso.

Aproximadamente um mês depois, Matthew fez mais um teste. Dessa vez ele estava vestido com seu pijama e se trocou no carro antes de ir para a escola. Ele já havia aprendido que chorar não funcionava. Desde então, ele geralmente estava vestido na hora certa. Algumas vezes a mãe percebia sua demora e dizia: "Parece que você decidiu se vestir no carro." Matthew não gostava da ideia, então corria para terminar de se vestir. A mãe poderia não assumir a responsabilidade mesmo por esses lembretes, se permitisse que Matthew experimentasse a consequência lógica novamente.

Algumas pessoas questionaram esse exemplo porque acharam humilhante levar Matthew pelado para a escola. Eu posso lhe assegurar que Matthew não se importou. É claro que você não faria isso com uma criança de 4 anos.

Seu pai poderia ter feito essa experiência ser humilhante para Matthew se tivesse tirado proveito (como explicado no Capítulo 5) e adicionado culpa e vergonha para o que seria uma consequência lógica. Seu pai não disse: "Bem feito! Talvez da próxima vez você se apresse. Você está me atrasando. Todas as crianças provavelmente vão rir de você por não estar vestido." Isso tornaria a experiência humilhante.

Uma mãe que ouviu essa história tentou uma pequena variação. Sua filha de 4 anos, Selena, não ficou pronta a tempo de sair para a escola, então a mãe colocou suas roupas em uma sacola e Selena entrou de pijama no carro. Ela não levou Selena para a escola de pijama, em vez disso estacionou o carro na rua, perto de uma janela da escola. Ela disse para a filha: "Querida, vou estar sentada em uma sala onde eu possa vê-la. Venha para a escola assim que você estiver vestida." Selena ficou sentada no carro, fazendo cara feia, por cerca de cinco minutos. Em seguida, ela se vestiu (talvez estivesse entediada) e entrou na escola.

Compartilhar tempo de qualidade na hora de dormir

Uma razão pela qual as crianças fazem a hora de dormir ser tão difícil para os pais é o fato de elas sentirem que eles querem se livrar delas. É compreensível que no final de um longo dia os pais estejam querendo paz e silêncio. Em vez disso, geralmente experimentam a frustração dos aborrecimentos da hora de dormir. Dedicar alguns minutos para compartilhar um tempo de qualidade na hora de dormir é importante para ajudar a eliminar frustrações.

Quando as crianças percebem que você está com pressa para ficar longe delas, sentem-se desencorajadas em relação a aceitação. Depois elas se envolvem em comportamentos desencorajadores como exigir algo para beber e privilégios no banheiro ou chorar por causa dos medos. Quando elas sentem que você realmente sente prazer em estar com elas por alguns minutos para compartilhar um tempo de qualidade, elas sentem que são aceitas e não precisam se comportar mal.

Compartilhar os eventos mais felizes e mais tristes do dia ajuda as crianças a se sentirem satisfeitas. Um benefício adicional é que os pais também apreciam esses momentos. Compartilhar significa que você também fala sobre seus momentos mais tristes e mais felizes do dia. Primeiro ouça enquanto seu filho compartilha; depois você pode fazer o mesmo. Esse tipo de troca é mais eficiente quando é a última parte da rotina da hora de dormir. Quando as crianças vivenciam esse momento de compartilhar com qualidade na hora de dormir elas sentem o tipo de aceitação que ocorre quando alguém dedica tempo para ouvir e compartilhar. Geralmente, isso é suficiente para motivar as crianças a caírem no sono felizes.

Como evitar aborrecimentos na hora das refeições

A hora das refeições tem se tornado um campo de batalha de tal forma que você poderia pensar que as crianças preferem ficar com fome do que comer. Não é que prefiram ficar com fome, mas elas preferem se sentir poderosas do que comer. É quase impossível fazer as crianças comerem, mas isso não impede os pais de tentar. Muitos pais acham que conseguiram até que as crianças vomitam tudo.

A sra. Williams servia mingau de aveia no café da manhã para Sara, de 4 anos. Sara não comia, apesar da repreensão da mãe. A sra. Williams colocava na geladeira e servia novamente para a menina no almoço. De novo ela não comia, então o prato ficava para o jantar. A sra. Williams era uma mãe autoritária que dominava Sara em muitas áreas. Sara não sabia como "ganhar", exceto durante as refeições. Nessa única área, ela podia se sentir tão independente e poderosa que estava sacrificando seu corpo, a tal ponto que ficou com raquitismo.

A sra. Williams levou Sara ao médico, que adivinhou o que estava acontecendo. Ele era um homem sábio e advertiu: "Coloque comida nutritiva na mesa, coma a sua comida e deixe-a em paz. Fale sobre coisas alegres ou fique em silêncio."

A sra. Williams se sentiu muito mal sobre o que aconteceu. A única razão pela qual havia perturbado Sara era porque a amava e erroneamente pensava que insistir era a melhor maneira de fazê-la comer e ficar saudável. Assim como muitos métodos controladores usados com as crianças de hoje em dia, este saiu pela culatra e a mãe conseguiu o oposto do que pretendia. Ela ouviu o conselho do médico e parou com a guerra da hora da refeição.

Sara nunca se tornou uma comilona (ela é uma criança franzina), mas comeu o suficiente para superar o raquitismo e ficar saudável.

É interessante falar com pessoas que foram criadas durante a Grande Depressão de 1930. Elas dizem que o único problema que tinham na hora da refeição era: "Vai ter comida suficiente?" Ninguém se importava se alguém escolhia não comer. Isso apenas significava que sobraria mais para outra pessoa. As crianças não desenvolviam problemas alimentares em um ambiente assim.

Envolva as crianças

Envolver as crianças em planejamentos e soluções é a melhor maneira de evitar problemas na hora das refeições. Dedique tempo durante uma reunião de família para planejar as refeições da semana seguinte.

A família Ainge estabeleceu a atividade de planejamento da refeição familiar descrita no Capítulo 9. Juntos, eles preencheram na coluna de cada dia da semana quem iria cozinhar e o que eles teriam para jantar. Isso criou uma atmosfera de cooperação. Quando todos estavam dentro do planejamento, as crianças ficavam mais dispostas a comer o que outra pessoa havia escolhido, porque elas também tiveram algumas escolhas.

A família Ainge também fazia as compras junto. Eles dividiam as listas de compras pelas diferentes seções do supermercado. Cada membro da família ficava com uma seção diferente. As crianças aprenderam muito sobre compras enquanto se divertiam juntas no cumprimento de suas tarefas. É fácil ver porque essa família não tinha "jogos de guerra" à mesa de jantar. Eles foram encorajados a usar o seu "poder" para contribuir, cooperar e curtir uns aos outros.

Fique de fora das brigas entre as crianças

A melhor maneira de treinar seus filhos a brigar é se envolvendo em suas brigas. Os pais têm dificuldade em acreditar que a principal razão para os filhos brigarem é ter os pais envolvidos. Pais que ficam de fora das discussões experimentam uma drástica redução nas brigas.

A maioria dos pais reconhece que o padrão típico das brigas entre irmãos se baseia na ordem de nascimento. O filho mais velho geralmente é o mais "provocativo" e o mais novo, normalmente, leva a melhor ao envolver a mãe. Assim, o mais novo faz algo para provocar o mais velho. Essa provocação poderia ser qualquer coisa, desde fazer cara feia até desarrumar alguma coisa no quarto do mais velho.

Quando o mais velho morde a isca e vai atrás do mais novo, este dá um grito alto de protesto para a mãe. A mãe se envolve dando bronca no mais velho. Quando o mais velho consegue convencê-la de que o mais novo começou, a mãe responde: "Eu não me importo com o que ele fez. Você é o mais velho e deveria saber melhor."

Se a mãe notasse a expressão de triunfo no rosto do mais novo, ela entenderia melhor o propósito (objetivo equivocado) do comportamento. A mãe está colaborando em seu treinamento de brigar como forma de conseguir atenção, poder ou vingança. Ela reforça a crença equivocada da criança sobre como conseguir ser aceita e ser importante.

A sra. Reeder decidiu ficar de fora da briga dos filhos. Ela escolheu um momento livre de conflito e explicou a eles que ela realmente não gostava de se envolver nas brigas e que dali em diante tinha certeza de que poderiam descobrir formas de resolver seus próprios problemas. Durante a reunião de família, eles discutiram os Quatro Passos para Resolver Problemas descritos no Capítulo 12.

No dia seguinte, a sra. Reeder estava andando pelo corredor e viu Troy, de 7 anos, bater na cabeça de Shaun, de 5 anos, com uma arma de brinquedo. Ela achou que não podia ignorar aquilo e entrou no quarto exigindo que parassem a briga. Como um *flashback*, ela percebeu que, quando Shaun foi atingido, ele caiu de costas na cama e reclamou levemente com Troy: "Isso dói." Então Shaun viu a mãe e soltou um grito de protesto. A sra. Reeder percebeu que tinha mordido a isca e rapidamente se virou, foi para o banheiro e trancou a porta. Os dois filhos a seguiram e começaram a bater na porta, cada um querendo contar o seu lado da história.

Enquanto a sra. Reeder estava sentada no banheiro ouvindo os meninos baterem na porta e discutirem sobre quem começou, ela pensou: "Dreikurs é maluco! Isso não está funcionando!" No entanto, ela aguentou um pouco mais de modo a poder relatar o ocorrido em seu grupo de estudos. As crianças logo pararam de esmurrar a porta e saíram.

A sra. Reeder continuou a ficar de fora das brigas, dizendo a eles: "Eu tenho certeza de que vocês podem resolver seus próprios problemas" sempre que vinham com uma reclamação. Enquanto isso, a família continuou a discutir possíveis soluções para os problemas durante as reuniões de família, de modo que as crianças estavam aprendendo habilidades para resolver problemas.

A sra. Reeder comprovou que esse método havia sido eficiente quando, aproximadamente um mês depois, ouviu por acaso sua filha Colleen, de 4 anos, dizer para Troy: "Eu vou contar para a mamãe." Troy respondeu: "Ela vai simplesmente dizer para você mesma resolver o seu problema." (Colleen devia saber que Troy estava certo, porque ela não disse nada para a mãe.)

A sra. Reeder relatou que as brigas entre seus filhos diminuíram aproximadamente 75%. Os 25% restantes eram brigas mais brandas e facilmente solucionáveis.

Existem circunstâncias nas quais ficar de fora das brigas pode ser difícil ou desaconselhável:

- Alguns adultos acham quase impossível ficar despreocupados, ainda que intelectualmente acreditem que essa é a melhor coisa a fazer.
- Quando as crianças são muito novas elas podem causar sérios danos umas às outras. Por exemplo, uma criança de 2 anos pode bater com um caminhão de brinquedo na cabeça de um bebê de 6 meses (muitos pais usam essa desculpa para se envolver nas brigas de crianças mais velhas). Se crianças mais velhas realmente querem machucar umas às outras, elas o farão quando os adultos não estiverem por perto. Adultos não devem assumir o papel de protetores das crianças mais velhas, a menos que queiram fazer isso 24 horas por dia.
- Professores são responsáveis pela segurança dos alunos e não podem ficar de fora das brigas.

Alguns pais não acreditam que as crianças brigam sobretudo com o fim de receber o seu auxílio. Eles argumentam que os filhos brigam até quando eles, os pais, não estão por perto. Eu sempre pergunto: "Como você sabe que eles brigam quando você não está por perto?"

Eles sorriem timidamente enquanto admitem: "Porque eles se certificam que eu descubra. Eles costumam me receber na porta já com todas as suas queixas. Algumas vezes eles até me ligam no trabalho para eu me envolver. Agora posso ver que eles ainda estão tentando me fazer de juiz, júri e carrasco do outro."

Se você não consegue suportar ficar de fora da briga dos seus filhos e decide se envolver, o jeito mais eficiente é "colocar os seus filhos no mesmo barco". Não tome partido nem tente decidir de quem é a culpa. Há grandes chances de você não estar certo, porque você nunca vê tudo o que acontece. E o "certo" é sempre uma questão de opinião. O que parece certo para você com certeza parece injusto para o ponto de vista de pelo menos uma das crianças. Se você sente que deve se envolver para interromper as brigas, não se torne juiz, júri ou executor. Em vez disso, coloque-os no mesmo barco e trate-os da mesma maneira.

A sra. Hamilton viu Marilyn, de 2 anos, batendo em Sally, de 8 meses. A sra. Hamilton achou que Sally não tinha feito nada para provocar Marilyn, mas ainda assim ela "colocou as duas no mesmo barco." Primeiro ela levantou Sally e a colocou em seu berço e disse: "Nós voltaremos para pegar você quando estiver pronta para parar de brigar." Em seguida, levou Marilyn para o seu quarto e disse: "Venha me avisar quando você estiver pronta para parar de brigar e nós vamos pegar o bebê."

À primeira vista isso pode parecer ridículo. Por que colocar o bebê no berço por estar brigando quando ela estava apenas sentada ali, inocentemente, e não tinha sequer entendido a advertência da mãe? Muitas pessoas supõem que tratar as duas da mesma maneira é para benefício da filha mais velha, pois evita que esta sempre tenha sentimentos de culpa. Na verdade, tratá-las da mesma maneira beneficia ambas as crianças. Quando você toma partido da criança que você "acha" que é a vítima, está treinando essa criança a adotar uma mentalidade de vítima. Quando você sempre intimida a criança que você "acha" que provocou tudo, está treinando essa criança a adotar a mentalidade de agressor.

Nós não temos como saber com certeza se Sally provocou Marilyn (inocentemente ou de propósito). Se ela o fez, repreender Marilyn não seria apenas injusto, mas ensinaria a Sally um bom jeito de trazer a mãe para o seu lado. Esse é um bom treino para vítimas. Se ela não provocou, reprimir Marilyn (por ser mais velha) ensinaria a Sally a possibilidade de ter atenção especial provocando Marilyn. Marilyn pode então adotar a crença equivocada de que ela é mais importante sendo a criança "má".

Ainda assim, as pessoas contestam que não faz sentido colocar um bebê que não fez nada de errado em seu berço. O ponto não é quem fez o quê. O ponto é que você trata as crianças da mesma forma, de forma que uma não aprende a mentalidade de "vítima" e a outra não aprende a mentalidade de "agressor". Com certeza o bebê não se importa de ser colocado no berço por alguns segundos. O que conta é o gesto.

Outra forma de colocar as crianças no mesmo barco é dar a ambas a mesma escolha: "Vocês podem parar de brigar ou ir lá para fora resolver a briga." Ou: "Vocês gostariam de ir para quartos separados até que estejam prontos para parar de brigar ou de irem para o mesmo quarto para buscar uma solução?", e "Vocês dois gostariam de sentar no meu colo até que estejam prontos para parar de brigar?" Faça ou diga o que quer que seja confortável para você – contanto que elas sejam tratadas da mesma forma.

Eu ainda posso ouvir objeções. Mas e se o filho mais velho realmente bateu no mais novo sem nenhuma razão? O filho mais velho não deveria ser punido? O mais novo não deveria ser reconfortado?

Já que você leu até aqui, sabe que punição não é uma alternativa. É um exemplo ridículo para as crianças: "Eu vou machucar você para ensiná-lo a não machucar os outros."

Eu sugiro que você reconforte a criança mais velha primeiro e depois a incentive a ajudá-lo a confortar a mais nova. Novamente, isso não é premiar a mais velha por ter "começado tudo". É reconhecer que, por alguma razão, a mais velha está se sentindo desencorajada. Talvez a criança mais velha esteja se sentindo destronada pela mais nova. Talvez a mais velha acredite que você ama mais a outra. A razão não é importante agora (mas lidar com a crença por trás do comportamento é). É importante saber quando as crianças se sentem desencorajadas e precisam de encorajamento.

O encorajamento pode ser assim: "Querido, posso ver que você está chateado." (Validar sentimentos é muito encorajador.) "Um abraço ajudaria?" Você pode imaginar a surpresa da criança por receber amor e compreensão em vez de punição e desdém? Depois que ela se sentir melhor, você poderá dizer: "Você estaria disposto a ajudar a sua irmãzinha a se sentir melhor?" "Você quer dar um abraço nela primeiro ou você quer que eu dê?" Você consegue enxergar que esses gestos encorajam ações amorosas e pacíficas?

Suponha que o filho mais velho esteja muito triste para lhe dar um abraço ou para querer abraçar o bebê. Ainda assim, faça o gesto. E depois diga: "Eu posso ver que você ainda não está pronto. Eu vou confortar sua irmã. Quando você estiver pronto, pode vir me ajudar." O bebê não vai sofrer muito mais se você tomar alguns segundos para confortar a criança mais velha – e você vai evitar treinamento de vítima que poderia convidar o bebê a decidir: "A forma de ser especial por aqui é provocando a minha irmã mais velha."

Se você estiver ouvindo esses métodos com o coração, vai captar a ideia. Coloque-se no lugar dos seus filhos. O que ajudaria mais e ensinaria mais para você? E não se esqueça de usar seu senso de humor.

Um pai esticava o polegar na frente da briga dos filhos e dizia: "Eu sou um repórter da TV. Quem gostaria de ser o primeiro a falar no meu microfone e me dar a sua versão sobre o que está acontecendo aqui?" Algumas vezes as crianças simplesmente riam, e algumas vezes se revezavam contando suas versões. Quando eles contavam suas versões da briga, o pai virava para uma audiência imaginária e dizia: "Bem, pessoal, vocês ouviram isso em primeira mão. Sintonizem amanhã para ver como essas crianças brilhantes resolveram o problema." Se o problema não tivesse sido resolvido até então, o pai dizia: "Vocês irão colocar o problema na pauta da reunião de família para que toda a família possa ajudar com sugestões ou eu posso me encontrar com vocês amanhã – nesta mesma hora e neste mesmo lugar – para passar um relatório para nossa audiência?"

Quando os adultos se recusam a se envolver nas brigas das crianças ou colocam as crianças no mesmo barco, tratando-as da mesma maneira, a maior motivação para a briga é eliminada.

Sinais não verbais

A maioria dos métodos discutidos neste capítulo consiste em sinais não verbais. Todos eles incorporam outros conceitos e atitudes importantes, tais como permitir um período para se acalmar e ser gentil e firme ao mesmo tempo. Eles enfatizam a ação em vez de palavras. Quando palavras são necessárias, o menos é mais. É eficiente envolver as crianças na sessão de resolução de problemas, em que você decide um plano que inclui um sinal não verbal para dar uma ajuda adicional aos adultos no sentido de aprender a manter suas bocas fechadas.

O sr. Perry, um diretor, decidiu participar de um grupo de estudos para pais em sua escola. Ele deixou claro para o grupo que estava participando como um pai, que gostaria de aprender algumas habilidades para usar com seus próprios filhos.

Uma noite, ele pediu ao grupo para ajudá-lo a resolver o problema de fazer seu filho, Mike, levar o lixo para fora. Mike sempre concordou em fazê-lo, mas era sempre preciso lembrá-lo. O grupo deu ao sr. Perry diversas sugestões, como desligar a televisão ou dar a Mike a escolha sobre quando ele cumpriria a tarefa. Um pai sugeriu que eles tentassem o sinal não verbal de virar o prato vazio de Mike na mesa de jantar se ele se esquecesse de levar o lixo para fora antes do jantar. O sr. Perry decidiu tentar isso.

Primeiramente, o problema do lixo foi discutido durante uma reunião de família. Mike, novamente, reafirmou que cumpriria a tarefa. A sra. Perry disse: "Nós apreciamos sua vontade de ajudar, mas também percebemos como é fácil esquecer. Tudo bem por você se nós usarmos um sinal não verbal, de modo que possamos parar de incomodá-lo?"

Mike queria saber que tipo de sinal.

O sr. Perry explicou a ideia de virar o seu prato ao contrário na mesa de jantar. Se ele viesse para a mesa e visse seu prato virado, aquilo iria lembrá-lo. Então ele poderia tirar o lixo antes de vir para a mesa. Mike disse: "Por mim, tudo bem."

Passaram-se oito dias até que Mike esqueceu de tirar o lixo. (Quando as crianças são envolvidas em uma discussão de solução de problemas, elas normalmente cooperam por um tempo, antes de testar o plano.) Quando ele veio para a mesa e viu seu prato virado, começou a ter um ataque de birra. Ele choramingou: "Eu estou com fome! Vou tirar o lixo mais tarde! Isso é muito estúpido!"

Tenho certeza que você pode imaginar como foi difícil para a mãe e o pai de Mike ignorar o comportamento desagradável. A maioria dos pais iria querer dizer: "Vamos, Mike, você concordou, agora pare de agir como um bebê!" Se Mike continuasse com seu comportamento, eles iriam esquecer o plano e usar punição (o que pararia o comportamento desagradável, mas não resolveria o problema de tirar o lixo e não permitiria que Mike aprendesse responsabilidade).

O sr. e a sra Perry continuaram a ignorar o ataque de birra de Mike, até mesmo quando ele entrou como um furacão na cozinha, pegou o lixo, fechou a porta da garagem com força na saída, e depois ficou amuado batendo o garfo no prato durante todo o jantar.

No dia seguinte, Mike se lembrou de tirar o lixo e estava muito agradável durante o jantar. Como resultado da consistência em seguir o acordo, por parte de todos, ele não esqueceu de esvaziar o lixo por mais duas semanas. Quando viu seu prato vazio virado novamente, disse: "Ah, sim." Ele então levou o lixo para fora, veio para a mesa, virou seu prato e foi agradável enquanto comia com o resto da família.

Outra razão pela qual é difícil para os pais ignorarem comportamentos desagradáveis é o sentimento de que estão deixando a criança se safar. Eles sentem que, na verdade, estão negligenciando o seu dever de fazer alguma coisa a respeito. Isso poderia ser verdade, se não houvesse nenhum plano ou propósito por trás da "negligência". O sr. e sra. Perry deixaram Mike "escapar" de sua explosão temporária (lembre-se de que geralmente as coisas pioram antes de melhorar) mas, considerando que fazia parte de um acordo, eles resolveram o problema das constantes reclamações sobre as tarefas negligenciadas.

A sra. Beal estava frustrada porque ficava muito irritada quando as crianças chegavam em casa da escola e atiravam seus livros no sofá. Reclamações constantes não estavam produzindo nenhuma mudança. Durante uma reunião de família, ela disse a seus filhos que não queria gritar e implorar mais sobre o problema. Ela sugeriu o sinal não verbal de colocar uma fronha em cima da televisão como um lembrete de que havia livros no sofá. As crianças concordaram com esse plano, que funcionou muito bem. A mãe nunca mais se envolveu para além do sinal não verbal. Quando as crianças viam a fronha, não só recolhiam seus próprios livros como lembravam os outros de fazê-lo.

Algumas semanas depois, a sra. Beal queria assistir à sua novela favorita depois que seus filhos haviam ido para a escola. Ela ficou surpresa em encontrar uma fronha em cima da televisão. Ela olhou para o sofá e viu umas sacolas que ela havia deixado ali na noite anterior quando estava com pressa para preparar o jantar.

Toda a família se divertiu muito com o rumo dos acontecimentos. Todos gostaram desse método e desde então as crianças pensaram em vários sinais não verbais como soluções para os problemas.

A sra. Reed gosta de usar sinais não verbais em sua turma de quinto ano. Ela ensina os sinais para os alunos quase como uma segunda língua, no primeiro dia de aula. Um deles é as crianças se sentarem silenciosamente com as mãos cruzadas em cima da carteira quando estiverem prontas para ouvir. Quando ela quer que elas se virem e sentem durante a aula ou assembleia, ela levanta o dedo indicador direito, faz dois pequenos círculos e, em seguida, dois movimentos no ar para cima e para baixo ao ritmo das palavras "Vire-se e sente-se." Ela também ensinou aos alunos um sinal para silêncio durante um momento de barulho extremo. Ela bateria uma palma. Todos que ouvissem também bateriam uma vez. Depois, ela bateria duas palmas. Nesse ponto muitos alunos já teriam ouvido o estrondo do eco de seus colegas e estariam prontos para se juntar ao sinal de duas palmas. Duas palmas geralmente eram o suficiente para todos ficarem em silêncio. De vez em quando eram necessárias três palmas para que todos ouvissem e respondessem.

A sra. Norwood e sua filha, Mary, sempre se sentiam mal depois de suas brigas e eram rápidas para se desculpar. Um dia elas discutiram sobre isso e decidiram ver qual delas seria a primeira a se lembrar de colocar a mão no coração como um sinal não verbal para "Eu te amo" no meio de uma briga. A sra. Norwood compartilhou que era um pouco embaraçoso, pois Mary era sempre a primeira a se lembrar.

Escolhas

Um dos maiores erros dos adultos é fazer exigências em vez de oferecer escolhas. Crianças geralmente respondem a escolhas quando não respondem a exigências, principalmente quando a proposta de escolha é seguida de: "Você decide." Escolhas devem ser respeitosas e devem focar na necessidade da situação. Escolhas estão diretamente relacionadas a responsabilidade. Crianças mais novas são menos capazes de assumir grandes responsabilidades, então suas escolhas são mais limitadas. Crianças mais velhas são capazes de escolhas mais amplas, porque podem assumir responsabilidade pelas consequências de suas escolhas.

Por exemplo, para crianças mais novas pode ser dada a escolha de ir para a cama agora ou dentro de cinco minutos. Para crianças mais velhas pode ser dada responsabilidade total pela escolha da hora de dormir, porque elas também assumem toda a responsabilidade de levantar de manhã e ir para a escola sem causar nenhum aborrecimento.

Escolhas também estão diretamente relacionadas ao respeito (e conveniência) pelos outros. Para crianças mais novas, pode ser dada a escolha de vir para o jantar na hora ou esperar até a próxima refeição para comer, em vez de esperar que alguém cozinhe e limpe mais de uma vez. Para crianças mais velhas, pode ser dada a escolha de estar na hora ou preparar seu próprio jantar e limpar qualquer bagunça que façam.

Sempre que uma escolha é dada, ambas as alternativas devem ser aceitáveis para o adulto. Minha primeira tentativa com escolhas foi perguntar para minha filha de 3 anos: "Você quer se preparar para dormir?" Ela não quis. Obviamente, a escolha que ofereci estava além da necessidade (minha e dela) de ela ir para a cama, e não incluía uma alternativa que eu estava disposta a aceitar. Eu esperei cinco minutos e comecei de novo, perguntando: "Você gostaria de vestir seu pijama rosa ou o azul? Você decide." Ela escolheu o pijama azul e começou a vesti-lo. Acrescentar "Você decide" depois de uma opção de escolha é fortalecedor, pois adiciona ênfase ao fato de que a criança tem, sim, uma escolha.

E se elas não querem nenhuma das opções e querem fazer alguma outra coisa? Se a outra coisa for aceitável para você, tudo bem. Se não for, diga: "Isso não é uma das opções." E depois repita as opções e adicione: "Você decide."

Crianças podem não ter escolha sobre muitas coisas, como fazer ou não a lição de casa. A lição de casa precisa ser feita, mas pode ser oferecida a escolha de quando a criança gostaria de fazê-la, por exemplo, assim que chegar da escola, antes do jantar ou depois do jantar.

"Assim que você... nós vamos..."

"Assim que você recolher seus brinquedos, nós vamos levá-lo ao parque." Essa afirmativa, normalmente, é mais eficiente do que: "Se você recolher seus brinquedos, nós iremos ao parque." A primeira afirmativa é ouvida pela criança como uma afirmativa gentil, porém firme, indicando o que você está disposto a fazer de acordo com algumas circunstâncias predeterminadas. A última alternativa é ouvida pelas crianças (e geralmente é o que o adulto quis dizer) como um desafio para uma disputa de poder. "Assim que você... nós vamos..." é efetivo quando não é acompanhado de nenhuma manipulação. Em outras palavras, para você não importa se você vai para o parque ou não. Você sabe que as crianças querem ir, então cabe a elas preencherem os requisitos. O que você precisa aceitar é que você pode não ir para o parque se as crianças escolherem não recolher os brinquedos. Se você está interessado em ir ao parque, tente perguntas que estimulem a curiosidade: "Quem quer ir ao parque? O que precisa ser feito antes de irmos?"

Muitos professores acham efetivo dizer: "Assim que estiverem prontos, nós começaremos nossa aula." Eles têm uma atitude de respeito por eles mesmos, pelos alunos e pelas necessidades da situação – esse método é a chave para o sucesso. "Assim que você" deve ser dito em um tom de voz que indica que você vai se retirar da situação até que a exigência seja atendida. Depois você pode ficar despreocupado e deixar a criança experimentar as consequências de sua escolha. Se você se preocupar, isso vai se tornar uma competição por poder, não importa as palavras que usar.

Mesada

Mesadas podem ser um ótima ferramenta de aprendizagem. Quando as crianças recebem uma mesada regular, podem aprender o valor do dinheiro – se os pais lidarem com a mesada de forma efetiva.

A mesada não deve ser usada como punição ou prêmio. Muitos pais usam a mesada como influência para tentar fazer as crianças se responsabilizarem por suas tarefas. Eles dão a mesada como um prêmio quando as tarefas são feitas, e retêm as mesadas como punição quando as tarefas não são cumpridas. As crianças vão aprender muito mais sobre dinheiro e responsabilidade quando a ameaça for retirada. Use as reuniões de família para ensinar responsabilidade relativa a tarefas e mantenha a mesada como uma questão à parte.

Quando as crianças têm sua mesada, você pode parar de ser fisgado quando elas veem algo que querem em uma loja. Sempre que Mary diz: "Eu quero aquele brinquedo!", sua mãe responde: "Você tem dinheiro suficiente?" Mary normalmente não tem, então sua mãe diz: "Bem, talvez você queira economizar sua mesada para poder comprar isso."

Mary geralmente pensa que quer o brinquedo tanto, mas tanto, que irá poupar seu dinheiro fielmente até que possa comprá-lo. No entanto, esse pensamento normalmente é esquecido em algumas horas. Ela geralmente não quer o brinquedo tanto assim a ponto de economizar seu próprio dinheiro, ainda que ficasse feliz se sua mãe gastasse o dinheiro.

À medida que as crianças ficam mais velhas e desejam itens caros, como uma bicicleta, você pode fazê-las poupar algum dinheiro, e depois completar o valor. Quando as crianças têm uma parte de seu próprio dinheiro investido nas coisas, elas são muito mais responsáveis para cuidar delas. As crianças também podem usar a mesada para consertar danos causados a propriedades de outras pessoas.

Revisão

Todos os métodos explicados neste capítulo podem ser efetivos quando usados e ensinados de uma maneira amigável. Sua atitude, intenção e conduta são as chaves para o sucesso. Alguns pais usam esses métodos da mesma maneira e com os mesmos objetivos que usam punição. A abordagem punitiva incentiva a rebeldia ou a submissão cega. A abordagem positiva incentiva cooperação, respeito mútuo, responsabilidade e responsabilidade social.

Ferramentas da Disciplina Positiva

1. Tire algum tempo para esfriar a cabeça, porque você age melhor quando se sente melhor – a técnica do banheiro (para pais), a técnica do romance (para professores), dar um tempo positivo (para crianças e adultos).
2. Decida o que você vai fazer em vez de obrigar as crianças a fazerem.
3. Deixe que as crianças saibam com antecedência o que você planeja fazer.
4. Use ações gentis e firmes – não palavras (mantenha a sua boca fechada e aja).
5. Quando palavras forem necessárias, use poucas e faça afirmações de forma gentil e firme.
6. Use distanciamento emocional para ficar de fora de lutas de poder e espere por um momento calmo para focar em soluções.
7. Use quadros de rotinas para evitar lutas de poder.
8. Evite aborrecimentos na hora de dormir compartilhando os momentos mais felizes e os mais tristes enquanto põe as crianças na cama.
9. Evite lutas de poder passando a envolver as crianças nas soluções.
10. Fique de fora das brigas dos filhos – ou trate os filhos da mesma forma.
11. Primeiro conforte aquele que machucou o outro. Depois convide-o a ajudá-lo a confortar quem foi machucado.

12. Apoie sentimentos.
13. Dê abraços.
14. Use seu senso de humor.
15. Envolva as crianças no planejamento das refeições, cozinha e limpeza.
16. Estabeleça lembretes não verbais com as crianças para o que precisa ser feito.
17. Ofereça escolhas em vez de fazer exigências.
18. Use "Assim que você__________, nós vamos _____________."
19. Use a mesada para ensinar a administrar o dinheiro – não como punição ou prêmio.

Questões

1. Quais métodos podem ser usados para ter um período para se acalmar?
2. Qual é a lógica do método "Decida o que você vai fazer e não o que você vai obrigar as crianças a fazer"? Por que ele é eficiente?
3. Quais são os seis pontos a serem lembrados para aumentar a eficácia dos métodos já mencionados?
4. O que significa "ficar despreocupado" ao usar esses métodos? O que você deve fazer quando não conseguir ficar despreocupado?
5. O que significa distanciamento emocional?
6. O que sempre deve ocorrer após um período de reflexão ou qualquer outra forma de afastamento?
7. Quais são os conceitos-chave necessários para evitar aborrecimentos matinais e na hora de dormir?
8. Por que compartilhar um tempo de qualidade na hora de dormir ajuda a evitar aborrecimentos?
9. Quais são os resultados negativos de se envolver nas brigas dos filhos?
10. Qual é o procedimento que você deveria seguir ao decidir ficar de fora das brigas dos filhos?
11. Quais são as três circunstâncias em que não é aconselhável ficar de fora das brigas dos filhos?
12. Quando a decisão de se envolver nas brigas dos filhos é tomada, qual o método mais efetivo para se usar?

13. O que significa "colocar os filhos no mesmo barco"? Quais os resultados negativos que isso ajuda a evitar?
14. O que são os sinais não verbais? O que pode ser alcançado ao usá-los?
15. Quais são os benefícios de se oferecer escolhas?
16. Quais são algumas orientações para assegurar a efetividade das escolhas?
17. Quais são as vantagens de seguir as sugestões sobre mesada?
18. Quais são as chaves do sucesso ao usar quaisquer dos métodos sugeridos neste livro?

Capítulo Doze

Amor e alegria em casa e em sala de aula

O principal objetivo da Disciplina Positiva é permitir que adultos e crianças experimentem mais alegria, harmonia, cooperação, responsabilidade compartilhada, respeito mútuo e amor em suas vidas e relações. Muitas vezes, agimos como se nos esquecêssemos de que o amor e a alegria são o principal motivo pelo qual vivemos e trabalhamos com crianças, e nos vemos agindo por medo, julgamento, expectativas, culpa, decepção e raiva. Então nos perguntamos por que nos sentimos tão mal.

Três lembretes

A seguir, três lembretes que nos mostram como evitar desvios que nos impedem de experimentar o amor, a alegria e a satisfação em nossas relações com as crianças.

1. O que fazemos nunca é tão importante quanto o modo como fazemos

O sentimento e a atitude por trás do que fazemos determinarão o "como". O sentimento por trás das palavras muitas vezes é mais evidente em nosso tom de voz.

Outro dia voltei de uma viagem e fui recebida por uma pia cheia de louça suja. Eu me senti desanimada e irritada e comecei a xingar e criticar. "Nós concordamos que todos colocariam seus pratos na máquina. Por que ninguém mantém seus acordos quando não estou por perto?"

Procurei alguém para culpar, mas todos afirmaram: "Eu não fiz isso."

Movida por um sentimento negativo, eu disse: "Certo, nós temos que fazer uma reunião de família e decidir o que fazer sobre isso."

Você pode imaginar o resultado se tivéssemos tentado ter uma reunião de família com base nos meus sentimentos de culpa e de crítica? Nós não teríamos encontrado o tipo de solução eficaz que surge em uma atmosfera de amor e respeito. Minha atitude de ataque teria inspirado defesa e contra-ataques, em vez de harmonia.

Percebi o que estava fazendo e imediatamente mudei de direção. Eu podia ver que minha atitude negativa não produziria os resultados que eu queria, sem mencionar o quanto eu me sentia chateada naquele momento. Assim que eu mudei minha atitude, meus sentimentos mudaram e tive uma inspiração imediata sobre como obter resultados positivos.

Eu disse à minha família: "Vamos sair para comer uma pizza. Depois, teremos uma reunião de família para procurar soluções em vez de culpados."

Com base nesses sentimentos, tivemos uma reunião de família muito bem-sucedida. Aos risos, concordamos que deve ter sido um fantasma que havia deixado os pratos na pia. Quando paramos de procurar culpados e nos concentramos nas soluções, Mark e Mary vieram com um grande plano. Eles propuseram que cada um de nós seria designado, dois dias por semana, para a função de "guardião", a fim de cuidar dos fantasmas dos pratos sujos. Como você pode imaginar, menos pratos foram deixados na pia depois dessa discussão amigável, na qual todos assumiram responsabilidade para resolver o problema.

Agir a partir de pensamentos e sentimentos negativos é uma garantia de se passar longe do amor, da alegria e de resultados positivos. Desprezando nossas atitudes negativas, permitimos que nossos bons sentimentos naturais e o bom senso aflorem.

2. Ver os erros como oportunidades para aprender

Ao longo deste livro, discuti a importância de ajudar as crianças a experimentarem os erros como oportunidades para aprender. Quando os adultos não aplicam esse princípio em suas próprias vidas, é uma garantia de se passar longe do amor, da alegria e de resultados positivos, como ilustrado no exemplo a seguir:

Mickey, um aluno do segundo ano, chutou um colega de classe. A professora, sra. Heaton, estava muito chateada com Mickey. Ela queria ensiná-lo a não machucar outras pessoas. Ela então o levou para fora da sala de aula para repreendê-lo, e disse: "Você gostaria que outras pessoas chutassem você?"

Na tentativa de mostrar a ele como o colega se sentia, ela chutou Mickey – um pouco mais forte do que pretendia. Um assistente que estava passando testemunhou o incidente e o relatou ao diretor.

A sra. Heaton se sentiu muito mal com o que tinha feito. Ela acredita nos princípios da Disciplina Positiva e vem tentando implementá-los por anos. Ela me ligou para perguntar: "O que deu errado? Como posso ter feito uma coisa dessas? O que mais eu poderia fazer?"

Em primeiro lugar, a sra. Heaton foi lembrada de que ela é muito normal. Existe algum pai ou professor neste planeta que não tenha "perdido a cabeça" e reagido com raiva em vez de agir de uma forma que seria mais benéfica para resultados em longo prazo?

Em segundo lugar, reconheceu-se que a sra. Heaton estava ciente de que tinha cometido um erro. Ela foi incentivada a se dar tapinhas no ombro em vez de bater em si mesma. Muitos pais e professores não perceberiam que cometeram um erro.

Em terceiro lugar, reconheceu-se que a sra. Heaton queria melhorar e fazer melhor. Ela foi encorajada a ver isso como um presente (ou uma chamada para acordar) que a motivava a buscar respostas para melhorar seu comportamento no futuro.

Os livros da Disciplina Positiva estão cheios de opções à reação. Essa não é a questão aqui. A questão é que precisamos perceber que todos os seres humanos têm seus momentos de reagir em vez de agir. A maioria dos adultos realmente tem boas intenções – eles simplesmente querem ensinar as crianças a serem mais respeitosas. O problema é que, ao reagir, usamos comportamento desrespeitoso (nos comportamos mal) na nossa tentativa de ensinar respeito. Quando reagimos, nos tornamos mais interessados (sem pensar sobre isso) em fazer a criança "pagar" pelo que fez por meio de culpa, vergonha e dor. Nessa hora, não estamos pensando nos efeitos em longo prazo para a criança. Se estivéssemos, não reagiríamos.

Felizmente, isso pode ser o começo, e não o fim. Nós descobrimos que não importa quantas vezes reagimos e nos esquecemos de usar os princípios da Disciplina Positiva, podemos sempre voltar a eles e limpar a bagunça que fizemos. De fato – digo novamente –, os erros são oportunidades maravilhosas para aprender.

Depois de aprender com um erro, os adultos vão perceber que as crianças são muito generosas quando usam os Três R da Recuperação. A sra. Heaton levou mais de uma semana para se recuperar de sua humilhação e autoflagelação. Então ela chamou Mickey de lado e se desculpou. Ela disse: "Mickey, sinto muito por tê-lo chutado. Eu estava tão brava com você por ter chutado Joey e acabei fazendo a mesma coisa com você. Isso não foi muito inteligente da minha parte, não é?"

Mickey apenas olhou para a professora timidamente, mas ela conseguiu sua atenção. Ela continuou: "Não foi nada bom da minha parte também, não é?"

O menino então esticou o lábio inferior e balançou a cabeça.

A sra. Heaton perguntou: "Será que ouvir que eu sinto muito faz você se sentir um pouco melhor?"

Mickey assentiu.

A sra. Heaton continuou: "Como você acha que Joey se sentiria se você dissesse a ele que sente muito?"

Mickey murmurou: "Melhor."

Ela então perguntou: "O que acha de se desculpar com Joey e, em seguida, nós três poderíamos nos reunir e discutir maneiras de lidar com o problema que você estava tendo com ele. Ou nós poderíamos colocar isso na pauta da reunião de classe e ter a ajuda da turma toda. O que você prefere?"

Mickey disse: "Só nós."

A sra. Heaton perguntou: "Quanto tempo você precisa para se desculpar com Joey e lhe perguntar se ele quer se juntar a nós para uma sessão de resolução de problemas?"

Mickey se animou e disse: "Eu posso fazer isso hoje."

A professora disse: "Ótimo. Avise-me quando você e Joey estiverem prontos, e marcaremos um horário."

A sra. Heaton, Mickey e Joey se reuniram no dia seguinte e discutiram a percepção de cada um deles sobre o que tinha acontecido, a causa, como se sentiam sobre isso, o que eles tinham aprendido com a experiência e suas ideias sobre como resolver o problema. Eles também discutiram o conceito de erros como oportunidades para aprender. Os meninos se afastaram se sentindo muito satisfeitos com o acordo que fizeram para evitar brigas no futuro.

Esse é um excelente exemplo de como um erro fornece muitas oportunidades para aprender. A sra. Heaton foi capaz de modelar como assumir responsabilidade por um erro e pedir desculpas. Ela então ajudou Mickey a se sentir bem consigo mesmo pedindo desculpas por seu erro. Ela foi capaz de ajudar os meninos a praticarem a escuta das percepções do outro sobre a experiência. Finalmente, eles praticaram a maravilhosa habilidade de vida de busca de soluções e chegaram a um acordo sobre qual solução gostariam de tentar.

Ainda não falamos o suficiente? Erros são oportunidades maravilhosas para aprender, e isso vale para adultos e crianças.

Os adultos podem aprender mais sobre o princípio de erros como oportunidades de aprendizagem ao observar crianças pequenas quando estão aprendendo a andar. Estas não perdem tempo se sentindo inadequadas cada vez que caem. Elas simplesmente se levantam e tentam novamente. Caso se machuquem com a queda, podem chorar por alguns minutos antes de tentar de novo, mas não acrescentam culpa, crítica ou qualquer outra mensagem autodestrutiva para sua experiência. Nós podemos ajudar nossos filhos a manter essa forma simples de experimentar a vida ao redescobrir o valor dos erros para nós mesmos.

Pensar que temos de ser perfeitos é se afastar para bem longe do amor e da alegria na vida. Os Quatro R de Recuperação (conforme discutido no Capítulo 2) podem nos colocar de volta no caminho certo.

3. Às vezes temos que aprender a mesma coisa muitas vezes

Quantos pais já disseram: "Quantas vezes eu tenho que dizer isso para você?"

Esses pais estarão se abrindo para a decepção e frustração se não entenderem que a resposta pode ser: "Muitas e muitas vezes." (Eu acredito que, muitas vezes, as crianças realmente não entendem o que tentamos ensinar-lhes até que tenham os próprios filhos e tentem lhes ensinar as mesmas coisas.)

A sra. Bordeau expressou muito alívio ao ouvir esse princípio. Ela disse: "Eu pensei que precisaria ter apenas uma reunião de família para conseguir que meus filhos cooperassem com suas tarefas. Como o entusiasmo deles não durou mais do que uma semana, achei que não estava funcionando e voltei à chateação diária."

Essa mãe não percebeu quanto progresso ela tinha feito ao obter entusiasmo por uma semana. Eu comentei com ela sobre a síndrome das três semanas (explicada no Capítulo 9) e sobre como eu aceitei com gratidão que lidar com as tarefas uma vez a cada três semanas é muito mais agradável do que a irritação e frustração diárias.

As crianças não são as únicas que precisam de diversas oportunidades para aprender. Caso contrário, por que seria necessário usar os Quatro R da Recuperação tantas vezes? O caminho para a infelicidade é se sentir inadequado ou frustrado a cada vez que nós ou nossos filhos não aprendemos alguma coisa de uma vez por todas. O caminho para o amor e a alegria inclui não só a aceitação de que vamos cometer erros, mas que teremos a oportunidade de aprender novamente. É uma parte importante do processo de aprendizagem.

Muitos métodos foram apresentados neste livro. Se forem vistos apenas como técnicas, eles falharão. Muitas atitudes positivas também foram apresentadas. Quando os métodos são colocados junto com as atitudes positivas, eles se tornam conceitos que criam uma atmosfera de amor, respeito mútuo, cooperação e diversão entre as crianças.

Este capítulo inclui muitos conceitos que exigem a participação e orientação dos adultos, a fim de ajudar as crianças a desenvolver uma base sólida. Uma atitude de amor e alegria é essencial. E ajuda a procurar os aspectos positivos de uma situação.

Em busca do lado positivo em uma situação

Lori foi suspensa da escola porque tinha cigarros em seu armário. Ela disse a seu pai: "Eu não sei como eles foram parar ali! Eu estava apenas colocando-os no bolso para levá-los ao diretor quando um professor veio e me levou para a diretoria." O pai tinha dificuldade em acreditar que Lori não sabia como os cigarros foram parar em seu armário, já que a fechadura tinha um código. Ele também achou difícil acreditar que ela estava colocando-os no bolso para levá-los ao diretor. Ele se sentia desapontado por Lori estar mentindo para ele, pois sempre foram uma família próxima e amorosa. Ele também se preocupava com ela estar começando a arruinar sua vida por se envolver com cigarros, bebidas e drogas.

O pai queria xingá-la e puni-la e deixá-la saber o quanto ele estava decepcionado. Em vez disso, contudo, decidiu procurar o aspecto positivo da situação. Nunca é difícil encontrar, se você estiver disposto a procurar. Quando ele entrou no mundo de Lori, compreendeu que ela provavelmente passava por um momento difícil, decidindo como se manter dentro dos valores familiares e ainda fazer parte da turma. Ele também percebeu que a única razão pela qual ela iria mentir para ele seria porque ela o amava tanto que não queria decepcioná-lo.

Com esse entendimento, ele se aproximou da filha. Em vez de agir com repreensão e punição, ele gentilmente disse: "Lori, eu aposto que é realmente difícil tentar descobrir como se manter no que você acredita e ainda não ser chamado de 'estraga-prazeres' por seus amigos."

Lori sentiu alívio ao dizer: "Sim, é difícil."

O pai continuou: "E eu aposto que se você mentisse para nós, seria porque você nos ama tanto que não gostaria de nos decepcionar." Lori tinha lágrimas nos olhos e só podia balançar a cabeça, concordando. Seu pai acrescentou: "Lori, nós ficaríamos desapontados se você fizesse algo que pudesse te fazer sofrer, mas se você não sabe que sempre pode nos contar qualquer coisa, então não estamos fazendo um bom trabalho mostrando o quanto nós amamos você – incondicionalmente." Lori deu um grande abraço em seu pai, e ficaram abraçados por um tempo.

Eles nunca discutiram diretamente o problema do cigarro e da mentira. Mais de um ano se passou, e Lori parece ter prazer em deixar que seus pais saibam de cada vez que ela resistiu à tentação de fazer algo contrário a seus valores. Ela também se sente orgulhosa por estar influenciando seus amigos a se manterem fiéis a seus valores.

Dar às crianças o benefício da dúvida

Toda criança quer ter sucesso. Toda criança quer ter boas relações com os outros. Toda criança quer ter um sentimento de aceitação e importância. Quando nos lembramos disso, damos às crianças que se comportam mal o benefício da dúvida. Em vez de assumir que elas querem ser difíceis, vamos supor que elas queiram resultados positivos e simplesmente estão confusas sobre como alcançá-los. Elas não têm o conhecimento, as habilidades, ou a maturidade para encontrar aceitação e importância de formas úteis. É nosso trabalho ajudá-las a desenvolver o que precisam. Para ser eficaz, nossa abordagem deve ser baseada em uma atitude de: "Eu sei que você quer ter sucesso. Como posso ajudar?" Quando temos essa atitude, as crianças ficam mais propensas a se sentirem incondicionalmente amadas.

Expressar amor incondicional

As crianças precisam saber que são mais importantes do que qualquer coisa que fazem. Elas precisam saber que são mais importantes do que os bens materiais em nossas vidas. A mãe de Fred cometeu alguns erros antes de se lembrar desse ponto importante.

Fred quebrou um de seus vasos antigos e valiosos. Ela ficou tão arrasada com isso que se sentou e chorou. Fred se sentiu muito mal com o que tinha feito, mas finalmente perguntou: "Mamãe, você se sentiria tão mal assim se algo acontecesse comigo?"

As crianças muitas vezes não sabem o quanto são importantes e amadas. Às vezes, pais e professores se concentram tanto no mau comportamento que perdem a criança de vista – e a criança também se perde.

Eu estava aconselhando uma família cuja filha havia roubado algumas roupas (de brincadeira, ela dizia) de uma amiga da qual estava com raiva. A mãe e a irmã ficaram tão chateadas com isso que a chamaram de ladra e se perguntaram se não havia algo de muito errado com ela. Eu perguntei por que elas estavam tão chateadas. Qual era sua verdadeira preocupação? A mãe respondeu que estava com medo de que sua filha acabasse em um reformatório. Eu perguntei a ela por que isso era um problema. A mãe contou que estava preocupada com o quanto isso faria sua filha sofrer. Eu então perguntei à mãe como ela achava que sua filha se sentiu por ter sido chamada de ladra e por ter sido acusada de que havia algo errado com ela. Ela admitiu que agora podia ver o quanto já estava magoando sua filha, enquanto alegava estar preocupada com a possibilidade de que ela viesse a sofrer.

Perguntei à filha o que ela achava que poderia fazê-la sofrer mais: ir para um reformatório ou o que ela estava experimentando no momento com sua mãe. Ela disse: "Isto aqui dói muito mais."

Uma vez que a filha é uma adolescente, não há como a mãe controlá-la. Essa menina precisa experimentar as consequências do seu comportamento, e precisa do amor e do apoio de sua mãe.

É tão fácil jogar tudo para o alto que perdemos a mensagem original. Essa mãe humilhou a filha porque a amava e queria salvá-la do sofrimento. Tudo o que sua filha ouviu foi a humilhação, que interpretou como: "Mamãe sequer gosta de mim."

Eu sei que você ama seus filhos, e você sabe que você ama seus filhos, mas eles sabem que você os ama? Você pode ficar surpreso se perguntar.

Uma mãe perguntou ao seu filho, de 3 anos de idade: "Você sabe que eu te amo de verdade?"

A resposta foi: "Sim, eu sei que você me ama se eu for bonzinho."

Um adolescente respondeu à mesma pergunta assim: "Eu sei que você me ama se eu tirar boas notas."

Frequentemente atormentamos nossos filhos a fazerem melhor. Nós queremos que eles façam melhor, porque nós os amamos e achamos que eles serão mais felizes se fizerem o que achamos que é bom para eles. Eles geralmente não ouvem que nós queremos que eles façam o melhor para o bem deles mesmos. O que eles ouvem é: "Nada do que eu faço é bom o suficiente. Eu não posso viver de acordo com suas expectativas. Você quer que eu seja melhor para você, não para mim."

Lembre-se de que as crianças fazem melhor quando se sentem melhor. Nada é melhor do que o amor incondicional. A maioria dos pais não sabe que estão "deixando de amar" quando usam punição. Na verdade, a maioria dos pais usa a punição em nome do amor. Em nosso livro *Parents Who Love Too Much*[1], usamos o seguinte exemplo para mostrar como os pais usam punição quando outros métodos seriam mais eficazes, e como muitos adultos pensam da seguinte forma: "Eu fui punido, e acabei me saindo bem."

Sim, a maioria de nós se saiu "bem", embora tenhamos sido punidos. Podemos rir de alguns dos castigos que recebemos quando crianças e até mesmo dizer que os merecíamos. No entanto, se tivéssemos permissão para aprender com nossos erros, em vez de ser obrigados a pagar por eles, é possível que nos saíssemos melhor do que apenas "bem"?

Na história seguinte, Stan passou por um processo que o ajudou a entender a diferença entre punição (que fez ele se sair "bem") e disciplina não punitiva que poderia tê-lo ajudado muito mais.

Stan contou em seu grupo de pais sobre a vez em que colou em uma prova do quinto ano. Ele disse: "Eu era burro o suficiente para escrever algumas respostas na palma da minha mão. O professor me viu abrindo a mão para ler uma resposta." Esse professor pegou a prova de Stan e, na frente da classe toda, a rasgou. Ele recebeu nota zero e foi publicamente chamado de trapaceiro. O professor contou a seus pais. Seu pai lhe deu uma surra e o deixou de castigo por um mês. Stan disse: "Eu nunca colei de novo, e eu certamente merecia o zero."

O líder do grupo o ajudou a explorar essa experiência para ajudar a todos no grupo a ver se poderia ter havido uma maneira mais produtiva de lidar com a situação.

Líder: Todos concordam com Stan que ele merecia o zero?

Grupo: Sim.

Líder: Isso teria sido suficiente para ensinar a ele as consequências de suas escolhas, ou ele precisava da punição também?

Grupo: Hmmmmm.

Líder: O que você acha, Stan? Como você se sentiu por ter tirado zero por causa da cola?

Stan: Eu me senti muito culpado e muito envergonhado.

Líder: O que você decidiu a partir disso?

Stan: Que eu não faria isso de novo.

Líder: O que você decidiu depois de ter apanhado? (punição)

Stan: Que eu era uma decepção para os meus pais. Eu ainda me preocupo em não desapontá-los.

Líder: Então como o castigo ajudou você?

Stan: Bem, eu já tinha decidido que não iria colar novamente. A culpa e a vergonha de ser pego na frente dos outros foram o suficiente para me ensinar a lição. Na verdade, a preocupação em não desapontar meus pais ainda é um verdadeiro fardo.

Líder: Se você tivesse uma varinha mágica e pudesse mudar o roteiro desse evento, o que você mudaria? Como você mudaria o que as pessoas disseram ou fizeram?

Stan: Bom, eu não colaria.

Líder: E depois disso?

Stan: Eu não sei.

Líder: Quem tem alguma ideia para dar ao Stan? Geralmente é mais fácil ver as possibilidades quando você não está emocionalmente envolvido. O que o professor do Stan ou os pais dele poderiam ter feito ou dito que demonstrasse disciplina gentil e firme?

Membro do grupo: Sou professor, e estou aprendendo muito com isso. O professor poderia ter chamado Stan de lado e perguntado por que ele estava colando.

Líder: Stan, o que você teria respondido a isso?

Stan: Que eu queria passar na prova.

Membro do grupo: Então eu poderia reconhecer o seu desejo de passar na prova e perguntaria o que ele achava sobre colar para conseguir isso.

Stan: Eu prometeria nunca mais fazer isso de novo.

Membro do grupo: Eu, então, lhe diria que teria que dar um zero para essa prova, mas que eu estava feliz por ele ter aprendido a não colar. Eu pediria que ele preparasse um plano para passar na prova seguinte.

Stan: Eu ainda me sentiria culpado e envergonhado por ter colado, mas apreciaria a gentileza com firmeza. Agora eu vejo o que isso significa.

Líder: Agora você tem alguma ideia de como poderia usar sua varinha mágica para mudar o que os seus pais fizeram?

Stan: Teria sido bom se eles tivessem reconhecido o quanto eu me sentia culpado e envergonhado. Eles poderiam ter compreendido como aquela foi uma lição dura de aprender, para mim. Em seguida, eles poderiam ter expressado sua fé em mim para aprender com a minha experiência e fazer a coisa certa no futuro. Eles poderiam me tranquilizar dizendo que me amariam de qualquer maneira, mas que esperavam que eu não desapontasse a mim mesmo no futuro. Uau, que conceito – me preocupar mais sobre não desapontar a mim mesmo do que a meus pais. Acho isso muito encorajador.

Muitos pontos foram levantados nessa discussão sobre educação não punitiva:

1. Educação não punitiva não significa deixar as crianças "escaparem" das consequências de seu comportamento.
2. Educação não punitiva significa ajudar as crianças a explorar as consequências de suas escolhas em um ambiente encorajador para que haja crescimento e aprendizagem duradouros.
3. A maioria das pessoas se saiu "bem" mesmo tendo sido punidas, e poderiam ter aprendido ainda mais se tivessem recebido tanto gentileza quanto firmeza para aprender com os erros.

O pai de Stan não teve o privilégio de compreender os resultados em longo prazo de seus métodos de educação. Ele não teve o privilégio de compreender a importância de entrar no mundo da criança. Ele não sabia que as crianças fazem melhor quando se sentem melhor. E não sabia o poder do amor incondicional combinado com gentileza e firmeza ao mesmo tempo. Se ele soubesse, Stan poderia ter se sentido mais fortalecido por meio dos Quatro Passos para Conseguir Cooperação.

Os Quatro Passos para Conseguir Cooperação

Os Quatro Passos para Conseguir Cooperação (apresentados no Capítulo 2) são excelentes para ajudar a entrar no mundo da criança. Use estas etapas sempre que você sentir, em sua comunicação, uma falha que leve a hostilidade e ressentimento. Vocês se sentirão compreendidos depois de usar esse processo.

A maioria dos pais quer que seus filhos tenham notas melhores. As crianças muitas vezes interpretam que isso significa que as notas são mais importantes do que elas. Os Quatro Passos para Conseguir Cooperação podem ser úteis quando nossos filhos duvidam dos benefícios de nossas sugestões.

1. Expresse compreensão em relação aos sentimentos da criança: "Será que eu quero que você tenha notas melhores para mim ou para você?"
2. Mostre empatia sem concordância: "Eu entendo que pode parecer que você não consegue fazer coisas boas o suficiente para mim. Quando os meus pais queriam que eu fizesse melhor, eu sentia que eu deveria viver para eles e suas expectativas."
3. Compartilhe seus sentimentos reais: "Eu sinceramente quero que você tire notas melhores porque acho que você se beneficiará com isso. Eu sei que pode parecer uma chatice agora, mas uma boa educação abre muitas portas para você no futuro e lhe oferece mais escolhas."
4. Convide a criança a se concentrar em uma solução: "Como podemos resolver isso de forma que você possa trabalhar para melhorar como um benefício para você, em vez de críticas da minha parte?"

Criar uma atmosfera de cooperação é essencial para o ensino de habilidades de comunicação e de resolução de problemas que incorporam a essência da responsabilidade social. Quando as crianças têm boas habilidades de comunicação e de resolução de problemas, elas melhoram muito a qualidade de suas relações interpessoais e circunstâncias da vida. A melhor maneira de ensinar essas habilidades quando se trabalha com crianças é modelá-las com seu próprio comportamento. O exemplo é o melhor professor.

Ensine e modele comunicação e habilidades de resolução de problemas

As reuniões de família e de classe dão a crianças e adultos a oportunidade de praticar muitas habilidades de comunicação e de resolução de problemas. Se você estiver usando esse processo, já deve ter notado seus filhos utilizando em outras áreas de suas vidas as técnicas que aprenderam durante as reuniões.

A Disciplina Positiva inclui muitas opções para a comunicação e resolução de problemas além das reuniões de família e de classe. As mesmas habilidades utilizadas nas reuniões também podem ser usadas para resolver problemas entre duas pessoas. Perguntas que estimulam a curiosidade fornecem uma grande plataforma para a comunicação e a resolução de problemas, assim como os Quatro Passos para Conseguir Cooperação. Outra possibilidade é ensinar às crianças os Quatro Passos para Resolução de Problemas para quando estiverem tentando resolver um conflito entre elas.

Quatro Passos para Resolução de Problemas

1. Ignore. (É preciso mais coragem para ir embora do que para ficar e lutar.)
   a. Faça outra coisa. (Encontre um outro jogo ou atividade.)
   b. Saia por tempo suficiente para se acalmar e, em seguida, continue com os seguintes passos.
2. Fale sobre o assunto com respeito.
   a. Diga à outra pessoa como você se sente. Deixe-a saber que você não gosta do que está acontecendo.
   b. Ouça o que a outra pessoa diz sobre como ela se sente e o que ela não gosta.
   c. Compartilhe o que você acha que fez para contribuir para o problema.
   d. Diga à outra pessoa o que você está disposto a fazer de forma diferente.
3. Busquem um acordo para alcançar uma solução. Por exemplo:
   a. Elaborem um plano para compartilhar ou se revezar.
   b. Desculpem-se.

4. Peça ajuda se vocês não puderem resolver isso juntos.
   a. Coloque na pauta. (Isso também pode ser uma primeira escolha e não um último recurso.)
   b. Fale sobre o assunto com um dos pais, um professor ou um amigo.

Depois de discutir essas habilidades, faça as crianças dramatizarem as seguintes situações hipotéticas. Peça-lhes para resolver cada uma das situações de quatro modos diferentes (um para cada passo).

- Brigar pela vez em um jogo.
- Empurrar na fila.
- Xingar.
- Brigar pela vez de se sentar à janela no carro.

Os professores podem colocar os Quatro Passos para Resolução de Problemas em um cartaz para que as crianças vejam. Alguns professores exigem que as crianças usem esses passos antes de colocarem um problema na pauta da reunião de classe. Outros professores preferem o processo das reuniões de classe, porque ensina tantas outras habilidades. Em vez de tornar um melhor que o outro (reuniões de classe ou reuniões individuais), deixe as crianças escolherem qual opção elas preferem no momento.

A sra. Underwood explicou como ela usa os Quatro Passos para Resolução de Problemas. As crianças de sua turma do terceiro ano têm permissão para sair da sala a qualquer momento para utilizar os passos de resolução de problemas com outra pessoa. Muitas vezes ela vê duas crianças saírem da sala e, em seguida, se sentarem para uma conversa. Poucos minutos depois, elas voltam para a sala de aula e vão cuidar das suas coisas. Ela explicou às crianças que elas não precisam compartilhar sua discussão com ninguém, se não quiserem. Durante as reuniões de classe, ela vai perguntar se alguém gostaria de compartilhar como resolveu um problema.

Os pais podem ensinar essas habilidades aos filhos quando eles trouxerem um problema. Peça-lhes para se acalmarem ou usarem os Quatro Passos para Conseguir Cooperação de modo a estarem prontos para a resolução de problemas. Às vezes usamos esses passos durante o momento de compartilhar tempo de qualidade na hora de dormir.

Ajude as crianças a desenvolver um senso de responsabilidade

Todos os conceitos ensinados neste livro ajudam as crianças a desenvolver um senso de responsabilidade. As crianças não vão aprender responsabilidade se os adultos continuarem fazendo por elas o que elas podem e devem fazer sozinhas.

Os pais não são os únicos que fazem coisas pelas crianças que elas poderiam fazer sozinhas. Há muitas maneiras de os professores permitirem que as crianças ajudem. Os alunos aprenderiam mais responsabilidade se os professores, por exemplo, fingissem que não podem usar seus "braços" ou "pernas". Imagine as tarefas que as crianças poderiam fazer. Elas, então, se sentiriam necessárias, o que levaria a sentimentos de aceitação e importância.

Assuma total responsabilidade

E sobre a responsabilidade do adulto? Não é útil nos culparmos e sentirmos culpa. É útil estarmos cientes dos erros que podemos estar cometendo para que possamos saber o que fazer para corrigi-los e produzir os resultados que desejamos.

O que aconteceria se os adultos assumissem total responsabilidade por criarem o que quer que estejam reclamando? Como as coisas seriam diferentes se pais e professores tivessem consciência do seu próprio mau comportamento (falta de conhecimento ou falta de habilidade), tal como do mau comportamento (falta de conhecimentos, habilidades e maturidade) das crianças? Seria muito mais fácil se concentrar em soluções depois que todos assumissem a responsabilidade sem culpa ou vergonha.

Sempre que os adultos entram em lutas de poder ou ciclos de vingança, não entram no mundo da criança, não reservam tempo para treinamento, se esquecem de ser gentis e firmes ao mesmo tempo, usam um tom de voz desrespeitoso ou usam qualquer outro tipo de punição, eles provavelmente irão inspirar um comportamento "desencorajado" em seus filhos.

Tenha compaixão por si mesmo

Lembre-se: os erros são oportunidades maravilhosas para aprender. Tenha compaixão por si mesmo ao cometer erros e aprenda com eles. Eu venho aprendendo com os erros dos pais por 25 anos. Mesmo que eu cometa muitos erros, eu amo esses princípios porque são orientações maravilhosas para me ajudar a voltar para o caminho a cada vez que eu me perder.

Antes de aprender a ter compaixão por mim mesma, eu era muito dura comigo a cada vez que eu não praticava o que falava. Eu ia chorar no ombro do meu marido: "Como posso viajar para dizer aos outros pais e professores como ser mais eficientes com as crianças, quando eu mesma nem sempre faço isso?" Ele me lembrava de outros conceitos que eu ensino:

- Erros são oportunidades maravilhosas para aprender.
- Foco no lado positivo. (Eu uso esses princípios com mais frequência do que deixo de usar.)
- Ter a coragem de ser imperfeito, já que isso faz parte do ser humano.
- Acalmar-se e, depois, corrigir.

Ter compaixão por si mesmo significa lembrar-se desses conceitos e continuar a amar a si mesmo e amar a vida. Com uma atitude amorosa, as coisas vão sempre melhorar.

Reforce a aprendizagem

Se você gosta dos conceitos apresentados em *Disciplina Positiva*, aconselho a ler o livro novamente. Garanto que você vai irá aproveitá-lo pelo menos dez vezes mais durante uma segunda leitura. A repetição é sempre importante para um melhor aprendizado, mas você também verá coisas que nem notou na primeira vez. Muitos dos conceitos apresentados no começo farão mais sentido, porque, agora que você está familiarizado com os outros conceitos, será capaz de compreendê-los todos juntos.

Eu sei, por experiência pessoal, e por relatos de centenas de pais e professores, que esses conceitos realmente funcionam quando são usados corretamente. A Disciplina Positiva é uma maneira eficaz e positiva de resolver os problemas do dia a dia. Ainda mais importante, ela dá às crianças a base de que necessitam para continuar construindo suas vidas de forma independente em direções eficazes e positivas.

Os adultos têm uma responsabilidade de liderança para ajudar as crianças a desenvolver características que lhes permitam ter uma vida feliz e produtiva. É nosso dever proporcionar uma boa base sobre a qual elas possam construir. Ensinar-lhes autodisciplina, responsabilidade, cooperação e habilidades de resolução de problemas ajuda a estabelecer uma excelente base. Quando as crianças apresentam essas características e habilidades, sentem maior aceitação e importância, o que irá se manifestar por meio de um comportamento positivo.

A Disciplina Positiva não tem a ver com perfeição. É tão gratificante ouvir os pais dizerem: "Meus filhos ainda não são perfeitos, nem eu, mas nós certamente nos curtimos mais." É maravilhoso ouvir os professores dizerem: "É verdade que as crianças não são as mesmas que as de antigamente, então estou feliz por ter aprendido outras maneiras, além do controle, para trabalhar de forma eficaz com as crianças de hoje." Esses princípios não garantem perfeição, apenas muito mais amor e alegria ao longo do caminho.

Revisão

Ferramentas da Disciplina Positiva

1. O sentimento por trás do que você faz é mais importante do que aquilo que você faz.
2. Veja os erros como oportunidades para aprender.
3. Seja paciente consigo mesmo, já que você tem que aprender a mesma coisas várias vezes. Essa é uma parte importante do processo de aprendizagem.
4. Expresse amor incondicional.
5. Dê às crianças o benefício da dúvida.
6. Use os Quatro Passos para Conseguir Cooperação.
7. Ensine e modele habilidades de comunicação e de resolução de problemas.
8. Ajude as crianças a desenvolver um senso de responsabilidade.
9. Assuma total responsabilidade por sua parte em qualquer conflito.
10. Tenha compaixão por si mesmo.
11. Reforce sua aprendizagem por meio de muita leitura e prática.

Questões

1. Qual é o principal objetivo da Disciplina Positiva?
2. Quais são as razões pelas quais a *forma* como fazemos algo é mais importante do que *aquilo que* nós fazemos? Compartilhe exemplos pessoais de como o impacto de algo que você faz seria diferente se você mudasse a *forma* como o faz.
3. Quantas vezes podemos aprender com o mesmo erro? Discuta se isso se aplica a todos os erros ou se há alguns sobre os quais temos motivos para nos sentir mal.
4. O que acontece se um método é usado sem os sentimentos e atitudes adequados por trás dele?
5. Por que o conceito de "ter se saído bem", mesmo com punição, é ilusório?
6. Quais são os Quatro Passos para Resolução de Problemas? Como as crianças podem se beneficiar de aprendê-los?
7. O que os adultos podem aprender ao assumir total responsabilidade?
8. O que acontece se você não tem compaixão por si mesmo? O que acontece se você tem compaixão por si mesmo?
9. Quais são os benefícios de ver o lado positivo em tudo?
10. Qual é a importância de transmitir amor incondicional? Discuta as diferenças entre o que os adultos querem dizer e o que as crianças ouvem.
11. Por que alguém iria querer ler um livro mais de uma vez?

Anexo I

Como dar início a um grupo de estudos de Disciplina Positiva

Em 1965, eu estava enfrentando dificuldades. Queria ser uma boa mãe, mas isso não veio naturalmente para mim. Eu estava muito grata por ter aprendido os conceitos ensinados neste livro, mas descobri que eu sempre retrocedia para velhos hábitos. Liderar grupos de estudos para pais me manteve nos trilhos, aprofundou significativamente minha compreensão e melhorou minha aplicação prática das habilidades.

Desde a primeira edição de *Disciplina Positiva*, Lynn Lott e eu expandimos um modelo experimental para ensinar grupos de pais. O manual para esse modelo é chamado *Teaching Parenting the Positive Discipline Way*, repleto de atividades experimentais que são muito mais eficientes que palestras no sentido de ensinar princípios e atividades. Nós oferecemos um treinamento de dois dias para facilitadores de grupos de educação de pais.[1]

Pelo fato de agora eu preferir o modelo de atividades experimentais para grupos de pais, hesitei em incluir esta seção na edição presente. No entanto, recebi o retorno de muitos pais compartilhando que se beneficiaram significativamente com o uso da programação e das informações a seguir.

Início

Você pode começar com apenas alguns poucos amigos e vizinhos, ou pode querer ir direto para a prática com um grupo maior. Diretores de escolas geralmente estão dispostos a cooperar e ficariam felizes de enviar o folheto da página 275 para os pais. Lembre-se de que você não precisa ser um especialista. Deixe que os membros do seu grupo saibam que vocês estão todos juntos e que você tem tanto a aprender quanto eles, ainda que você seja o facilitador. Encontre um cofacilitador, se possível. Depois, simplesmente siga a programação a partir da página 274.

O formulário para resolução de problemas

É muito eficiente envolver os participantes do grupo para ajudarem uns aos outros a discutir soluções para os problemas. Nós descobrimos o quanto sabemos quando conseguimos ser objetivos com a preocupação de outra pessoa.

Na página 280 há um formulário de resolução de problemas para ser usado como guia em discussões de situações específicas. Facilitadores de grupos podem querer copiar alguns desses formulários e distribuí-los para cada membro durante a primeira sessão. Quando alguém pensar em um problema específico, este poderá ser escrito e guardado para ser compartilhado com o grupo no momento apropriado. Saber que poderão trabalhar em situações específicas mais tarde encorajará os membros do grupo a se manterem focados enquanto outros assuntos estão sendo abordados.

A melhor parte de liderar um grupo o de pais é que você vai aprender mais que todos os outros. O mais animador é que a aprendizagem é um processo permanente. Não desanime. Apenas se mantenha liderando grupos de estudos e continue aprendendo.

Programação do grupo de estudos

Semana 1

Introdução: Discuta os princípios relacionados a grupos explicados na Introdução e nos Desafios da Participação do Grupo nas páginas 277-279.

Exercício da ordem de nascimento: Esse exercício, encontrado no final do Capítulo 3, é uma boa atividade para familiarização.

Formulário para resolução de problemas (ver p. 280): Distribua alguns formulários para todos os membros do grupo, de modo que possam se lembrar de situações que eles queiram trabalhar na semana 4. (Leia "Como usar o formulário para resolução de problemas" na p. 281 para estar familiarizado com seu uso.)

Exercício de leitura: Designe os capítulos e questões que serão discutidos na semana seguinte. (A cada semana deve haver um exercício de leitura relativo aos temas da pauta da semana seguinte.)

Lição de casa: Capítulos 1, 2 e 3.

Amostra de folheto

Como conseguir Disciplina Positiva em casa e na escola
Participe de um grupo de estudos de pais

Aprenda como ajudar as crianças a desenvolver:

- Autodisciplina
- Habilidades de resolução de problemas
- Responsabilidade
- Autoestima

Se você tem aborrecimentos com seus filhos por problemas como:

- Brigas
- Tarefas
- Lição de casa
- Hora de dormir
- Compartilhar
- Responsabilidade
- Refeições
- Levantar e sair para escola sem reclamar
- Responder sem educação

Você vai aprender a compreender por que as crianças se comportam mal. Você também vai aprender métodos não punitivos específicos para ajudar a resolver esses problemas.

Quando: Quintas-feiras, das 19h às 21h, durante seis semanas, começando no dia ____

Onde: Biblioteca da escola

- -

Recorte e retorne para a escola:

☐ Sim, eu gostaria de participar.
☐ Eu não posso participar às quintas-feiras, mas entre em contato comigo para outra data.

Nome: ______________________________ Telefone: ______________

Semana 2

Exercício: Os membros do grupo devem formar pares e descrever um momento em que vivenciaram um dos Quatro R da Punição descritos no Capítulo 1. Depois, convide-os a compartilhar com o grupo todo.
Exercício: Dedique alguns minutos para refletir sobre uma situação com uma criança que poderia ter sido diferente se você tivesse começado com uma mensagem de amor. Compartilhe com um parceiro. Convide-os a compartilhar com o grupo todo.

Discuta as ferramentas e questões do final dos Capítulos 1, 2 e 3. Peça aos participantes para compartilharem um momento em que eles poderiam ter usado uma das ferramentas.

Lição de casa: Capítulos 4, 5 e 6.

Formulário para resolução de problemas (ver p. 280): Distribua cópias para cada participante. Avise que você pedirá um voluntário a cada semana para usar o formulário a fim de encontrar soluções para um problema específico. (Ainda que o problema de algum membro não seja escolhido, todos eles irão aprender muito sobre aquele que foi.)

Semana 3

Discussão de questões e ferramentas dos Capítulos 4, 5 e 6.

Formulário para resolução de problemas (ver p. 280): Peça voluntários que gostariam de trabalhar em desafios específicos listados em seus formulários. Você pode ter tempo para mais de um.

Lição de casa: Capítulos 7, 8 e 9.

Semana 4

Discussão de questões e ferramentas sobre os Capítulos 7, 8 e 9.

Formulário para resolução de problemas: Peça voluntários que gostariam de trabalhar em desafios específicos listados em seus formulários. Você pode ter tempo para mais de um.

Lição de casa: Peça a todos que tentem realizar uma reunião de família e que relatem na semana seguinte.

Lição de casa: Capítulo 10.

Semana 5

Discussão de questões e ferramentas sobre o Capítulo 10.

Peça a todos que adivinhem a própria prioridade de estilo de vida e como isso afeta sua forma de educar – tanto os pontos fortes como os fracos.

Formulário para resolução de problemas: Peça voluntários que gostariam de trabalhar em desafios específicos listados em seus formulários. Você pode ter tempo para mais de um.

Lição de casa: Capítulos 11 e 12.

Semana 6

Discussão de questões e ferramentas sobre os Capítulos 11 e 12.

Formulário para resolução de problemas: Peça voluntários que gostariam de trabalhar em desafios específicos listados em seus formulários. Você pode ter tempo para mais de um.

Atividade de encerramento: Peça aos participantes para fechar os olhos e pensar nos três conceitos mais importantes que eles aprenderam e como eles usaram ou vão usar esses conceitos com seus filhos. Peça que reservem alguns minutos para registrarem seus pensamentos em um papel. Depois convide cada participante a compartilhar a coisa mais importante que estão levando consigo ao sair do grupo. Deixe o grupo decidir se gostariam de manter as reuniões para trabalhar em desafios específicos usando o formulário para resolução de problemas.

Desafios da participação do grupo

O valor do grupo de estudos e algumas sugestões para procedimentos do grupo foram apresentados na Introdução. É altamente recomendável que você apresente as ideias a seguir na primeira reunião.

Existem algumas personalidades que podem causar problemas nos grupos. Os problemas podem ser evitados quando todos os membros estão cientes dessas situações e assumem a responsabilidade em cooperar como grupo. É mais efetivo discutir problemas típicos antes que ocorram, de modo que as pessoas não se sintam pessoalmente criticadas.

O monopolizador

Tenho certeza de que você passou pela experiência de estar em um grupo com um monopolizador. Isso pode ser "mortal" para todos os outros participantes. Se você sabe que esse é um dos seus problemas, tente o seguinte:

- Conte até cinco antes de falar. Isso dá aos outros a chance de ter a vez.
- Limite seus comentários àqueles que você acha que serão interessantes para os outros, tanto quanto para você.
- Faça comentários curtos e objetivos. A maioria dos monopolizadores é repetitiva e resume diversas vezes.
- Assegure-se de se manter no assunto em discussão.
- Preste atenção nos outros membros do grupo que podem não ser tão assertivos quanto você. Ajude-os a participarem da conversa. (Veja os sinais a serem observados em "O calado".)

O calado

Depois de ler sobre o monopolizador, não fique com a ideia de que você não deve falar no grupo de estudos. Um grupo de estudos não terá sucesso sem a participação do grupo.

Existem muitas razões pelas quais um indivíduo pode ser o membro calado do grupo. Os dois casos em que devemos ficar mais atentos são: (a) a pessoa que não consegue falar uma palavra por causa da monopolização e (b) a pessoa que prefere se manter em silêncio porque é seu estilo de aprendizagem.

Você pode reconhecer a diferença olhando a linguagem corporal. A pessoa que gostaria de dizer alguma coisa, geralmente, se inclina para a frente e começa a falar (antes de ser interrompido pela outra pessoa). Ele ou ela pode, primeiro, levantar a mão, enquanto os outros simplesmente falam. Membros mais assertivos do grupo podem ajudar essa pessoa dizendo: "Mary, você tinha algo que gostaria de dizer?"

Por outro lado, não envergonhe aqueles que preferem ficar quietos chamando-os quando eles preferem não falar.

O argumentador

Lembre-se de que o propósito de um grupo de estudos de Disciplina Positiva para pais ou professores é aprender a compreender e praticar esses conceitos. Isso não significa que este é o único caminho. No entanto, é um caminho muito eficiente para se trabalhar com crianças. Se o tempo for gasto em discussões de outras teorias, não haverá tempo para abordar a presente teoria em sua abrangência e aplicação prática totais.

O insistente impertinente

Algumas pessoas ficam tão entusiasmadas com esses princípios que querem converter outras pessoas imediatamente. Por exemplo, uma esposa pode ir para a casa depois de um grupo de estudos e dizer ao marido: "Essa é a forma que nós vamos fazer daqui em diante." O parceiro pode ficar inspirado a tentar algumas das técnicas depois de ter a oportunidade de observar a efetividade do exemplo, mas é certo que irá resistir à pressão pela mudança.

É claro que é bom se ambos os adultos estiverem trabalhando juntos na mesma abordagem, mas não é necessário. Crianças são tão inteligentes que podem mudar seu comportamento de acordo com a abordagem do adulto com quem estão interagindo. Não irá prejudicá-los experimentar abordagens diferentes de adultos diferentes.

A única pessoa que você pode mudar é você mesmo. Use a abordagem que combina com você.

O cético ("Sim, mas...")

Todas as técnicas sugeridas neste livro foram usadas com sucesso por muitos pais e professores. Prever que algo não vai funcionar é geralmente uma boa desculpa para evitar tentar.

Enquanto estiver aprendendo, escolha apenas as sugestões que você estiver disposto a tentar. Você não tem que comprar o "pacote completo" para atingir muitos dos benefícios.

Formulário para resolução de problemas

Descreva a interação do problema em detalhes. (Qual foi a última vez que isso aconteceu?)

____
____
____

Como você se sentiu? (Irritado, ameaçado, magoado ou inadequado?)

____
____
____

O que você fez em resposta ao comportamento da criança?

____
____
____

Qual foi a reposta da criança para o que você fez?

____
____
____

Qual é o seu palpite sobre o objetivo equivocado da criança?

____
____
____

Quais sugestões alternativas você poderia tentar da próxima vez que o problema ocorrer? (Registre sugestões do grupo aqui.)

____
____
____

Como usar o formulário para resolução de problemas

É uma boa ideia fazer algumas cópias do formulário para resolução de problemas para cada membro do grupo. Durante as primeiras semanas, isso vai ajudar os membros do grupo a se lembrarem de situações que eles gostariam de discutir depois de aprenderem os conceitos básicos nos seis primeiros capítulos deste livro.

No momento de discutir essas situações, peça ao grupo para adivinhar o objetivo equivocado. Os membros do grupo devem tentar descobrir os sentimentos primários do adulto. Ouça o tom de voz e discrepâncias. O adulto demonstra um ligeiro incômodo ou inadequação quando seu tom de voz e descrição do problema indicam poder – um desejo de obrigar a criança a fazer do seu jeito? Será que raiva ou frustração são um disfarce por se sentir ameaçado ou magoado?

Uma vez que o objetivo equivocado tenha sido determinado, o grupo deve dar diversas sugestões para a pessoa. Essas sugestões devem incluir o máximo de conceitos e ferramentas possíveis, incluindo algumas ideias específicas sobre encorajamento. A pessoa que apresentou o problema pode então escolher uma ou mais dessas ideias.

A próxima reunião do grupo deve começar com um relatório sobre a efetividade das sugestões. Se as sugestões não foram efetivas, o grupo geralmente pode ajudar a pessoa a compreender o porquê. Por exemplo, a pessoa pode ter se esquecido de usar um tom de voz respeitoso ou pode não ter esperado até que ficasse calma.

A seguir estão alguns exemplos de situações que foram apresentadas para um grupo e as soluções sugeridas.

Matt, de 6 anos, sempre pensa que as coisas são injustas. Uma manhã, enquanto a mãe falava com ele, ela se abaixou para arrumar a colcha na cama de seu irmão mais novo. Matt disse: "Isso não é justo. Você sempre ajuda ele e não eu." A mãe compartilhou com o grupo que se sentia irritada. As perguntas seguintes do grupo revelaram que ela se sentia magoada. Ela se esforçava muito para ser justa, mas Matt a acusava de ser injusta. O grupo depois sugeriu que Matt estava se sentindo magoado por sua percepção de que a mãe favorecia o irmão mais novo. Eles fizeram duas sugestões:

1. Use os Quatro Passos para Conseguir Cooperação. Verbalize o que você acha que ele está sentindo. Compartilhe um momento

em que você mesma sentiu que as coisas eram injustas. Deixe-o saber que você o compreende. Explique seu desejo de ser justa porque você ama os dois igualmente. Busque uma solução, com a ajuda de Matt, sobre o que pode ser feito.
2. Dedique um tempo especial com Matt. Essa poderia ser parte da solução.

A sra. James compartilhou a preocupação de que seu aluno do primeiro ano, Scott, tinha desenvolvido um padrão de não terminar os trabalhos. Ela inicialmente pensou que seu objetivo deveria ser atenção ou poder, uma vez que ela sabia que o aluno era muito capaz, conforme mostrado em desempenhos anteriores. Uma sugestão do grupo foi fazer o esclarecimento do objetivo com Scott, o que pelo menos daria à sra. James um retorno sobre qual era o objetivo do aluno. A sra. James queria alguma prática com essa técnica, então ela encenou Scott enquanto outro membro do grupo fez o esclarecimento do objetivo. Quando ela entrou no mundo de Scott, ficou espantada ao descobrir que o objetivo dele era, provavelmente, vingança. Pois ela também era uma amiga íntima da família de Scott, e percebeu que o problema começou depois de ela ter saído de férias. Scott compartilhou uma preocupação real com seus pais de que ela poderia não voltar. Tendo em vista que isso realmente o magoou, ele estava com medo de se aproximar demais depois que ela voltou. Em vez disso, seu comportamento indicou vingança passiva. A sra. James estava ansiosa para tentar desvendar o objetivo com Scott, de modo a poderem falar sobre isso e alcançar a resolução do problema – depois dos passos para conseguir cooperação.

A sra. Roberts, uma professora de pré-escola, compartilhou o seu problema com relação a Steven, que sempre brincava com os blocos mas não ajudava a recolhê-los. A princípio, ela sentiu que estava apenas frustrada, mas percebeu que estava irritada porque não conseguia "obrigá-lo" a fazer o que deveria. Depois de identificar o objetivo (poder), o grupo deu as seguintes sugestões:

1. Dedique um tempo para treiná-lo. Assegure-se de que ele saiba exatamente o que é esperado.
2. Faça perguntas: "Você gosta de brincar com os blocos? O que você deve fazer quando terminar? Quantos blocos você acha que consegue recolher durante a hora da arrumação?

3. Dê uma escolha, incluindo uma consequência lógica. "Você gostaria de recolher os blocos agora ou durante a hora de contar histórias? Você gostaria de recolher os blocos ou abrir mão do privilégio de brincar com os blocos?"
4. Redirecione o comportamento de poder. Deixe que ele fique no comando da arrumação dos blocos.

A sra. Roberts escolheu a quarta alternativa, pois achava que seria a mais atrativa para Steven e a que resolveria o problema.

A sra. Sedgwick reclamou sobre Scott, de 6 anos, por não respeitar seus brinquedos e não recolhê-los. Estava claro para o grupo que sua voz indicava poder que estava se elevando para vingança. As seguintes possibilidades foram sugeridas pelo grupo:

1. "Assuma" o problema. Compartilhe o quanto a incomoda ver os brinquedos espalhados pela casa. Admita que você pode ter adquirido mais brinquedos do que ele queria ou do que era necessário.
2. Peça ajuda e soluções para o seu problema.
3. Dedique tempo para treinamento e organização. Pegue sacos ou caixas para diferentes tipos de brinquedos. Chegue a um acordo com Scott no sentido de que apenas um saco ou caixa pode ser retirado por vez, e que esse deve ser recolhido antes de outro ser usado.
4. Dê uma escolha. Ele pode recolher os brinquedos, ou você o fará. Se você recolher, ficarão guardados até que Scott mostre interesse e responsabilidade suficientes. Se isso não acontecer, então ele definitivamente tem brinquedos demais para cuidar.

Anexo II

Desenvolvimento de responsabilidade social por meio do aconselhamento de pares

A responsabilidade social foi um fator importante na implementação de um programa de aconselhamento de pares com alunos de quinto e sexto anos que estavam usando suas habilidades de liderança de forma não cooperativa. Resolvi seguir Adler literalmente e determinei que a melhor maneira de ajudar esses alunos a redirecionar suas habilidades de liderança para usos construtivos era ensiná-los a ajudar outros alunos.

Professores de quinto e sexto anos receberam um memorando que lhes pedia para recomendar alunos que fossem líderes naturais para participarem de um programa de treinamento de aconselhamento de pares. O memorando dizia: "Nós gostaríamos de treinar alguns conselheiros de pares. Por favor, anote o nome de três alunos que você sente que são líderes capazes, mesmo que sua liderança não esteja agora voltada para uma direção positiva."

Os alunos recomendados foram entrevistados para ver se estavam interessados em se comprometer a passar pelo treinamento e a fazer aconselhamento de pares. Foi explicado que eles precisariam disponibilizar um ou dois horários de almoço por semana para fazer aconselhamento com outros alunos. Aqueles que estavam interessados completaram quatro sessões de treinamento, nas quais aprenderam as cinco etapas da Terapia da Realidade de William Glasser.[1]

Terapia da Realidade

Passo um: Fazer amigos

A primeira sessão de treinamento foi inteiramente dedicada a esse primeiro passo. Os alunos listaram os aspectos mais importantes de uma amizade e algumas maneiras de criar uma atmosfera de confiança. O aspecto mais importante de uma amizade que eles citaram foi uma atitude de:

- Cuidado
- Preocupação
- Desejo de ajudar
- Respeito

Para criar uma atmosfera de amizade, eles decidiram ser necessário:

- Cumprimentar a pessoa pelo nome.
- Dizer seu nome.
- Mostrar compreensão.
- Falar sobre si mesmo (p. ex., explicar as suas responsabilidades como conselheiro de pares ou compartilhar uma experiência que tenham tido em uma situação semelhante ao problema mencionado).
- Ajudar a pessoa a relaxar.
- Usar seu senso de humor.
- Expressar disposição para trabalhar juntos em soluções que ajudassem a resolver o problema.

Cada aluno recebeu uma cópia dos resultados da discussão, juntamente com a orientação de que não era necessário usar esses passos na ordem ou usar todos os passos todas as vezes. Eles também foram convidados a serem criativos e acrescentarem novas ideias.

Na segunda sessão de treinamento, os alunos foram ensinados sobre os passos dois a cinco da Terapia da Realidade.

Passo dois: O que você está fazendo?

1. Entenda, em detalhes, o que causou o problema fazendo perguntas que estimulam a curiosidade em relação a ele. Essas perguntas geralmente ajudam o aluno a enxergar a sua participação no problema.
2. Os alunos frequentemente não começam a contar do início da história, então pergunte: "O que aconteceu antes disso?" Faça

essa pergunta depois de cada explicação até que você tenha encontrado o começo da história.

Passo três: Está ajudando?

Faça as seguintes perguntas:

1. Quais são as consequências do que você está fazendo?
2. Qual é o resultado? O que você ganha?
3. Qual é o preço que você paga? Que problemas isso lhe causa?

Passo quatro: Elaborar um plano para fazer melhor

O que poderia ser feito de forma diferente para resolver o problema?

1. Peça sugestões ao aluno aconselhado.
2. Ofereça possíveis alternativas.

Passo cinco: Conseguir um compromisso

Pergunte ao aluno aconselhado:

1. Você vai fazer isso?
2. Quando você vai fazer isso?

Dramatização

As duas últimas sessões de treinamento são usadas para dramatizar situações, como:

- Um aluno que tenha sido pego brigando no parquinho.
- Um aluno que tenha sido desrespeitoso com um professor.
- Um aluno que se recusa a fazer os trabalhos escolares.

No início, o aconselhamento de pares era feito por dois alunos que trabalhavam juntos com um supervisor adulto. Assim que eles demonstrassem confiança e competência, passavam a trabalhar em duplas como coconselheiros, sem supervisão direta. Um supervisor estava sempre por perto caso precisassem de ajuda.

Os aconselhados eram encaminhados pelos professores, que preenchiam um formulário de encaminhamento com o nome do aluno e o problema. Depois de se encontrarem com o aluno, os conselheiros de pares escreviam a solução a que chegavam no formulário. Uma cópia do formulário era devolvida ao professor e outra era mantida para acompanhamento e manutenção de registro.

A maioria dos alunos aconselhados parecia muito disposta a conversar com o conselheiro de pares. Os conselheiros de pares mostraram grande visão e habilidade em "zerar" os problemas e as possíveis soluções, como no exemplo a seguir.

Um dos alunos aconselhados estava tendo dificuldade em se relacionar com um professor. O conselheiro disse que o compreendia porque já tinha passado por essa situação. O conselheiro então disse que talvez o professor estivesse tendo problemas e que precisava de algum encorajamento. Ele também mostrou que, já que o aluno não podia fazer nada sobre o comportamento do professor, ele deveria focar no seu próprio comportamento. O aluno e o conselheiro de pares elaboraram um plano para que o aluno aconselhado fosse encorajador e fizesse o seu trabalho para que o professor não tivesse motivos para ficar chateado com ele.

A ideia de encorajamento e responsabilidade pessoal "pegou" e se espalhou entre os alunos quando era promovida pelos conselheiros de pares.

Os professores demonstraram entusiasmo e apoio, e encaminharam diversos alunos ao programa de aconselhamento de pares. Eles também creditaram ao programa a mudança de habilidades de liderança negativas para positivas por parte dos alunos envolvidos.

Anexo III

Carta aos pais*

Caros pais,

O objetivo desta carta é trazer-lhes informações sobre um programa muito interessante a ser implementado na escola ____________________, projetado para ajudar seu filho a desenvolver as Sete Percepções e Habilidades Significativas que são essenciais para o sucesso na sociedade de hoje. A descrição detalhada sobre as Sete Percepções e Habilidades Significativas segue anexa. Outro benefício do programa que estamos implementando é que ele ensina autodisciplina, responsabilidade, cooperação e habilidade para resolução de problemas. Trata-se de um programa que se concentra em soluções não punitivas para os problemas. Todo tipo de punição (culpa, vergonha e dor) é eliminado e substituído pelo foco em soluções baseadas em gentileza, firmeza, dignidade e respeito. Muitas pessoas pensam erroneamente que disciplina e punição são a mesma coisa. Não são. Disciplina vem da raiz *discipulis,* que significa "um seguidor da verdade, do princípio ou de um professor reverenciado" ou "ensinar". A verdadeira disciplina vem de um lócus de controle interno (autodisciplina), não de um lócus de controle externo (punições e recompensas infligidas por outra pessoa). Punição vem de um lócus de controle externo e é concebida para infligir culpa, vergonha e dor. É claro, os adultos que infligem punição erroneamente acreditam que isso ajudará as crianças a fazer melhor. Embora a punição possa interromper o comportamento no momento, os resultados em longo prazo geralmente são negativos: rebeldia, ressentimento, retaliação e recuo para dissimulação ou baixa autoestima. Uma maneira fácil de testar essa teoria é lembrar como você se sentia e o que você queria fazer depois que alguém lhe infligia culpa, vergonha ou dor.

---

* Edite esta carta para atender às suas necessidades.

De onde nós tiramos a ideia absurda de que, para levar uma criança a *agir* melhor, precisamos antes fazê-la se *sentir* pior? Crianças *fazem* melhor quando se *sentem* melhor. Não somos todos assim?

O programa a que estamos nos referindo se chama Disciplina Positiva na Sala de Aula. Um processo essencial neste programa são as reuniões de classe. Durante essas reuniões, alunos e professores trabalham em conjunto para resolver problemas que são prejudiciais para indivíduos, colegas, professores ou o ambiente de aprendizagem. Os alunos são ensinados a ajudar uns aos outros a aprender com os erros e a encontrar soluções não punitivas. Durante as reuniões de classe, os alunos aprendem a fazer e receber reconhecimentos, ouvir respeitosamente, compreender e respeitar as diferenças, levantar soluções e optar por soluções que sejam mais úteis para indivíduos ou para o grupo como um todo. Eles logo aprendem que não há problemas em serem responsáveis pelas escolhas que fazem, porque não serão punidos por más escolhas, e sim ajudados a aprender a partir delas.

Alguns pais temem que as reuniões de classe sejam como um "pseudotribunal" ou que seu filho seja humilhado na frente do grupo. Nada poderia estar mais longe da verdade. É verdade que, no começo, os alunos não estão acostumados a ajudar uns aos outros, a ver erros como oportunidades maravilhosas para aprender e a buscar soluções úteis. A maioria dos alunos aprendeu muito bem (com os adultos) como infligir culpa, vergonha e dor. Eles devem ser ensinados a encontrar soluções não punitivas.

A Disciplina Positiva se baseia na premissa de manter dignidade e respeito para todos o tempo todo. Um exemplo do método da reunião de classe que assegura ajuda em vez de punição é que os alunos envolvidos em um problema são convidados a escolher a solução sugerida que seja mais útil para eles. Quando um problema envolve todos na classe, pode ser feita uma votação. Se uma solução não funciona, os alunos são convidados a colocar o problema novamente na pauta para mais discussão e busca de soluções.

Pesquisas têm demonstrado que crianças que mostram preparo nas Sete Percepções e Habilidades Significativas são menos suscetíveis a todos os problemas enfrentados pelos jovens de hoje em dia: violência e vandalismo, abuso de drogas, gravidez na adolescência, suicídio, baixa motivação e realização, e abandono da escola. Por outro lado, alunos que não mostram preparo nessas percepções e habilidades são mais propensos aos problemas da juventude atual.

Nós não sabemos de qualquer outro programa que ajude os alunos a aprender e praticar todas as Sete Percepções e Habilidades Significativas de forma tão eficaz e que, como benefício adicional, elimine a maioria dos problemas disciplinares em sala de aula. Pense nos potenciais benefícios que essas habilidades irão trazer para relacionamentos profissionais e familiares futuros. Essas habilidades são igualmente importantes, se não mais, do que as habilidades acadêmicas.

Esperamos que você esteja tão animado quanto nós com relação à implementação das reuniões de classe como parte de nosso currículo regular para criar a Disciplina Positiva em sala de aula. Nós o convidamos a nos visitar a qualquer hora.

Professor ________________ Diretor________________

No livro *Raising Self-Reliant Children in a Self-Indulgent World*[1], de H. Stephen Glenn e Jane Nelsen, foram identificadas as Sete Percepções e Habilidades necessárias para desenvolver pessoas capazes. São elas:

1. Forte percepção das habilidades pessoais – "Eu sou capaz."
2. Forte percepção sobre sua importância nas relações primárias – "Eu contribuo de maneira significativa e sou genuinamente necessário."
3. Forte percepção de seu poder ou influência pessoal sobre a vida. – "Eu posso influenciar o que acontece comigo."
4. Forte habilidade intrapessoal: habilidade de entender suas próprias emoções e de usar esse entendimento para desenvolver autodisciplina e autocontrole.
5. Forte habilidade interpessoal: habilidade de trabalhar com os outros e desenvolver amizades por meio de comunicação, cooperação, negociação, troca, empatia e escuta ativa.
6. Forte habilidade sistêmica: habilidade de respeitar os limites e as consequências da vida cotidiana com responsabilidade, adaptabilidade, flexibilidade e integridade.
7. Forte habilidade de avaliação: habilidade de usar a sabedoria para avaliar as situações de acordo com valores apropriados.

Notas

Capítulo Um

1. Rudolf Dreikurs e Vicki Soltz, *Children: the Challenge* (New York: Plume, 1991).
2. H. Stephen Glenn e Jane Nelsen, *Raising Self-Reliant Children in a Self-Indulgent World* (New York: Three Rivers Press, 2000).
3. John Platt, *Life in the Family Zoo* (Sacramento, Calif.: Dynamic Training Seminars, 1991).

Capítulo Dois

1. Jane Nelsen, Lynn Lott e H. Stephen Glenn, *Positive Discipline in the Classroom,* 3. ed. (New York: Three Rivers Press, 2000).

Capítulo Três

1. Stella Chess e Alexander Thomas, *Know Your Child* (New York: Basic Books, 1987).
2. Jane Nelsen, Cheryl Erwin e Roslyn Duffy, *Positive Discipline for Preschoolers,* 3. ed. (New York: Three Rivers Press, 2006).
3. Wayne S. Frieden e Marie Hartwell-Walker, *Family Songs.* Disponível para download de arquivos MP3 em (em inglês) www.focusingonsolutions.com.

Capítulo Quatro

1. Jane Nelsen, Cheryl Erwin e Roslyn Duffy's *Positive Discipline The First Three Years,* 2. ed., e *Positive Discipline for Preschoolers,* 3. ed. (New York: Three Rivers Press, 2006). Contém informações sobre idade apropriada e comportamento adequado ao

desenvolvimento e como eles se relacionam com a forma de educar dos pais (em inglês).

2. John Taylor, *Person to Person* (Saratoga, Calif.: R & E Publishers, 1984).
3. David Walsh e Nat Bennett, *WHY Do They Act That Way?: A Survival Guide to the Adolescent Brain for You and Your Teen* (New York: Free Press, 2004).
4. Jane Nelsen e Lynn Lott, *Positive Discipline for Teenagers* (New York: Three Rivers Press, 2000).

Capítulo Cinco

1. Rudolf Dreikurs e Vicki Soltz, *Children: the Challenge* (New York: Plume, 1991), p. 80.
2. *Op cit.*, p. 84.

Capítulo Seis

1. Jane Nelsen, Lynn Lott e H. Stephen Glenn, *Positive Discipline in the Classroom,* 3. ed. (New York: Three Rivers Press, 2000).

Capítulo Sete

1. Disponível em: *Positive Discipline in the Classroom Teacher's Guide,* www.empoweringpeople.com (em inglês).
2. Esse exemplo foi tirado de Jane Nelsen, Lynn Lott e H. Stephen Glenn, *Positive Discipline A–Z* (New York: Three Rivers Press, 1999).

Capítulo Oito

1. Jane Nelsen, Lynn Lott e H. Stephen Glenn, *Positive Discipline in the Classroom,* 3. ed. (New York: Three Rivers Press, 2000).
2. Jane Nelsen e Lynn Lott, *Positive Discipline in the Classroom Teacher's Guide.* Disponível em Empowering Books, Tapes, and Videos, 1-800-456-7770, www.empoweringpeople.com (em inglês).
3. *Op cit.*

4. Jane Nelsen, Cheryl Erwin e Roslyn Duffy, *Positive Discipline for Preschoolers* (New York: Three Rivers Press, 1994), p. 261.

Capítulo Nove

1. *A Positive Discipline Family Meeting Album*, e-book está disponível em www.focusingonsolutions.com (em inglês).
2. Jane Nelsen e Lynn Lott, *Positive Discipline for Teenagers* (New York: Three Rivers Press, 2000).
3. Jane Nelsen e Cheryl Erwin, *Positive Discipline for Single Parents* (New York: Three Rivers Press, 1999).
4. Trechos de *The Positive Discipline Family Meeting Album*, e-book de Jane Nelsen. Disponível em www.focusingonsolutions.com (em inglês).

Capítulo Dez

1. Jane Nelsen, e-book e audiolivro (em inglês). Disponível em www.focusingonsolutions.com. Empowering People, 2005.

Capítulo Onze

1. Jane Nelsen, *Positive Time-Out and Over 50 Ways to Avoid Power Struggles in Homes and Classrooms* (New York: Three Rivers Press, 1999).
2. Jane Nelsen, Lynn Lott e H. Stephen Glenn, *Positive Discipline A–Z* (New York: Three Rivers Press, 2005).
3. Jane Nelsen et al., *Positive Discipline in the Classroom: A Teacher's A–Z Guide* (New York: Three Rivers Press, 2001).

Capítulo Doze

1. Jane Nelsen e Cheryl Erwin, *Parents Who Love Too Much* (New York: Three Rivers Press, 2000).

Anexo I

1. Informações sobre manual e treinamento estão disponíveis em www.posdis.org (em inglês). Uma organização sem fins lucrativos que foi criada (Positive Discipline Association) para treina-

mento de associados certificados em Disciplina Positiva, pesquisa e workshops de dois dias (*Positive Discipline in the Classroom* e *Teaching Parenting the Positive Discipline Way*).

Anexo II

1. William Glasser, *Reality Therapy: A New Approach to Psychiatry* (New York: Harper and Row, 1975).

Anexo III

1. H. Stephen Glenn e Jane Nelsen, *Raising Self-Reliant Children in a Self-Indulgent World* (New York: Three Rivers Press, 1987).

Sugestões de leitura

Adler, Alfred. *What Life Could Mean to You*. London: One World, 1992.

________. *Social Interest*. London: One World, 1998.

Allred, G. Hugh. *How to Strengthen Your Marriage and Family*. Provo, Utah: Brigham Young University Press, 1976.

________. *Mission for Mother: Guiding the Child*. Salt Lake City, Utah: Book Crafts, 1968.

Ansbacher, Heinz e Rowena Ansbacher. *Individual Psychology of Alfred Adler*. New York: Harper Perennial, 1964.

Chess, Stella e Alexander Thomas. *Know Your Child*. New York: Basic Books, 1987.

Dinkmeyer, Don e Rudolf Dreikurs. *Encouraging Children to Learn: The Encouragement Process*. Philadelphia: Brunner-Routledge, 2000.

Dinkmeyer, Don e Gary McKay. *Raising a Responsible Child*. New York: Simon & Schuster, 1973.

Dreikurs, Rudolf. *Social Equality: The Challenge of Today*. Chicago: Contemporary Books, 1971.

Dreikurs, Rudolf e Loren Grey. *A New Approach to Discipline: Logical Consequences*. New York: Plume, 1989.

Dreikurs, Rudolf, Bronia Grunwald e Floy Pepper. *Maintaining Sanity in the Classroom*. New York: Taylor and Francis, 1998.

Dreikurs, Rudolf e Vicki Soltz. *Children: The Challenge*. New York: Plume, 1991.

Frieden, Wayne S. e Marie Hartwell-Walker. *Family Songs*. Disponível para download de arquivos em MP3 (em inglês): www.focusingonsolutions.com.

Glasser, William. *Reality Therapy: A New Approach to Psychiatry*. New York: Harper and Row, 1975.

Glenn, H. Stephen e Michael L. Brock. *7 Strategies for Developing Capable Students*. New York: Three Rivers Press, 1998.

Glenn, H. Stephen e Jane Nelsen. *Raising Self-Reliant Children in a Self--Indulgent World*. New York: Three Rivers Press, 2000.

Hoffman, Edward. *The Drive for Self: Alfred Adler and the Founding of Individual Psychology*. New York: Addison-Wesley, 1994.

Kohn, Alfie. *Punished by Rewards*. New York: Houghton Mifflin,1999.

Kvols, Kathy. *Redirecting Children's Misbehavior*. Seattle: Parenting Press, 1997.

Lott, Lynn e Jane Nelsen. *Parenting Your Pup*. New York: Rodale, 2005.

________. *Teaching Parenting the Positive Discipline Way: A Manual for Parent Education Groups*. Lehi, Utah: Empowering People, 1990. www.empoweringpeople.com.

Nelsen, Jane. *Positive Time-Out and Over 50 Ways to Avoid Power Struggles in Homes and Classrooms*. New York: Three Rivers Press, 1999.

________. *Serenity: Eliminating Stress and Finding Joy and Peace in Life and Relationships*. Lehi, Utah: Empowering People, 2005; e-book disponível em: www.positivediscipline.com (em inglês).

Nelsen, Jane e Cheryl Erwin. *Parents Who Love Too Much*. New York: Three Rivers Press, 2000.

_______. *Positive Discipline for Childcare Providers*. New York: Three Rivers Press, 2002.

_______. *Positive Discipline for Step Families*. Lehi, Utah: Empowering People, 2005; e-book disponível em: www.positivediscipline.com (em inglês).

Nelsen, Jane, Cheryl Erwin e Carol Delzer. *Positive Discipline for Single Parents*, 2.ed. New York: Three Rivers Press, 1999.

Nelsen, Jane, Cheryl Erwin e Roslyn Duffy. *Positive Discipline for Preschoolers*, 3.ed. New York: Three Rivers Press, 2006.

_______. *Positive Discipline the First Three Years*, 2. ed. New York: Three Rivers Press, 2006.

Nelsen, Jane, Cheryl Erwin, Mary Hughes e M. Michael Brock. *Positive Discipline for Christian Families*. Lehi, Utah: Empowering People, 2005; e-book disponível em: www.positivediscipline.com (em inglês).

Nelsen, Jane, Linda Escobar, Kate Ortolano, Roslyn Duffy e Deborah Owens-Sohocki. *Positive Discipline: A Teacher's A–Z Guide*. New York: Three Rivers Press, 2001.

Nelsen, Jane, Riki Intner e Lynn Lott. Positive Discipline for Parents in Recovery. Lehi, Utah: Empowering People, 2005; e-book disponível em: www.positivediscipline.com (em inglês).

Nelsen, Jane e Lisa Larson. *Positive Discipline for Working Parents*. New York: Three Rivers Press, 2003.

Nelsen, Jane e Lynn Lott. *Positive Discipline in the Classroom: A Teacher's Guide*, Lehi, Utah: Empowering People 1992, www.empoweringpeople.com.

_______. *Positive Discipline for Teenagers*. New York: Three Rivers Press, 1997.

Nelsen, Jane, Lynn Lott e H. Stephen Glenn. *Positive Discipline A–Z*, 3.ed. New York: Three Rivers Press, 2006.

__________. *Positive Discipline in the Classroom*, 3.ed. New York: Three Rivers Press, 2000.

Platt, John. *Life in the Family Zoo*. Sacramento, Calif.: Dynamic Training Seminars, 1991.

Taylor, John. *Person to Person*. Saratoga, Calif.: R & E Publishers, 1984.

Walsh, David e Nat Bennett. *WHY Do They Act That Way?:A Survival Guide to the Adolescent Brain for You and Your Teen*. New York: Free Press, 2005.

Walton, F. X. *Winning Teenagers Over*. Columbia, S.C.: Adlerian Child Care Books, 1980.

Índice remissivo